Jochen Schmidt, 1970 in Ostberlin geboren, veröffentlichte die Romane «Müller haut uns raus», «Schneckenmühle», «Zuckersand» und «Ein Auftrag für Otto Kwant» sowie die Erzählbände «Triumphgemüse» und «Meine wichtigsten Körperfunktionen». Außerdem erschienen von ihm u. a. «Schmidt liest Proust», «Dudenbrooks» und «Schmythologie». Er schrieb Bücher über die Bretagne, Rumänien und Ostdeutschland und eine «Gebrauchsanweisung fürs Laufen». Jochen Schmidt lebt in Berlin.

David Wagner, 1971 in Andernach am Rhein geboren, bekam für seinen Bestseller «Leben» 2013 den Preis der Leipziger Buchmesse verliehen. Er debütierte mit dem Roman «Meine nachtblaue Hose» und veröffentlichte u. a. «Vier Äpfel», «Spricht das Kind», «Welche Farbe hat Berlin», «Ein Zimmer im Hotel» und «Der vergessliche Riese». 2014 erhielt er den Kranichsteiner Literaturpreis und war erster «Friedrich-Dürrenmatt-Professor für Weltliteratur» an der Universität Bern. David Wagner lebt in Berlin.

«David Wagner und Jochen Schmidt sind Meister phänomenologischer Nahbetrachtung.» (Die Zeit)

«Wirklich erstaunlich ist, wie präzise und detailliert beide Autoren ihre Kindheit wieder in den Blick bekommen.» (Der Tagesspiegel)

David Wagner   Jochen Schmidt

Drüben und drüben

Zwei deutsche Kindheiten

ROWOHLT TASCHENBUCH VERLAG

Veröffentlicht im Rowohlt Taschenbuch Verlag, Hamburg, Oktober 2019
Copyright © 2014 by Rowohlt Verlag GmbH, Reinbek bei Hamburg
Covergestaltung Anzinger und Rasp, München
Coverabbildung Friedrich Kayser/plainpicture; Sewcz/akg-images
Satz aus der Mercury
bei Pinkuin Satz und Datentechnik, Berlin
Druck und Bindung CPI books GmbH, Leck, Germany
ISBN 978-3-499-62047-8

Jochen Schmidt Drüben und drüben

Inhalt

Kinderzimmer

Morgens musste erst mein Bett hochgeklappt werden, bevor man im engen Kinderzimmer zum Fenster durchkam und die Vorhänge aufziehen konnte, sodass der Blick auf den von vier baugleichen, fünfgeschossigen Neubaublöcken gebildeten Innenhof fiel, mit Rasen, Sträuchern, Silberpappeln (die wuchsen am schnellsten), Sandkasten (dafür war ich schon zu alt) und dem eingezäunten Asphaltfußballplatz (meinem Lebensmittelpunkt). Ich hatte keine Lust auf diese Arbeit, jede nicht dem Spiel dienende Tätigkeit kostete mich Überwindung. «Das ist doch nur ein Handgriff!», sagte meine Mutter und machte es selbst, weil sie nicht die Geduld hatte, auf die Einsicht oder die nötige Reife ihrer Kinder zu warten. Man konnte das Bettzeug vorher mit einem Gurt festschnallen, aber ich drückte, wenn ich das Bett doch einmal selbst machte, einfach so fest dagegen, dass es irgendwie zuging. James Bond war einmal in so einem Wandbett hochgeklappt und durchs Bettgestell erschossen worden, aber es war dann nur ein Doppelgänger gewesen.

Ein grüner Vorhang verschönerte die Rückseite des Betts. Die Nägel, mit denen die Gardinenstange an der Presspappe befestigt war, fielen allerdings heraus, weshalb ein Ende der Stange nach unten hing und die Rädchen der Gardinenklammern abrutschten. Ich schlug mit der schmalen Seite des Hammers neue Nägel ein, aber von unten nach oben ließen sie sich nur schwer durchs glatte Furnier treiben, ohne zu verbiegen. Bei uns war immer etwas kaputt, und wir waren an die provisorischen Reparaturlösungen meines Vaters gewöhnt. Beim Wartburg war die Lenkradschaltung abgebrochen und durch eine Kugelschreiberhülse ersetzt worden. Die Teppichkante vor der Küchentür franste aus und bog sich nach oben: Wir besaßen eine Rolle rotes Teppichband aus dem Intershop, mit dem wir sie aber nur ungefähr einmal im Jahr abklebten, damit die Rolle länger reichte. Die Play-Taste des flachen Kassettenrekorders rastete nicht mehr ein, man musste sie mit einem Radiergummi unten halten, über den ein Einweckring gespannt war. Ich wollte immer wissen, was im Rekorder vor sich ging, aber es war wie verhext: Wie beim Kühlschrank passierte das Entscheidende erst, wenn die Klappe sich schloss.

Das Viertel war auf Feldern errichtet worden, am Anfang hatten wir begeistert im Baustellenschlamm gespielt und waren auf Kabeltrommeln balanciert. Die Baumaßnahmen hatten die Natur nur kurzzeitig zurückdrängen können. Mäuse kletterten durch die Abzugsschächte in die Küchen, oder sie kamen in den Spalten zwischen den Plattenbauelementen die Wände hoch. (Mein Vater erschlug mit der Faust einmal eine, sie hatte an der Wand gesessen und ihm beim Brotschneiden zugesehen. Als Vater musste man so etwas tun.) Motten fraßen den Filz von den Klavierhämmerchen, auf dem Balkon nisteten Schwalben. Unterm Fensterbrett im Kinderzimmer drang bei starkem Regen das Wasser durch, die Tapete löste sich. An der Decke vom Wohnzimmer störte ein nasser Fleck, die Stelle dichtete mein Vater mit Alufolie ab. Nach dem Regen lagen Hunderte verendete Regenwürmer auf den Asphaltwegen. Mit dem Kaufhallenmehl brachte man kleine schwarze Käfer nach Hause, die einmal im Jahr die Wohnung bevölkerten. Zu Weihnachten, wenn die Baumkugeln ausgepackt wurden, fanden wir sie tot in ihrem gläsernen Sarg.

Die Fenster standen in Sommernächten offen, und der Geruch der nahen Rieselfelder, wo die Abwässer Berlins in den Boden sickerten, erfüllte das Zimmer, tagelang hing er über dem Wohngebiet, kurios für Gäste, aber mir nicht unangenehm. Ich lag im Bett wach und hörte von ferne Autos auf dem Autobahnring fahren, der Berlin wie eine natürliche Stadtgrenze umschloss; Buch gehörte, obwohl es außerhalb lag, trotzdem dazu, dafür sorgte schon die S-Bahn. Das Gefühl von Geborgenheit machte es besonders lustvoll, sich vorzustellen, wie feindliche Soldaten Buch überfielen. Weil wir ganz oben wohnten, konnte ich mich ducken und unbemerkt bleiben, bis sie sich in den unteren Stockwerken ausgetobt hatten. Die Wohnungstür ließ sich mit den schweren Flurschränken verbarrikadieren, die Türen waren ja aus Pappe (für einen Dieb empfahl es sich, einfach ein Viereck rauszuschneiden und die Klinke zu betätigen). Ich würde mich an die Balkonbrüstung hängen und fallen lassen, um mich am Balkon ein Stockwerk tiefer festzuklammern. Konnte ich auf diese Weise die fünf Stockwerke bis nach unten gelangen? Ab welcher Etage würde man eine Landung in der weichen Erde des Vorgartens überleben? Ich malte mir das immer wieder aus, aber es war unmöglich, die Konsequenzen so eines Sprungs wirklich zweifelsfrei zu durchdenken.

Auf dem Gelände der Zivilverteidigung, einem abgezäunten Komplex zwischen S-Bahn-Gleisen und Panke, stand als

Übungsobjekt ein eingestürzter Plattenbau, den man beim Vorbeifahren von der S-Bahn aus kurz durch die Bäume sehen konnte, oft machten wir uns darüber lustig, weil wir in ihm das Schicksal unserer Gebäude vorweggenommen sahen. Manchmal heulte dort mitten in der Nacht eine Sirene auf, dann wartete ich in meinem Bett mit zugeschnürter Kehle auf das Dröhnen heranjagender Bomberstaffeln. Deckte sich der Rhythmus des Sirenentons mit einem der Alarmsignale, die ich auf der Rückseite eines Jahreskalenderkärtchens in Form von Schlangenlinien aufgemalt gesehen hatte? Feueralarm, Katastrophenalarm, chemischer Alarm, Atom- und Luftalarm – bei Letzterem sollte man «Haupt-, Gas- und Wasserhahn schließen». Am Morgen stellte ich mit einem vorsichtigen Blick aus dem Fenster fest, dass sich draußen nichts verändert hatte. Eine Neutronenbombe tötete nur die Lebewesen und ließ alles andere unbeschädigt. Wäre es nicht aufregend, als einziger Überlebender des Wohngebiets die fremden Wohnungen zu durchstöbern, bei Nachbarn, Klassenkameraden, Lehrern?

Ein Zug tutete in der Ferne. Erst jetzt achtete ich auf das laute Zirpen eines Heimchens, das von meinem Bewusstsein zumeist ausgeblendet wurde. Einmal hatte eines unter dem letzten Treppenabsatz im Hausflur gesessen, wo in allen Häusern Streusand lag und es nach dem Urin ausgesetzter Katzen stank. Die Kanten meines Bettgestells, das an der Rückseite kein Furnier hatte, weil man, wo Blicke nicht hinreichten, Material sparen konnte, rochen süßlich nach Chemie. Im Westfernsehen war davon die Rede gewesen, dass Formaldehyd krebserregend sei, ich bildete mir ein, dass es genau so roch. Ich machte mir Sorgen um die Umwelt: Aus den Fabriken, die überall mitten in die Natur gebaut wurden, sickerte giftige Substanz in den Boden, die Nachrichten zeigten Männer in weißen Schutzanzügen, die die Gegend um Seveso mit an langen Stöcken befestigten Detektoren nach tödlichen Strahlen absuchten. Sogar Waldmeister war krebserregend, deshalb gab es den Geschmack nicht mehr, mein Bruder konnte sich noch an ihn erinnern. Im Westfernsehen hatten sie auch über lange, dünne Würmer im Büchsenhering berichtet, der Wein aus Österreich war mit Frostschutzmittel versetzt, für die Nudeln waren halbausgebrütete Eier verwendet worden. Mit der Lupe untersuchte ich unsere Nudeln und entdeckte tatsächlich schwarze Punkte.

Der Rahmen meines Bettkastens hatte in der Mitte schon einen Riss, man musste ihn immer mit einem Hocker abstützen, der aber etwas zu niedrig war, weshalb zusätzlich die *Kleine Enzyklopädie: Die Frau* draufgelegt wurde, die sich irgendwann einmal dazu angeboten hatte. Oben auf dem Bettkasten standen meine Platten. Leider wuchs dieser Block nur langsam, weil sie so dünn waren, und je mehr man hatte, umso weniger fiel es auf, wenn eine neue dazukam. Wenn ich auszog, würde das der Grundstock meines Besitzes sein. An einem Kleiderhaken am Kopfende des Betts hingen Beutel, auf einem stand «Jute statt Plastik», der stammte aus einem Westpaket. An den Beutel hatte mir meine Mutter Schulterträger genäht, man wollte die Hände frei haben, denn die gehörten in die Taschen. Musste es nicht «Jutet statt Plastik» heißen? An der Tür ein Aufkleber mit Humphrey Bogart: «No nukes, babe!» Ein runder Aufkleber: «Baum ab? Nein danke!» Auf einem verwaschenen, blauen Pullover stand «BOSS», auf einem anderen «FRUIT OF THE LOOM». Was bedeuteten diese Botschaften aus dem Westen?

Vom Umzug aus der Altbauwohnung im Friedrichshain stapelten sich auf dem Schrank noch die Apfelsinenkartons, in denen jetzt Eisenbahn und Metallbaukästen verstaut waren. Einmal im Jahr bekam ich mitten in der Nacht plötzlich Lust, die Bahn aufzubauen, aber dann war es doch schnell wieder langweilig, und ich legte Nägel quer auf die Gleise und atmete den Geruch von «verbranntem Strom» ein, weil Zerstörung unterhaltsamer war als konstruktives Wirken. Ganz oben auf den Kartons lag ein Lederköfferchen, in dem mein Großvater in der Nazizeit immer das Nötigste bereithielt für den Fall, dass er mitten in der Nacht abgeholt und ins Gefängnis gebracht würde. Jetzt war es der Koffer für unsere Indianersachen – Federschmuck, Cowboygürtel, Plastepistolen und Colts. Ein roter Tomahawk, schade, dass er aus Plaste war, ich hatte trotzdem versucht, die Klinge zu schärfen. Als es später Mode wurde, sich mit Objekten aus der Zeit der Großeltern zu schmücken (lange Wintermäntel, ausgeleierte Strickjacken, Nickelbrillen, Hebammenkoffer), benutzte ich den Koffer als Schultasche.

Meine Hand glitt über die Raufasertapete direkt an meinem Bett. Ich pulte an den Erhebungen, in denen überraschenderweise Holzfasern steckten. Auf der anderen Seite war das Bad, vom Duschen war die Wand an einer Stelle schon aufgeweicht, winzige Fliegen krabbelten hier. Jeden Abend zerdrückte ich ein paar davon, sicher war der Schimmelgeruch giftig. Warum kümmerte sich keiner darum? Warum musste ausgerechnet ich hier schlafen und bleibende Schäden davontragen? Ein eigenes Kinderzimmer hatten meistens nur die Einzelkinder, wir waren zu dritt, und es gab oft Streit. «Ihr seid Geschwister, ihr müsst zusammenhalten», hieß es dann. Wenn ich krank war, durfte ich nebenan ins «Omazimmer» umziehen, das so hieß, weil meine Großmütter dort wohnten, wenn sie zu Besuch waren. Dann schlief ich auf der Couch (unter der sonst mein Lieblingsplatz war, direkt unter den Sprungfedern, vor allem wenn ich mich geschnitten hatte und die Wunde mit Jod-Tinktur behandelt werden sollte), trank aus einer Schnabeltasse und bekam den höhenverstellbaren Tabletttisch übers Bettzeug geschoben. Mit einem weißen, angenehm griffigen Drehknauf ließ er sich stufenlos schräg stellen. Bei besonders schweren Erkrankungen durfte ich mir das Katzenfell um die Nieren binden, das noch von unseren Vorfahren aus Insterburg stammte, die eine Gerberei besessen hatten.

Im Omazimmer hing eine Weltkarte an der Wand, die ein anderer Vorfahr angefertigt hatte, wodurch wir uns ein bisschen berühmt fühlen durften. Er war zur Eröffnung des Suezkanals eingeladen worden. Es gab auf der Karte noch viele weiße Flecken (in Afrika), und die Dimensionen der Kontinente stimmten nicht. Unter der Karte stand der kleine Plattenspieler, der so unpraktisch konstruiert war, dass sich die Acryl-Abdeckung über Langspielplatten nicht schließen ließ. Im Gegensatz zum Fernsehen musste man bei Schallplatten nie um Erlaubnis fragen, weil das Hören von Platten «die Phantasie anregte», wie meine Mutter sagte. Ich wollte so leben wie Ehm Welks Heiden von Kummerow, in einem Dorf in Mecklenburg voller herzensguter, schrulliger Landleute, und heimlich mit der Tochter vom Pfarrer den Kirchturm hochklettern. Alfons Zitterbacke, der durch die Dummheit der Erwachsenen immer zu Unrecht bestraft wurde. Hundertmal hörte ich *Die sieben Geißlein* in der Aufnahme mit Joseph Offenbach – das ausgelassene Lachen der Geißlein, wenn sie am Ende den Wolf in den Brunnen warfen. Die besten Schauspieler des Landes sprachen diese Kinderproduktionen ein, mir wurde das aber erst viel später bewusst, als ich feststellte, dass ich die Stimmen der Schauspieler im Theater von meinen Kinderplatten kannte.

Wenn ich krank war, durfte ich vormittags fernsehen, aber leider begann das Programm erst um zehn. Ich guckte schon ab halb zehn das Testbild, hörte das Fiepen, versuchte, das Bild so scharf wie möglich zu stellen, und machte Sekundenwettzählen: in 60 Sekunden bis 300. Dann kam Schulfernsehen, seltsam, das zu Hause zu gucken, *English for you* mit Wörtern zum Nachsprechen und einem Gong: «Say after me, please!» Ich guckte sonst im DDR-Fernsehen eigentlich nur Fußballübertragungen, bis mein Vater mit dem Argument «Die schießen besser» auf Bundesliga umschaltete. Nachrichten, Politmagazine, Unterhaltungsshows nahm ich kaum zur Kenntnis. Es gab auch einen zweiten DDR-Sender, auf dem liefen sowjetische Dokumentationen über den Zweiten Weltkrieg, rumänische Krimis oder ein Bericht von den «18. Arbeiterfestspielen im Bezirk Rostock». Die Hornbrillen der Nachrichtensprecher, ihre roboterhafte Ausstrahlung, die ungelenken Bewegungen der Spieler beim Fußball, das alberne Fernsehballett (bei dem Männer mittanzten!). Und die Nachrichten dauerten doppelt so lange wie im Westen! Eigentlich ging ich immer davon aus, dass auch sonst niemand im Land unser Programm guckte, bis ich einmal im Krankenhaus war, wo sich alle Patienten, die gehen konnten, im Fernsehraum versammelten und im Bademantel *Polizeiruf 110* sahen.

Vom DDR-Radio wusste ich noch weniger als vom DDR-Fernsehen. Am Sonntagmorgen weckte uns laute Orchester-Musik aus dem Wohnzimmer, die BBC-Wunschsendung aus

London. Eine wohlklingende, freundliche Männerstimme, die einem vertraut vorkam, sagte die Stücke an: «Condaktet bei Hörbört won Karajahn.» Meine Eltern waren begeistert, weil ein Herr aus Ghana sich was von Bach gewünscht hatte: «Da sitzt der in Ghana und hört dieselbe Sendung wie wir! Ist das nicht herrlich?» Und dass man im Krieg für Sender London ins Gefängnis kam. Damals hörte man mit dem Kopf unter einer Decke Radio, genau wie ich. Oder sie rätselten: «Ist das Bruckner?» Das Orchester dröhnte, sie schrien dagegen an. «Nein, Mahler.» – «Neeein, das ist nicht Mahler.» Am Ende wurde durch den Moderator die Auflösung verkündet. «Tatsächlich, Bruckner! Hätt ich nicht gedacht!» Dass man die Komponisten an den Geräuschen erkennen konnte, die das Orchester machte!

Lange hatte ich unser Radio nur als eine Art Küchengerät wahrgenommen, es stand vor den Scheiben der Durchreiche, fettig von den Dünsten, die Antenne wie bei all unseren Radios abgebrochen und mit buntem Tesaband geklebt. Wenn meine Mutter in der Küche werkelte, hörte sie immer scheppernde Klassik. Erst im Ferienlager lernte ich, dass die Musik, zu der wir auf der Disko getanzt hatten, auch im Radio lief, man musste nur die richtigen Sendungen finden: *Hits für Fans* oder *Musik nach der Schule* auf RIAS 2. In der Liste der anrüchigen Begriffe kam RIAS nicht weit hinter «HJ» und «USA». Ich hatte ein Hemd, auf dessen Brusttasche «U. S. Army» gestickt war. Wir trennten das «y» auf, «U. S. Arm» ging durch. Seltsamerweise gab es in den USA die größte Ausbeutung, aber am wenigsten Arbeiterproteste. Der amerikanische KP-Chef hieß Gus Hall, ob seine Landsleute den überhaupt kannten? In Essen saß Herbert Mies von der DKP. Die hatten viel Arbeit vor sich.

Unsere Kassetten aus dem Chemiefaserwerk «Friedrich Engels», Premnitz, standen im Ruf, den Rekorder kaputtzumachen, und eine 60er kostete 20 Mark. Nach und nach luchsten wir unseren Eltern deren alte West-Kassetten ab, auf denen sie Schlager für unsere Klassenpartys aufgenommen hatten, ideale Stuhltanzmusik: *Wärst du doch in Düsseldorf geblieben*. Dass meine Mutter auf die Frage, ob sie eigentlich früher Beatles- oder Stones-Fan gewesen sei, antwortete, sie hätten für so etwas kein Interesse gehabt, zog einen tieferen Graben zwischen uns als zwischen mir und meinen Westcousins, die lediglich in einem anderen Staat lebten.

Die Kassettenhersteller waren noch nicht darauf gekommen, die Kassetten umgekehrt in die Hüllen zu legen, damit sie flacher wurden. Wir hatten einen Grundig C2600 Automatic, den meine Hamburger Großmutter meinem Vater bereits vor meiner Geburt geschenkt hatte. Heimelektronik war eine Anschaffung fürs Leben. Das Schöne am Grundig war der praktische Schiebeknopf zum Spulen, den man auch mal anfassen durfte, während der rote Knopf tabu war, ein entfernter Verwandter des roten Knopfs in Moskau und Washington, der den Weltuntergang auslösen konnte. Nur manchmal wurde der Rekorder aufgebaut, und wir durften ein Gedicht aufsagen oder einen Witz erzählen. Die Kassette mit unseren Kinderstimmen hörten wir uns immer wieder begeistert an. Weil mein Bruder auch Musik aufnehmen wollte, kauerten wir vor dem offenen Kassettenfach und hielten unsere leeren Kassetten bereit. Es kam darauf an, wer das angesagte Lied schon hatte oder gar nicht wollte oder näher am Gerät saß oder rücksichtsloser reagierte und blitzschnell seine Kassette einwarf. Ab Mitte der 80er wurde im Radio manchmal ein Lied «von CD» gespielt, das markierte ich sorgfältig auf dem linierten Papier in der Kassettenhülle. Ich füllte einen grau marmorierten Karteikasten mit einem ausführlichen Register meiner Kassetten, Lied für Lied, alles auf Karteikarten in Schönschrift. Die Länge der Lieder addierte ich und berechnete meine erbeutete Musikmenge. Ich benutzte diese Kartei nie, um irgendetwas zu finden, dazu hätte ich ja erst einmal die Übersicht verlieren müssen.

«Schalt dein Radio an, denn der *Treffpunkt* ist dran!» Am Ende vom *Treffpunkt* zählten sie auf, welche Bands am Abend in den West-Berliner Clubs spielen würden, im Quartier Latin, Loft, Quasimodo, KOB. Dort wurde Bier aus Büchsen getrunken, das wusste ich aus der *Abendschau*. Sie gaben auch wöchentlich neue Tarnadressen durch, über die man an den RIAS schreiben konnte, um ihm sein Herz auszuschütten. Aber ich war schreibfaul und schon mit meinen Patentanten überfordert. Und hörte die Stasi die Sendung denn nicht? Eine Cousine aus Hamburg behauptete, das Radioprogramm in West-Berlin sei nicht sehr gut. Es gab demnach Unterschiede? Ich wäre gerne Radiomoderator geworden, das klang, als wäre es nicht so anstrengend, und man bekam die Platten umsonst. Regelmäßig hörte ich eine weniger bekannte abendliche Anrufsendung: *Die Wählscheibe – Von ABBA bis Zappa*. Der Moderator plauderte mit den Hörern, was an sich schon ziemlich spektakulär war, denn diese entspannte Form zu reden kannte ich nur aus den Westmedien, wo niemand Angst hatte, durch ein falsches Wort sein Schicksal zu besiegeln. Ich nahm auf Verdacht Lieder von Neil Young oder Jethro Tull auf, weil ich die Namen von den Jeansjacken irgendwelcher Rocker kannte. Mit einem kleinen Telefunken-Empfänger namens «mini partner», der wie ein Robotergesicht aussah (Lautstärke- und Senderknopf waren die Augen, der Lautsprecher der weit aufgerissene Mund), lag ich noch spätabends im Bett, das Ohr an den Lautsprecher gedrückt. Im Nachttisch meines Vaters lag ein flacher Minilautsprecher, der dazu gedacht war, ihn *unter* das Kopfkissen zu legen. Auf Mittelwelle empfing ich den Süddeutschen Rundfunk, da werde die beste Musik gespielt, hatte man mir verraten, aber die Wellen überstanden die weite Anreise nicht unbeschadet, ich musste immer nachjustieren, auch wenn ich die Zentralheizungsrohre als Antenne benutzte. Sie spielten Oldies, Musik aus der Vergangenheit, Sänger wie David Bowie hatten nämlich schon vor *Let's Dance* Lieder gemacht. Aber gut konnten die nicht gewesen sein.

Manchmal nahm ich ein Lied auf, bei dem mir Zweifel blieben, ob ich es wieder löschen sollte. *Kreuzberg ist so wundervoll* von MDK (Mekanik Destrüktiw Komandöh) war so ein Lied. Weil es kürzer als eine Minute war, hatte es einen Platz am Ende einer meiner Kassetten sicher. Ich stellte mir die Bandmitglieder als bärtige Männer vor – wie die Gebrüder Blattschuss, die bei der ZDF-Hitparade *Kreuzberger Nächte sind lang* gesungen hatten, was in eine Polonaise ausgeartet war, den klassischen Tanz der VEB-Brigadefeiern. «Kreuzberg», das klang wie ein fernes Dorf, in dem alle aussahen wie Ingo Insterburg, den meine Oma verachtete, weil er dem Namen ihrer Heimatstadt Schande machte. In Wirklichkeit war der einminütige Song, in dem es hieß: «Kreuzberg ist so wundervoll, Kreuzberg ist so einwandfrei. Diese geilen Außenklos! Diese grau'n Betonsilos!», mein erster Punk-Song. Ich spielte ihn bei der Klassendisko, und wir bestaunten gemeinsam diesen hastig erzeugten Krach. Musik konnte ja noch bedrohlich sein und den Teufel beschwören.

Ich legte mich gerne auf den Boden und schmiegte das Gesicht an den glatten, kühlen PVC-Belag mit dem aufgedruckten Parkettmuster. Unsere Wohnung war neu und hell, neue Dinge lösten bei mir Glücksgefühle aus. In *Detektiv Pinky* hing auf einer Illustration von einem amerikanischen Kaufhaus fast an jedem Produkt ein Schild, auf dem «chic» oder «new» stand. «New» hieß «neu», das konnte man sich denken. Auch auf Westverpackungen stand ja immer: «Neu», oder: «Jetzt neu!» Auf dem Spielplatz hielten wir Müll in die Luft und sagten: «Jetzt neu!» Oder wenn einer gefurzt hatte: «Der neue Duft!» Wann hat das aufgehört, dass einen alles Neue vor Lust vibrieren ließ? Auf dem Boden unserer Wohnung fühlte ich mich wohl. Wenn es nur keine Atomwaffen gegeben hätte. In meinem Pionierkalender stand, dass ein Wissenschaftler berechnet hatte, der Dritte Weltkrieg werde im Jahr 1984 ausbrechen. Ich formulierte beim Einschlafen im Bett in Gedanken lange Briefe an Jimmy Carter, in denen ich ihn zu überreden versuchte, die Atombombe abzuschaffen. Die Sowjetunion werde das dann auch tun, sie hatten ja einen schrecklichen Krieg hinter sich. *Meinst du, die Russen wollen Krieg?* Wie konnte ich mein Anliegen möglichst überzeugend formulieren, damit der amerikanische Präsident zur Vernunft kam? «Jimmy», so hieß doch eigentlich kein böser Mensch.

Das Buch *Die letzten Kinder von Schewenborn* war in einem Westpaket gekommen. Eine Familie, die nach dem Atomkrieg durch das zerstörte Land irrte. Die Sonne von Rauch und Staubwolken verdunkelt. Am Ende kriegt die Mutter ein Kind, das wegen der Strahlung keine Augen hat. Wenn die Bombe fiele, würde ich mich schnell umbringen, das stand für mich fest. Druckwelle, Feuersturm, Radioaktivität, lieber gleich aus dem Fenster springen. Aber wenn man dann gar nicht starb, weil der Boden vom Vorgarten doch weich genug für die Landung war?

Zum Trost dachte ich an das nächste Klassenspiel gegen die a. «A wie Angeber», sagten wir, und sie antworteten: «B wie bekloppt!» Wir hatten noch nie gegen «die a» gewonnen und auch gegen keine andere Klasse. Unsere guten Spieler blieben immer sitzen. Wenn ich nicht unten war und auf einem der vielen Plätze im Viertel Fußball spielte, guckte ich durchs Fenster anderen zu, was genauso interessant war wie Fußball im Fernsehen. Auf dem Hof war das Gittersegment, das wir als Tor nahmen, von den vielen Schüssen lädiert. Ein bärtiger Mann aus dem Haus gegenüber hatte es einmal in Eigeninitiative zugeschweißt. Die meiste Zeit diskutierten wir beim Spielen, ob der Ball im Tor gewesen oder am gedachten Pfosten abgeprallt war. *Un*direkter oder *in*direkter Freistoß? Wir spielten auf Asphalt wie die Nationalmannschaft von Malta. Ich trug zu jeder Jahreszeit Stoffhandschuhe, auch im Hochsommer, um bei Stürzen meine Handflächen zu schützen. *Einmal* im Leben auf einem richtigen, rechteckigen Rasen spielen! Mit weißen Linien und Tornetzen!

Gedanken an meinen Geburtstag lenkten vom Atomkrieg ab. Ich hatte so viele Wünsche, dass es mich vor Gier zerriss, wenn ich den alten Otto-Katalog durchblätterte, der unter den Kollegen meiner Eltern die Runde machte. Ein Schnorchel mit einem Ventil, sodass kein Wasser reinfloss. Damit könnte ich endlich den Grund der Oder erforschen. Angeblich lag an unserer Badestelle eine Granate, jemand hatte sie schon mal mit den Füßen im Schlamm ertastet. Unter «Spielsachen» ein Walkie-Talkie. Ich wusste nicht, was das war, aber ich wünschte es mir trotzdem, schon um seinen Zweck zu erfahren. Wie sich herausstellte, sprach man das nicht deutsch, sondern englisch aus. Es war ein Funkgerät, mit dem wir uns heimlich hätten verständigen können, wenn unsere Bande durchs Viertel patrouillierte. (Sie hieß die «Schwarze Hand», nach einem Kinderbuch. Ich hatte für jedes der fünf Mitglieder einen Anstecker mit einer schwarzen Hand gebastelt.) Wir würden dann immer «roger» sagen, wie im Film. Ich glaube, wir machten das eine Weile beim Telefonieren. «Kommst du heute zu den Betonröhren? Roger.» – «Nein, ich hab Stubenarrest. Roger.» – «Roger.» – «Roger und Ende.» Wäre ein Walkie-Talkie ein zu großer Wunsch? Man durfte den Bogen ja nicht überspannen, man musste die akzeptable Wunschgröße ausdehnen, ohne dass die Verwandten es merkten. Sie durften einen nicht für unverschämt halten, sonst würden sie vielleicht gar nichts mehr schicken. Was man sich nicht klarmachte, war ja, dass dieselben Verwandten auch anderen Wünsche erfüllen mussten, das kam einem richtig komisch vor, als man es erfuhr. Einmal beschwerte sich eine Westcousine, wir würden immer so tolle Sachen bekommen, *Tim und Struppi* etwa (während ihnen Comics aus pädagogischen Gründen vorenthalten wurden). Wenn zu Weihnachten in einer Großaktion Pakete gepackt wurden, betrachteten die Kinder in der Küche ungläubig die für die verschiedenen Ostverwandten aufgehäuften Süßigkeiten. Andererseits konnte man die Pakete an uns ja von der Steuer absetzen.

Die Kinder-Mannequins im Otto-Katalog sahen merkwürdig aus, rosige Bäckchen, blonde Haare. Der Junge, auf dem Boden ausgestreckt, mit Lego beschäftigt, einen Hubschrauber hält er in die Höhe, und die Eltern gucken heimlich um die Ecke und freuen sich, weil ihre Geschenke so gut ankommen. Immer was für Jungs und was für Mädchen, leicht an der Machart zu erkennen. Das Westspielzeug war schöner, die Playmobil-Figuren waren schon bei ihrer Erschaffung vollkommen, ohne die jahrhundertelange Annäherung, die in der Bildhauerei bis zum Menschenideal der griechischen Plastik nötig gewesen war. Westsachen erkannte man an den leuchtenden Farben und am unverwüstlichen Material. Die Schlümpfe hatten so eine verführerische Gummi-Konsistenz, dass man ihnen den Kopf abbeißen wollte. Meine Gummi-Indianer aus heimischer Produktion mochte ich immerhin; meine Mutter schrieb unsere Namen auf die Unterseite, damit wir sie später würden auseinanderhalten können, wenn wir sie in unsere eigenen Wohnungen mitnahmen. Ich besaß ein Dutzend Häuptlinge, die sich nur in der Farbe unterschieden. Sie rauchten alle eine quergehaltene Friedenspfeife. Ein «Schleicher», der auf dem Boden kroch, vielseitig einsetzbar, ein Kniender, der einen Bogen spannte, einer, der mit der Hand an der Stirn für immer Ausschau hielt: Szenen aus dem alltäglichen Indianerleben. Silberne Ritter mischten aber auch mit. Manche Freunde hatten sogar NVA-Soldaten, einen, der eine Handgranate warf. Ich konnte mir nicht vorstellen, mit flachen, angemalten Zinnsoldaten zu spielen wie meine Vorfahren, Gummi war besser.

Manchmal bekam ich beim Einschlafen plötzlich ein Würgen in der Kehle, weil ich an die unangenehme Realität denken musste, die Pflichten, die das Erwachsenwerden auf mich zuwälzte wie ein Gletscher Geröll. Mit 18 musste man arbeiten gehen. Dann musste man noch früher aufstehen, und man hatte nur noch wenige Tage im Jahr Urlaub. Was sollte ich denn werden? Meinen Bruder erwischte das alles schon zwei Jahre vor mir. Ab der siebten Klasse PA-Unterricht, «Produktive Arbeit», was bedeutete, sich alle zwei Wochen in blauer Arbeitskleidung in einem Betrieb von einem Lehrmeister anschnauzen zu lassen. Die Lehrlinge, denen man da begegnete: alle schon mit einem Bein im Knast. Mit so einer Brusttasche und am Hosenbein einer schmalen für den Zollstock. Und nach der Schule die Armee. Wenn ich wehrdienstuntauglich wäre? Irgendetwas müsste sich doch machen lassen. Ich dachte lieber wieder an etwas Angenehmes. Die Taschenlampe mit Knopf für Blinkzeichen. An den Griff mit den Batterien ließ sich eine Verlängerung schrauben, die könnte ich mir besorgen. Und im Deckel steckte immer eine Ersatzbirne. Das Morsealphabet lernen? Zur Not konnte ich nach «drüben» gehen, es würde sich schon ein Weg finden. Am letzten Tag in der Schule noch einmal richtig auftrumpfen. So eine Freiheit verschaffte einem auch ein Selbstmord. Zum Lehrer sagen: «Sie können mich mal!» Die Verwandten in Hamburg: «Da bist du ja endlich ...» Wo wir überall Verwandte hatten, zählte meine Mutter gerne auf, nach Ulm könnte ich, in Bonn käme ich unter, und aus Tübingen schickte Onkel Gottlieb immer ein Weihnachtspaket. Der hatte als Student meine Mutter heiraten wollen, jetzt müsste er Farbe bekennen. Zur Not müsste ich nach Frankreich ausweichen, Onkel Michel in Straßburg, auch ein ehemaliger Bewerber. Zu Geburtstagen schickte er immer ein Päckchen mit zehn Tafeln Schokolade, vier fürs Geburtstagskind, je drei für die Geschwister. Er hatte von seinem Vater Land geerbt; wenn er Geld brauchte, verkaufte er ein Stück davon, das klang logisch, so musste man es machen. Aus Rendsburg kamen die Stifte und Klammeraffen, auf denen «Behring Diagnostics» stand, die Firma, für die Onkel Bernhard arbeitete.

Filzstifte, die auf Plaste schrieben und nicht verwischten, eigentlich ein unlösbares Problem. Die rochen natürlich ziemlich giftig.

Über die Heizkörper in unserem Schlafzimmer hörte ich, wie jemand im Haus hustete. Herr Wallat rief laut den Namen seiner Mutter, das machte er, wenn er gute Laune hatte. Ein Heizungsknopf wurde quietschend zugedreht. Wieder tutete eine Bahn. Zur Konfirmation würde ich von Onkel Bernhard hoffentlich einen Kassettenrekorder bekommen wie alle Cousinen und Cousins im Osten. Onkel Bernhard war beim Mauerbau als Einziger von den Geschwistern meines Vaters in den Westen gegangen, er war zufällig in West-Berlin gewesen. In wenigen Wochen hatte er eine Arbeit gefunden, und jetzt besaß er ein Haus. Ich wünschte mir einen Rekorder, bei dem sich das Fach ganz langsam öffnete und nicht mit einem Schnappen. Es gab ja auch welche mit zwei Fächern, damit konnte man überspielen. Dann konnte man es so einrichten, dass die Lieder genau auf die Kassette passten und man kein Band verschwendete.

Ich sollte vor dem Einschlafen eigentlich beten, aber ich war zu träge, genau wie beim Zähneputzen. Ich entschuldigte mich bei Gott, dass ich heute nicht beten würde, und die Entschuldigung dauerte länger als ein Gebet, weil ich mich so umständlich herausredete, und sicher hatte Gott mitbekommen, dass ich in Gedanken Beten mit Zähneputzen verglich. Man wusste ja auch nicht, ob man ihn einfach so ansprechen durfte. In der Schule sollten sie lieber nicht mitbekommen, dass unsere Familie an Gott glaubte, von den anderen war keiner christlich, höchstens bei dem einen oder anderen eine störrische Oma. Und Teresa war katholisch, der wurde das aber nicht angekreidet, katholisch sein, dafür konnte man anscheinend nichts. Was machte ich, wenn ich einmal Gott verleugnen sollte wie Petrus? Wäre es nicht falsch verstandener Heldenmut, an dieser Stelle sein Leben zu riskieren? Ob er mir das nachsehen würde? Außerdem hatte er mich ja selber so erschaffen, mit allen Fehlern. Er hätte mich eben mutiger machen müssen.

Die Christen in den Römerfilmen, in der Arena ängstlich die Löwen erwartend. Christen waren friedlich und sozial eingestellt, während die römischen Frauen intrigant und bösartig waren, aber auch besonders reizvoll gekleidet, nur die großen Brüste hinderten das dünne Gewand am Herabrutschen. Eigentlich gefielen mir die Römerinnen, wenn sie mit ihren pechschwarzen Haaren und böse funkelnden Augen den Tod der Christen forderten. Die Christen, an Pfähle gebunden, zerrten an den Seilen. Der Stärkste drehte wenigstens einer der Bestien den Hals um, aber allen, das war zu viel verlangt. Freiwillig würde ich keinen Fuß in ein anderes Jahrhundert setzen. Galeerensklave, die Peitsche über dem Kopf. Den Pharaonen hatten sie als Babys den Hinterkopf verformt, sodass sie ein spezielles Kissen brauchten, um sich im Schlaf nicht das Genick zu brechen. In einer Eisernen Jungfrau stehen, wenn die Klappe sich langsam schloss und lange Nägel sich einem in die Augen bohrten. Andere Erdteile waren mir genauso suspekt. In Afrika durch den Dschungel wandern, und dem Vordermann wird von einem Speer der Schädel durchbohrt? Ich kannte das aus den Tarzan-Filmen vom Nachmittagsprogramm. Da war mal einer an biegsame Bäume gebunden und von den zurückschnellenden Stämmen auseinandergerissen worden.

Ich schlug das Ende der Bettdecke um und wickelte meine Füße darin ein. Mit 18 konnte ich natürlich auch einen eigenen Fernseher haben. Der überraschende Gedanke fühlte sich so intensiv und erregend an, dass ich mich darauf zu konzentrieren versuchte, ihn festzuhalten und bis zum Einschlafen an nichts anderes mehr zu denken.

Wohnzimmer

Manchmal schlich ich nachts ins Wohnzimmer, um heimlich zu trainieren, Armbeugen an zwei Stuhllehnen, Schlusssprünge, bei denen es mir darauf ankam, die Decke zu berühren und möglichst lautlos zu landen, Kniebeugen mit einer Zeltrolle auf dem Rücken. Alles stand genauso da wie am Tag, aber es wirkte geheimnisvoller, wie wenn man nachts einen Blick auf den Geburtstagstisch warf und sich die Geschenke als Gebirge unter einer weißen Tischdecke abzeichneten. Die Bücherregale mit Glasscheiben, die immer leise klirrten. Das Barometer, das das zukünftige Wetter anzeigte. Der Museumsschrank mit den Familienerinnerungsstücken, den wir einmal im Jahr aufschließen durften, um die nach Meer stinkende Krabbe zu betrachten. Ein südamerikanischer Silberdollar (lange verfolgte ich seinetwegen den Dollarkurs). Ein versteinertes Seepferdchen. Ein Bezoarstein aus einem Kuhmagen, mit dem sich das Wetter beschwören ließ. Siegel mit rotem Siegellack. Unsere Milchzähne. Ein Seeigel. «Edelsteine» (in Wirklichkeit Bergkristalle, vom Urgroßvater aus den Dolomiten mitgebracht). In der Mitte des Zimmers der große Tisch, den man bei Geburtstagsfeiern mit mehreren eingelegten Brettern verlängern konnte. Der Cognac-Schrank, in dem die edleren Gläser standen und

Schnaps, der nie getrunken wurde, vielleicht fand ich ja eine angebrochene Tüte Engerlinge? Ich leckte gerne an einer kleinen Flasche mit länglichem Hals, die nie leerer wurde, Schlehenfeuer. Die rote Plattenspieler-Radio-Kombination. Sie hatte einen Dioden-Ausgang für unsere Kopfhörer, die nach jeder Benutzung zurück in ihre Pappschachtel geräumt wurden. Wenn ich mit Kopfhörern eine Platte hören wollte und auf dem «kleinen» Sessel saß, musste ich mich jedes Mal bücken, wenn wer vorbeiwollte, weil das Kabel den Weg versperrte. Im Plattenschrank meiner Eltern, in dem es nach Schallplatten roch, gab es fast nichts, was mich interessierte, nur Klassik, Schlager aus UFA-Filmen oder Orchester-Tanzmusik (*So tanzte man in Alt-Berlin*). Eine rote Karl-Valentin-Platte; den Humor verstand ich nicht, was wollte dieser mürrische Mann mit seinem Hasenbraten? Der Fernseher: ein hinten erstaunlich raumgreifender Kasten, die Bildröhre zog die Härchen der Finger knisternd an. Das Klavier hinter dem Fernsehsessel, Unterricht hatte ich nie gehabt, und Klimpern machte nie lange Spaß. Ich fragte mich, warum es weiße und schwarze Tasten gab, das verkomplizierte doch alles unnötig. Die Kakteen auf dem Fensterbrett, manche hatte der Vater meines Vaters aus Bolivien mitgebracht. Staunenden Klassenkameraden zeigte ich die Luftwurzler: «Die leben nur von Luft!» Wir hatten viele Dinge, die sonst niemand hatte, darauf war ich stolz. Eine Lichtmühle, in der sich schwarze Blechquadrate drehten, ohne jeden Motor. Wie laut die Pendeluhr tickte, das fiel am Tag überhaupt nicht auf. Was passierte, wenn sie einmal zufällig synchron mit meinem Herzschlag tickte? Sonntagmorgens hörte ich, wie mein Vater das schwere Eisengewicht an der Kette hochzog, ein Geräusch, als würde die Zeit zersägt.

Ich guckte zum Zehngeschosser gegenüber, die vielen Fenster, da kannte man niemanden. Hinter manchen flackerte im selben Wechsel bläuliches Licht, dort sahen sie noch fern. War denn noch nicht Sendeschluss? Ich hatte immer Angst vor dem Moment, wenn das Programm einmal mitten am Tag unterbrochen würde und ein Nachrichtensprecher uns mitteilte, dass der Dritte Weltkrieg begonnen habe und uns noch fünf Minuten blieben. Es hatte zwei Weltkriege gegeben, also würde es auch einen dritten geben, und sie wurden ja immer schlimmer. Der Sprecher würde sich sogar in so einem Moment bemühen, sich seine Erschütterung nicht anmerken zu lassen. Eltern und Nachrichtensprecher durften ihre Gefühle nicht zeigen, darauf musste man sich verlassen können. Ich würde dann natürlich sofort zum Telefonapparat rennen und überprüfen, ob es noch einen Signalton gab.

Im Altbau hatten wir einen schwarzen Bakelit-Apparat gehabt, die Nummer wusste ich noch lange auswendig. Hier in Buch stand bei allen das gleiche graue Modell mit der praktisch geringelten Strippe. Wir hatten im Neubau fast alle Telefon, mir war nicht bewusst, dass das ein glücklicher Umstand war. Auf keinen Fall sollten wir uns verwählen und aus Versehen in Japan anrufen, das würde teuer. Ich rief oft die Zeitansage an, weil man den eigenen Uhren nicht traute und weil ich die stoische Frau dabei erwischen wollte, wie sie sich verhaspelte, wenn eine Minute um war. Oder die Kinoprogrammansage, bei der in einer Schleife alle Kinos und Filme aufgezählt wurden. Als ich später mit Mädchen telefonieren wollte, musste ich den Apparat ins Schlafzimmer zerren, sodass die Schnur unter dem Türspalt spannte. Trotzdem kam manchmal meine Mutter rein, um sich umzuziehen.

Wir machten immer Scherze darüber, wenn es im Hörer knackte, weil sich dann vielleicht jemand dazugeschaltet hatte. Ich schraubte die Muschel auf und hoffte, eine Wanze zu finden, aber wie sah so etwas überhaupt aus? Das gelbe Telefonbuch war sehr wichtig, zählen, zu welchem Namen es die meisten Einträge gab, Schmidt vor Müller und Lehmann. Mädchen raussuchen, die man kannte, so erfuhr man auch die altmodischen Vornamen ihrer Eltern. Ich telefonierte Stunden mit Schulfreunden, wir sahen dabei ein Fußballspiel im Fernsehen, es kostete ja nichts. Was wohl die weiße Taste bewirkte? Anrufe in den Westen waren nicht leicht, meine Mutter saß den halben Tag im Wohnzimmer, nahe beim Telefon, und wartete, dass sie durchgestellt wurde. Wenn es gelang, musste man möglichst laut sprechen, der andere war ja weit weg. Ich stellte mich daneben und versuchte, sie dazu zu bringen, meine Schallplattenwünsche durchzugeben: *The Piper at the Gates of Dawn.* Wie bitte?

Später, in der eigenen Altbau-Wohnung, hatte ich kein Telefon, aber ich hängte sofort einen Zettelblock mit Bleistift an die Tür, man schrieb auch direkt aufs Holz. Ich erinnere mich gerne an die abendlichen Spaziergänge zu den nach Urin stinkenden Telefonzellen im Viertel, vor denen sich überall eine Schlange bildete. Für Hundehalter ist es ja auch eine angenehme Pflicht, abends noch mal raus zu müssen. Wo die Zellen gestanden haben, weiß ich noch, genau wie sich alte Leute an die Wasserpumpen erinnern, die ihnen nach dem Krieg das Leben gerettet haben.

Als wir nach Buch III zogen, das dritte Neubauviertel von Buch, waren wir für die anderen die Neuen – so wie alle Neu-baubewohner für die aus Alt-Buch. Eines Tages waren wir auf der Chaussee gefahren, vielleicht zum Liepnitzsee, und unsere Eltern hatten auf ein Feld gezeigt und gesagt: «Da werden wir wohnen.» Das ist meine früheste Erinnerung an Buch. Wir hatten das Haus dann im Rohbau besichtigt. Ich liebte die Neubauten sofort, leider hatten wir keinen Fahrstuhl und keinen Müllschlucker im «Fünfer». Es war alles so schön neu und geometrisch. Alle Wohnungen der verschiedenen Wohnungstypen waren gleich geschnitten oder spiegelverkehrt. Es roch aber bei jeder Familie speziell, vielleicht weil die Väter auf ihrer Arbeit anderen Schweiß produzierten, oder der Geruch war ihnen von ihren Vorfahren vererbt worden. In jedem Häuserkarree gab es einen Spielplatz. Die meisten, die nach Buch zogen, waren jung und hatten mehrere Kinder. Wir bewegten uns immer in größeren Pulks, und vor der Kaufhalle standen ein Dutzend Kinderwagen mit unseren Nachfolgern. Ich fand es schön, dass in jedem Haus so viele Familien wohnten, es war wie bei einem Adventskalender, die vielen Türen. Gerne hätte ich im «10er» oder «11er» gewohnt, mit Müllschlucker und Wechselsprechanlage. Ich war beim Einzug sieben Jahre alt und weinte, als ich zum ersten Mal alleine unten war, weil ich noch nicht wusste, dass man am Klingelbrett neben unserem Namen den Knopf drücken musste, um dann, wenn es brummte, die Tür aufzuziehen. Die weißen Klingelknöpfe wurden von Jugendlichen gerne mit Zigaretten verschmort. Jugendliche waren eine Gefahr für die Gesellschaft, sie standen immer zusammen, rauchten und hinterließen Spuckelachen.

Für die Schule mussten wir eine Karte von Buch zeichnen, was mein Vater für mich übernahm. Die Gärtnerei, der Heimwerker-Laden, der Frisör, die Sparkasse, die Kirche, der Schlosspark, ein Spielzeugladen, ein Eisstand, das Kontex-

Kaufhaus, das sowjetische Ehrenmal, die Clubgaststätte mit Kegelbahn, der Dienstleistungswürfel, mehrere Krankenhauskomplexe, das Maisfeld, das wir erkundeten, in meiner Tasche immer mein Überlebensset: eine leere Filmbüchse mit halbierten Streichhölzern, Reißzwecken, Gummilitze, ein paar Nägeln, einem abgesägten Bleistift und Knallplätzchen. Ich nahm aber auch den roten Messerschleifer aus der Küche mit. Am Rand des Maisfelds gab es einen runden Bunker, auf dessen geteertem Dach wir im Sommer lagen und die Wolken betrachteten, beim Atomkrieg müsste ich es irgendwie bis hierher schaffen. Ich stellte mir vor, dass im Inneren des Bunkers, in das ein schneckenförmiger Gang führte, hinter einer Stahltür ein toter deutscher Soldat lag. Wir kannten vom Radfahren oder Fußballspielen jede Unebenheit des Asphalts, jede Wurzel, die nach oben drängte, wir wussten, wo Eisenteile aus dem Boden ragten, wo ein Gullydeckel wackelte, wo man an der Panke in ein Abwasserrohr klettern konnte, wo man bei Regengüssen unter Balkons Schutz fand, welche Bordsteinkante besonders hohe Sprünge mit dem Rad erlaubte, wo der Wind zwischen zwei zu eng stehenden Blöcken so stark blies wie in einem Windkanal.

Zu Hause hatten wir so viele Bücher, dass an allen Wänden Regale standen, mein Vater brachte abends immer neue Bücher mit. Niemand hatte so viele wie wir, ich hielt das noch für einen materiellen Wert. *Meyers Konversationslexikon*, in Fraktur, und der neue *Meyer* – das Wissen der ganzen Welt, oder zumindest das von Herrn Meyer. Manchmal nutzte ich alle Finger als Lesezeichen, weil ich mich in Artikeln festlas, die ich gar nicht gesucht hatte, und immer andere Stichwörter hinzukamen. Aber die meisten Bücher las ich nicht, auch wenn viele davon eigens für uns angeschafft worden waren

(Gerstäcker, Mark Twain, Jules Verne, Franz Fühmanns Nacherzählungen antiker Sagen). Wenn mein Vater sich wunderte, dass wir etwas wussten (Curare, Elmsfeuer, Boxer-Aufstand), stammte es meistens aus *Tim und Struppi*. Im Ferienlager erfuhr ich später von Büchern mit «Stellen», jemand hatte *Die geschützten Männer* von Robert Merle dabei. Im *Kin Ping Meh* ging es um eine schmerzhafte Penisverlängerung, so etwas war natürlich interessant. Sogar die Bibel bot Stoff: Hezekiel 12. Meine Mutter hatte einen eigenen Schrank für ihre englischsprachigen Autoren, Jane Austen, John Galsworthy, Katherine Mansfield. Seltsamerweise war Evelyn Waugh ein Mann und George Eliot eine Frau. Ich kannte die Bücher aus dem Regal, weil sie jahrelang an derselben Stelle standen, aber ich las nie darin, denn es waren ja Bücher für Erwachsene, mit kleiner Schrift und ohne Bilder. Auf dem Tisch meiner Mutter lag mal ein Buch von Agatha Christie auf Englisch, das konnte sie lesen! In einen französischen Pif-Comic schrieb sie uns die Übersetzung in die Sprechblasen, tagelang arbeitete sie daran. Mein Vater machte sich in seinen Büchern hinten immer Notizen. Er legte Wert auf «Erstausgaben», ich wusste nicht, warum. Ein Mitschüler fragte mich beim Abitur, ob wir was von Erich Fried hätten, ich bejahte, da ich mir nicht vorstellen konnte, dass wir nicht einfach alles hatten, was es gab. Wir hatten dann gar nichts von Erich Fried, dafür ein Regal mit sehr alten Büchern, aus Pergamentpapier, in Leder gebunden. Es war immer spannend, die Frage zu klären, wie alt unser ältestes Buch sein mochte. Wir gingen in jede Buchhandlung, an der wir vorüberkamen, Kontrollgänge, die nur Sinn hatten, wenn man sie über lange Zeiträume regelmäßig wiederholte. In den Ferien, wenn wir beim Wandern durch kleine Orte kamen, fand man in Buchhandlungen, die es manchmal selbst in Dörfern gab, Bücher, die dort niemand zu würdigen wusste. Jeder hoffte, etwas in seinen Einkaufskorb aus Draht legen zu können, die hier genauso aussahen wie im Konsum. Mit ungefähr 13 fing ich selbst an, Bücher zu kaufen, ein Reclam-Band *Nathan der Weise* machte den Anfang, weil er so billig war und weil ich sofort nach Vollständigkeit strebte. Woher das Verlangen, alles selbst zu besitzen? Gelesen habe ich erst später, vorher kam die Zeit mit dem C64, bei der ich nie sagen kann, ob sie verloren oder eine Bereicherung war. (Unvergessen der Tag, als ich «Impossible Mission» schaffte.)

Viele Bücher standen hinter Glas. Meine Mutter war vor meiner Geburt monatelang jeden Montag in der Mittagspause zum Hellerau-Möbelgeschäft am Spittelmarkt gegangen, um nach Schränken zu fragen. Morgens: «Wir haben leider nichts», und in der Mittagspause: «Schon wieder alles raus.» Geld in Aussicht zu stellen («Es soll ihr Schade nicht sein»), das war schäbig, so etwas tat man in unserer Familie nicht. Es musste auch ehrliche Menschen geben im Sozialismus. Dann lieber keinen Schreibtisch haben und auf den Knien schreiben wie Humboldt im Urwald. Schließlich hatte sie sich durch ihre Beharrlichkeit das Privileg verschafft, bedient zu werden, und ihr Chef half mit einer Schachtel West-Zigaretten nach. Hinterher drückte meine Mutter der Verkäuferin fünf Westmark in die Hand, aber erst *hinterher*! Genau wie beim begehrten Kegeltermin im «Parkblick»: Den Kaffee brachte meine Mutter der zuständigen Dame *hinterher* vorbei. Mein Vater staunte, als er die alte Kleiderstange in den neuen, hell gemaserten Schrank aus wieder etwas billigerem Material hielt und sie passte. Die alte TGL-Norm galt also immer noch!

Bei den Klassenkameraden hingen keine echten Bilder, nur manchmal im Flur verkleinerte Reproduktionen von der *Dame mit dem Hermelin* oder vom *Mann mit dem Goldhelm*, auf Holz geklebt. Bei der Gitarrenlehrerin immerhin winzige Stiche von kopulierenden Käfern, eine Lupe daneben. Wir hatten echte Gemälde, die ich für wertvoll hielt, schon weil der Rahmen so prächtig und golden war. Eine finstere Schlucht, kaum zu erkennen ein Jäger mit Hund. Oder die Nationalversammlung in der Frankfurter Paulskirche (ein durchsichtiges Blatt mit den Silhouetten und Namen der Anwesenden war leider verlorengegangen). Mein Vater sammelte auch Kunstpostkarten, eigentlich wurde ja alles gesammelt. Die Verluste durch den Krieg (ausgerechnet der Koffer mit *seinem* Spielzeug war bei der Flucht gestohlen worden) und das Desinteresse der Geschwister bei der Auflösung des Hauses meiner verwitweten Großmutter waren nie verwunden worden.

Eine meiner Lieblingsbeschäftigungen war es, die Wohnung zu durchforsten. Im Schlafzimmer, einem Wurmfortsatz des Wohnzimmers, suchte ich gerne unsere «Schildkröte» auf, einen Gummi-Blasebalg für Luftmatratzen. Beim Anblick der vielen Zettelkästen, die sogar hier standen, ermüdete ich sofort und legte mich hin. Zettelkästen mit Poesiealbumsprüchen, mit Stilfehlern, mit Zitaten aus Fernsehsendungen und Büchern, alles in Vaterschrift, auf Zeitungsartikeln waren immer Zeitungsname und Datum am Rand notiert. Papierstapel – Papier wurde gehortet, in jeder Form, denn man wusste nie, ob es morgen noch welches zu kaufen geben würde. Der Stapel *Le point* unter dem Bett: Mein Vater hatte die alten Hefte von jemandem für den Fall übernommen, dass er einmal Französisch lernen wollte. Nach mehreren Jahren Unterricht verstand ich immer noch kaum ein Wort. Ich staunte, dass es fast mehr Werbung als Text im Heft gab, so eine Verschwendung. Wo wir doch so mühsam Altpapier sammelten, um den Wald zu retten. Dachten sie, dass man sich überlisten ließ und statt eines Artikels aus Versehen die Werbung las? Unter dem Schrank die letzten zwei Jahrgänge vom *Neuen Deutschland*, die durfte man nicht als Malunterlage benutzen, obwohl diese Zeitung sich wegen ihrer ungewöhnlichen Größe am besten geeignet hätte. «Die *Berliner* dürft ihr nehmen.» Das *ND* musste aufgehoben werden, um den Wortlaut der offiziellen Reden und Kommuniqués gegebenenfalls genau prüfen zu können. Wer die Verlautbarungen der Partei studierte, bemerkte die Widersprüche und heimlichen Kursänderungen und schlug sie mit ihren eigenen Waffen. Meine Mutter kämpfte immer darum, das *ND* endlich zu den Altstoffen geben zu dürfen. Mein Vater bastelte mit uns Pappmaché-Figuren daraus.

Der Wohnzimmerhängeschrank mit den technischen Geräten, die nicht weggeworfen wurden, obwohl sie veraltet waren: der Ledergeruch der Fotoapparathüllen. Das graue Schul-Mikroskop, mit dem ich meinen Fingernageldreck betrachtete, nachdem ich die Blumenkästen durchwühlt hatte. Blechdosen mit englischen Drops – wie viele konnte man rausnehmen, ohne dass es auffiel? «Quality Street» (dass sich das «ee» wie «i» aussprach, lernte ich irgendwann), Drops von Mackintosh (später verwirrte es mich, dass es einen Computer gab, der so hieß) und Rowntree's, auf so etwas verstanden sich die Engländer. «Travel Sweets», Jahre später lernte ich, dass sich das erste Wort nicht wie in «Maurice Ravel» aussprach und «Reise» hieß. Auf einer Dropsdose Prinz Charles und die schöne Prinzessin Diana, die ein bisschen aussah wie meine Cousine. Eigentlich sei sie die legitime Königin, sagte meine Mutter, aus dem Hause Spencer. Man fragte lieber nicht nach, sonst bekam man die komplizierten Verwandtschaftsverhältnisse der englischen Adelshäuser erklärt.

Im Schreibtisch meines Vaters: ein Lamy-Stift mit Faltbalg. Ein Bleistift aus Zedernholz, den ich besonders vorsichtig anspitzte, weil das Holz sicher kostbar war. Ein Cutter – wenn die Schneide stumpf war, konnte man sie in einen Plasteschlitz stecken und gefahrlos abbrechen. Ein Schraubenzieher mit Gummilamellen am Griff, ein Vergnügen, den anzufassen. Überhaupt die Idee mit den austauschbaren Spitzen, im Westen war immer alles so praktisch. Es gab Tesaband in allen Farben, mit dem man ein Zelt reparieren, ein Autodach abdichten oder zum Fasching einen bunten Zauberstab basteln konnte. Mein Vater hatte Onkel Bernhard gesagt: Wenn er ein Geburtstagsgeschenk suche, dann solle er einfach durch den Werkzeugladen gehen und irgendetwas kaufen. Der Werkzeugkasten, den er schickte, schob beim Öffnen raffiniert seine Fächer auseinander. Den schweren «Franzosen» schraubte ich ganz auf und wieder zu, einen Finger rein, mal sehen, wie lange man es aushielt.

In der Kammer, an deren Tür wir immer gemessen wurden und unsere Wunschzettel anbrachten, befanden sich in ausrangierten Küchenschränken alte Küchengeräte neben Porzellan und Glaswaren, die hierhin abgeschoben worden waren. Eine weitere Modernisierungswelle würde das aktuelle Inventar hierher und diese Geräte in den Keller spülen, spätestens dann bräuchten wir eine Laube als Ausweichdepot. Als wir Kinder auszogen, erschienen unsere Eltern nie ohne zwei Einkaufsbeutel mit alten Gerätschaften bei uns, Nudelhölzern und Geschirr, die sie uns schenkten und dann immer gerne bei uns besuchen kamen. Ich hielt mich in dieser fensterlosen, bunkerartigen Kammer, die wir nicht tapeziert oder gestrichen hatten, mit Vorliebe auf und studierte alle Gegenstände. Einen Eierschneider, mit dem man Harfengeräusche machen konnte. Eine Taschenlampe, die in der Steckdose aufgeladen wurde. Eine Hanfschnur-Rolle, die anscheinend ewig reichte, denn ich kannte sie schon aus meiner frühesten Kindheit. Die abgelegten Turn- und Halbschuhe im Regal hinter der Tür, so etwas hatten unsere Eltern mal getragen? Der Schuhcreme- und Gummigeruch, die Lederriemen zum Festzurren von Wandergepäck, die Helmut-Schmidt-Mütze, die meinem Vater zu seinem Kummer etwas zu klein war; aus Protest gegen die russischen Pelzmützen unserer Regierungschefs hätte er sie gerne getragen. Dieser Bundeskanzler war uns sympathisch, weil er wie wir hieß. Außerdem spielte er Klavier, und wer musikalisch war, konnte kein schlechter Mensch sein. (Wir freuten uns aber auch, dass im Urlaub auf dem Dorf auf einem Honiglöffel stand: «Schmidts Honig bringt Gesundheit ins Haus». Der Name war in seiner Banalität schon wieder schicksalhaft.)

Im Schlafzimmer stand unsere mechanische Personenwaage, meine Mutter stellte sie immer auf –1 kg, weil sie behauptete, sie gehe falsch. Ich wog mich nur zum Spaß, mein Gewicht spielte keine Rolle, ich kannte es gar nicht. Hinter dem Wäschekorb der einzige große Spiegel in der Wohnung, da konnte man sich von oben bis unten sehen und tanzen üben. Sonst nutzte ich den Flurspiegel, vor dem ich mich aber aufs Flurschränkchen stellen und hinten an die Schränke lehnen musste, um zu prüfen, wie ich in bestimmten Hosen aussah. Wenn mein Bruder hinter mir her war, konnte ich mich im Schlafzimmer einschließen und abwarten, bis er aufhörte, gegen die Tür zu hämmern. Manchmal versuchte er dann geduldig, den Schlüssel im Schloss zu drehen, um ihn rauszustoßen und die Tür mit einem anderen Schlüssel zu öffnen – ich musste ihn immer wieder in die Querstellung zurückdrehen oder mit einem Gummi fixieren. Einmal schloss er mich ein, und es gelang mir, mich mit Kalle Blomquists Schlüsseltrick zu befreien, indem ich den Schlüssel im Schloss drehte, ihn rausstieß und mit einem Blatt Papier unter der Tür zu mir durchzog. Ich hätte gerne ein ganzes Arsenal solcher Tricks beherrscht und als Geheimagent gearbeitet.

Im Klappschreibtisch meiner Mutter: Briefmarken in Schachteln, Stempel, alte Ausweise, Omas Patience-Karten mit Vögelchen auf der Rückseite, der Bakelit-Bleistiftanspitzer mit Kurbel und einem Schubfach für die Raspelabfälle, die russische Stoppuhr, mit der ich eine Weile alles stoppte, von der Dauer meines Pinkelstrahls bis zur Zeit, die der *Fliegende Holländer* in der Staatsoper dauerte, um beim nächsten Mal zu prüfen, ob sie immer gleich lange brauchten. Eine versteckte oder vergessene Schublade zu entdecken, wie schön das wäre, unerforschte Gegenstände, ich kannte ja jedes Objekt bei uns, auch wenn es so viele waren. Ich verlangte nach etwas Neuem, mit vielen Knöpfen und einem elektrischen Innenleben, möglichst mit Solarzellen und ferngesteuert, ein unterhaltsamer, vielseitiger, betörend praktischer Apparat. Am besten noch flugfähig, aber nicht wie das Balsaholzmodell, das ich vom Balkon fliegen gelassen hatte: Es war senkrecht hochgeschossen und über uns auf dem Dach liegen geblieben, für immer verloren. Auf dem Balkon, der offiziell «Loggia» hieß, konnte man mit Sand und Matchies spielen und die Betonbrüstung mit bunter Kreide bemalen. Sie wackelte etwas, wenn man mit dem Bauch dagegenstieß, und ich stellte mir immer vor, wie sie abfiel und denen, die unter uns vom Balkon guckten, nacheinander die Köpfe abschlug. Umgekehrt befürchtete ich zu Silvester, dass die unter uns Wohnenden ihre Silvesterraketen, die sie von den Fahnenhaltern aus abfeuerten, uns in die Augen jagten. Rechts und links sah man die verrosteten Armierungseisen, mit denen die Brüstung an der Wand befestigt war, ein Lehrer behauptete, Rost sei der beste Korrosionsschutz. Nicht mit dem Kopf über die Brüstung beugen! Der Kopf sei schwerer als der Körper und ziehe einen runter. Im Lauf eines Tages wanderte die Sonne einmal um unsere Wohnung, vorn im Wohnzimmer der Sonnenaufgang und abends im Kinderzimmer eine Orgie von Rottönen am Abendhimmel. Wenn es einen Platzregen gab, gingen wir auf den Balkon und genossen das Schauspiel. Auf der Straße, wo die Gullys verstopft waren, bildete sich ein See, in dem ein Auto absoff.

Eines Nachmittags stand ein großes Paket im Wohnzimmer, mein Bruder und ich bestaunten es wie die Menschenaffen in *2001: Space Odyssey* diesen schwarzen Quader. Bis unsere Eltern nach Hause kamen, hatten wir die Pappe schon so weit zurückgebogen, dass wir das Geheimnis ahnten: Es musste ein neuer Fernseher sein. Weil über Weihnachten zum ersten Mal *Vom Winde verweht* laufen würde, hatte meine Mutter auf der Anschaffung eines Farbfernsehers bestanden, als es in der Kaufhalle zufällig welche gab. Den Film hatte sie vor dem Mauerbau als Studentin mit ihrer Professorin in West-Berlin gesehen, in der Pause hatten alle geweint. «Verschieben wir's auf morgen» war ein Spruch, den man immer gebrauchen konnte.

Bis jetzt waren wir mit Schwarz-Weiß ausgekommen. Wir bildeten uns ein, die Farben trotzdem zu sehen, bei *Wetten dass..?* gab es mal eine entsprechende Wette. Von einer Aufkleberserie wusste ich aber, dass das Krümelmonster blau war und Oscar grün. In den Fotoalben fielen immer einzelne Farbfotos auf, oft vom Skiurlaub (dass man da im Winter Sonnenbrillen trug?) – das waren Fotos von Westverwandten. So schön bunt sie ursprünglich waren, sie verblassten bald, während die Schwarz-Weiß-Aufnahmen erstaunlich professionell wirkten.

Der neue Fernseher hatte eine japanische Bildröhre, eine der Nachwirkungen von Erich Honeckers Japan-Reise, wie einzelne Mazdas auf den Straßen. Mit einer Lupe konnte man bunte, senkrechte Striche erkennen, bei dem anderen System waren sie prismenförmig angeordnet. Man fühlte sich den Mädchen überlegen, wenn man sich für so etwas interessierte – das Bedürfnis, sich von ihnen abzugrenzen, überwog den von ihnen ausgehenden Magnetismus. «Kommt heute was im Fernsehen?» Noch war von den sechs Knöpfen einer überflüssig, es sei denn, man stellte den Sender für die französischen Soldaten in West-Berlin ein, der aber nur verrauscht zu empfangen war. Eine Fernbedienung hätte ich mir gewünscht; der Versuch, aus meinem Stabilbaukasten einen Greifer zu bauen, scheiterte am Drehmoment. Unsere Fernseher zwangen uns, zum Umschalten aufzustehen, was sicher gesund war, aber den Effekt hatte, dass man lieber sitzen blieb und die Bedeutung des Programms, das man sah, nicht überbewertete. Ich hatte schon mal davon gehört, dass es auch in der DDR Modelle mit Fernbedienung geben sollte, sogar ein ganz frühes Modell mit Kabel, aber das blieb für mich ein Gerücht. Ich setzte mich direkt vor den Fernseher, um durchzuschalten. (So langsam, dass vielleicht auf dem ersten Sender inzwischen etwas anderes lief. Allerdings war ich mir der Gefahr bewusst, mich so nah an der Bildröhre zu verstrahlen. Dagegen sollte ein Schälchen Kastanien helfen.) Die Knöpfe knallten so, deshalb hielt ich immer mit dem Rücken des Zeigefingers den zurückspringenden Knopf, während ich mit dem Daumen den benachbarten drückte. Ich ahnte irgendwie, dass das Verschleißteile waren – nicht auszudenken, was wäre, wenn der Fernseher kaputtginge. Bei dem anderen, kleineren Fernseher von Sanyo, der angeschafft worden war, um uns Kinder beim Umzug ruhigzustellen, mussten wir seit längerem einen Bleistift in die Lücke neben dem Lautstärkeknopf klemmen und ihn minutenlang sachte antippen, um den Wackelkontakt auszutricksen.

Gab es Videorekorder in der DDR? Ich kannte niemanden, der einen hatte. Man konnte nur mit einem Kassettenrekorder den Ton aufnehmen, bei Otto-Shows machte man das, man durfte dann allerdings nicht lachen während der Sendung, weil man das sonst auf der Kassette hörte. Wenn wir mit dem Auto aus den Ferien zurückkamen und ich die mehrstündige Fahrt darauf hinfieberte, ob wir noch die *Lindenstraße* schaffen würden – das hätte mir ein Videorekorder erspart. Man hätte auch die vielen sendungslosen Zeiten überbrücken können, von denen uns erst SAT.1 erlöste, das sogar Frühstücksfernsehen einführte. Manchmal wurde in den Pausen ein Test-Videotext gesendet, mit dem Hinweis, dass man den richtigen Videotext «nur mit eingebautem Decoder» empfangen könne. Ich sah hinten nach, ob an einem der Knöpfe «Decoder» stand. Es hieß Decoder und nicht «Decorder», warum? Am Fernseher waren ja hinten Knöpfe, deren Funktion man gar nicht kannte, zum Beispiel der, mit dem man das

Bild ein Stück nach links und rechts schieben konnte, warum hatten sie nicht einfach den Bildschirm größer gemacht? Beim Test-Videotext wechselten die Tafeln nach einer längeren Zeit von selbst. Warum hießen sie nicht «Seite»? Weil der schwarze Hintergrund an eine Schiefertafel erinnerte? Man musste eine halbe Stunde warten, bis eine Tafel wiederkam, um sie zu Ende zu lesen.

Wochen vor dem Weihnachtsfest trafen die Paketscheine ein, meine Mutter konnte immer schon an der Postleitzahl des Absenders erkennen, von wem das Paket stammte und was vermutlich drin sein würde. Für die Postbotin wurde ein Päckchen Jacobs-Kaffee in den Briefkasten gelegt, man musste auch an die anderen denken. Ich verstand das nicht, schließlich legte uns die Postbotin ja keineswegs persönliche Geschenke in den Briefkasten. Dann sagte meine Mutter: «Seid mal ein bisschen sozialer.» Bei der Post, wo die Schlange jetzt besonders lang war, wurde man von einem Rollstuhlfahrer bedient, der rasant die Regalreihen mit Paketen in allen Größen durchkurvte. Zu welchem Paket würde er rollen? Vielleicht zu diesem sperrigen dort? Er balancierte immer einen ganzen Stapel auf den Knien und sauste damit zurück zum Schalter. Ich war ganz niedergeschlagen vor Schuldgefühlen, weil ich laufen konnte. Auf dem Weg nach Hause malte ich mir aus, was im Paket sein mochte, und versuchte, die Geräusche beim Schütteln zu deuten. Hoffentlich nicht wieder verschimmelte Mandarinen, das Gewicht konnte nämlich täuschen.

Aus dem Gerümpel in der Kammer, in der mein Vater Materialien hortete, um daraus gegebenenfalls etwas zu bauen, wurden die Kartons mit der Weihnachtsdekoration geborgen. Lametta, das jedes Mal sorgfältig wieder eingesammelt wurde, die gläsernen Baumkugeln mit den toten Käferchen drin, steinharte Schokoladenringe mit bunten Zuckerstreuseln, die man in seiner Gier nach Süßem trotzdem anknabberte. Selbst an den Krippenfiguren aus getrocknetem Sauerteig wurde verzweifelt genagt. Ich hatte in meiner Kindheit nie Hunger; die Fotos aus dem Geschichtsbuch mit den Brotrationen, die im Krieg jedem zugestanden hatten, konnten mich überhaupt nicht beeindrucken, das kam mir eher viel vor. Dafür war ich immer auf der Suche nach Süßigkeiten und nur kurzzeitig befriedigt, wenn der Mund regelrecht versiegelt war mit Schokoladenmasse, in der Gummibärchen schwammen. Den Vanillezucker aus dem Fach mit Backzutaten lecken? Oder den Traubenzucker, der sich beim Kontakt mit Speichel so reizvoll rasch verflüchtigte? Aus Zitronensaft, Zucker und Selters Brause mischen? Wenn im Westfernsehen *Rosenmontag* lief, guckten wir das gerne, da wurden «Kamellen» geworfen, das waren Bonbons aus dem Osten, hatten wir gehört, deshalb konnte man so verschwenderisch damit umgehen. Die meisten landeten auf der Straße, wie bei uns Pferdeäpfel und Braunkohlebrikettbrocken. Wie herrlich, wenn man die Bonbons mit großen Tüten auffangen könnte oder mit einem umgedrehten Regenschirm.

Mein Vater kaufte DDR-Produkte nicht, wenn er sie brauchte, sondern wenn das Material solide war. Bei manchen Produkten hatten sie offenbar vergessen, das Holz durch Kunststoffe zu ersetzen. Natürlich sammelte er auch Weihnachtspyramiden, mit denen man vorsichtig umgehen musste, da die kleinen Glasplättchen, auf denen sich die Nadel drehte, schwer zu beschaffen waren, er hatte ein Tütchen davon auf Vorrat. Einer Figur war die Laterne abgebrochen, mein Vater hatte ihr eine rote Arbeiterfahne in die Hand gedrückt, nun passte der Zug der Hirten und Könige besser in die neue Zeit. Während ich mit den Kerzen kokelte oder Tannennadeln im Feuer zischen ließ, wurde vorgelesen, Astrid Lindgren, bei der sich am Ende immer alles glücklich fügte, oder die *Langerudkinder*, wo auch mal jemand starb. Ich hatte immer große Angst vor einem Wohnungsbrand, aber das hinderte mich nicht daran, stundenlang zu kokeln, das warme Wachs zu kneten und in die Kerzen Löcher zu bohren, durch die das Wachs spektakulär abfloss – dieser betörende Schwefelgeruch beim Entzünden eines Streich- holzes und die kurze, aufregende Zeit, wenn das Flämm- chen wanderte, bis es die Fingerspitzen erreichte. Beim Fernsehen ein Kissen auf dem Schoß, darauf ein Metallta- blett mit Kerzen, Wachsresten, Vorräten benutzter Streich- hölzer für kleine Lagerfeuer. Einmal brannte auf dem Tablett eine Wachspfütze, die sich nicht ausblasen ließ: Ich saß mit meiner Feuerschale da und wusste nicht, ob es besser wäre, wenn das niemand merkte, oder ob nur ein Hilferuf uns retten könnte. Im Hinterkopf regte sich der Gedanke, dass ein Wohnungsbrand immerhin meine Schuld vertuschen würde.

Meistens sahen wir Kinder und meine Mutter im kleinen Zimmer fern und mein Vater im Wohnzimmer, wo er seinen Sessel hatte und das Programm bestimmte. Meine Mutter brachte uns ab und zu einen großen Teller Tomatenstüllchen. Manchmal sah er dasselbe Programm und kam rüber, wenn wir alle gelacht hatten, an einer Stelle, bei der es um faule Väter ging. Ich saß auf dem Sofa, mein Kopf von einem Kissen geschützt, weil einmal ohne Vorankündigung ein Regal run- tergekracht war und ich Angst hatte, das andere würde mir irgendwann auf den Kopf fallen und die Wirbelsäule stauchen. Leider war es der gemütlichste Platz, dessen Anziehungskraft ich schwer widerstehen konnte. Von vorne drohte die Implosion der müden Bildröhre, von oben das schwere Bücherregal, und wir erinnerten uns noch an den Moment, als das Heizkörperventil an die Decke geflogen war. Manche Wände waren aus Beton, dort hatte man sich beim Einzug von Bauarbeitern mit Spezialwerkzeugen Löcher für Regale schießen lassen. Die leeren Patronenhülsen fanden wir noch lange im Keller, sie passten genau in meine kleine Spielzeugkanone. Die Schrauben hatten gehalten, nur das Regalpressholz hatte nachgegeben.

Wenn die Glocken läuteten, gingen wir mal wieder zu spät zur Kirche, man kam ja nie rechtzeitig los, wenn man zu so vielen war. Hier und da sahen wir andere, die sich aus ihren Wohnungen fortgestohlen hatten, um heimlich zur Kirche zu gehen, ich wäre nicht gerne von Mitschülern erkannt worden. Wenn der Pfarrer mit seiner Predigt begann und ich mich wieder fragte, warum das Jesuskind «Weihrauch und Möhren» geschenkt bekam, beschwerte sich immer sehr bald einer der Behinderten, die vor die erste Reihe geschoben worden waren, mit würgenden Protestlauten, und weiter hinten schrie ein Kind. Aber bei uns Protestanten war man tolerant, unser Gott legte keinen Wert auf Förmlichkeit, und auch ich guckte milde und verständnisvoll, obwohl selbst das beleidigend war, das wusste man irgendwie. Ich empfand es als Wunder, dass das Kollektekörbchen nach seiner Wanderung durch die Reihen nicht wieder leer abgegeben wurde, weil sich jeder, der wollte, bei den Spenden bedienen konnte. Für die zweite Kollekte am Ausgang steckte meine Mutter jedem von uns Geld zu, ich verstand nicht, warum sie es nicht für uns alle reintat. Sie spendete immer rückwirkend für das ganze Jahr und nahm sich vor, im nächsten öfter in die Kirche zu gehen, wenigstens auch zu Ostern. Man guckte bescheiden und gab lieber Münzen, denn die klimperten schöner. Der Pfarrer drückte draußen jedem die Hand – ahnte er überhaupt, mit wem er es hier zu tun hatte? Er dachte ja sicher, man sei ein Kind wie jedes andere. In den Hochhäusern, die Kirche und Gemeindehaus umstanden, saßen die, die Weihnachten feierten, obwohl sie nicht an Gott glaubten, bei manchen war sogar schon morgens Bescherung.

Endlich zu Hause, wo mein Vater in der Zwischenzeit die Geschenke aufgebaut hatte, wurde gewartet, bis er das Glöckchen mit dem perlmuttbesetzten Druckknopf läutete: Dann mussten noch einmal die Lieder gesungen werden (an der einen Stelle nicht aus Versehen «Und soll unser Freund und Helfer sein», «Freund und Helfer» waren ja die Polizisten). Der Weihnachtsbaum wurde bewundert, bei uns gab es nur echte Kerzen und keine elektrischen, das war wie mit unseren vielen Büchern und dem Museumsschrank, wir legten Wert auf Tradition. Auch dass wir mit dem Fieberthermometer «rektal» maßen, weil das genauer war, zeichnete uns vor anderen aus. Es machte Spaß, mit dem langen Kerzenlöscher aus Messing die Kerzen zu löschen, solche Spezialgeräte für selten zu erledigende Aufgaben faszinierten mich. Während wir uns auf die Geschenke stürzten, sagte meine Mutter seufzend: «Euch geht's wirklich gut, denkt mal an die armen Kinder, denen es nicht so gutgeht.» Wenn ihr eine Westreise genehmigt worden war, konnte man sich besonders auf die Geschenke freuen. Sie kam immer erkältet zurück, weil man drüben sein Haus nur bis 18 Grad heizte und lieber einen Pullover mehr anzog, die Heizung musste man als Hausbesitzer ja selbst bezahlen. Sie erzählte vom Besuch bei einem Cousin in Bonn, der zwar Männer liebte, aber regelmäßig mit bloßen Händen das Grab seiner Mutter aufhäufelte, was sie sehr beeindruckte.

Und dann wurden endlich die Pakete aufgerissen, die Strippe natürlich sorgfältig zusammengerollt und aufgehoben. Ein Föhn von Braun, der so stark blies, dass man damit Matchboxautos anschieben konnte, besonders mit dem Aufsatz, der den Strahl noch stärker fokussierte. Durchscheinende grüne Seife, die so intensiv fruchtig nach Apfel roch, dass man reinbeißen wollte. Eine Plasteschüssel von Krups mit einem Gummiring am Boden, damit sie nicht rutschte. Alles von drüben war immer so praktisch! («Nicht die Produkte sind schlecht», hatte unser Staatsbürgerkundelehrer gesagt, «sondern der Kapitalismus.») Eine Tonne Ariel, damit wusch meine Mutter erst einmal unsere ganze Kleidung durch, auch alles, was eigentlich sauber war. Unter die Schätze hatte man, vielleicht aus Gewissensgründen, immer mal einen Satz Unicef-Karten gemischt, mit krakeligen Bildern, von hungernden Kindern gemalt, manchmal stammten sie auch von Blinden oder Behinderten, die den Pinsel mit dem Fuß führten. Aufgefüllt war alles mit A&P-Zellstofftaschentüchern. Als Letztes wurde Onkel Gottliebs kleines, schweres Paket geöffnet, das fast übersehen worden wäre, aber für uns Kinder sowieso immer eine Enttäuschung war, denn es enthielt Orangeat, geriebene Mandeln, Herrenschokolade, stark entölten Kakao, Kaffee und ein Buch mit Bildern eines afrikanischen Künstlers, den er während seiner Zeit als Missionar kennengelernt hatte. Mit dem Kaffee wurde gleich die Dose gefüllt. Einer durfte die Vakuumpackung anstechen, und wir lauschten andächtig auf das Geräusch der hineinströmenden Luft. Das Recht, die Packung anzustechen, wechselte zwischen uns (den Saft aus der Ananas-Dose durfte dafür ein anderer austrinken). Die goldene Alu-Packung nahmen wir mit aufs Dorf, wo daraus Vogelscheuchen gegen die Stare gebaut wurden.

Die Altkleiderpakete aus dem Westen enthielten Jeans mit längergenähten Beinen und Clownsgesichtern als Flicken, Hemden mit langen, spitzen Kragen, die man mit Knöpfen fixierte, zerknautschte Halbschuhe, blassgewaschene Schlüpfer. Ein paar alte Töppen, die mir leider viel zu groß waren, abgetragene Puma-Turnschuhe, in die ich jahrelang reinwuchs, bis sie vollkommen auseinanderfielen. Enttäuschend, wenn etwas nicht passte, wie das Sesamstraßen-Hemd, das so klein war, dass wir es dem Teddybären anziehen mussten. Das war leider zu spät gekommen. (Ein Reinfall war auch der Campingkocher für Wandertouren, den wir uns gewünscht hatten. Er steckte in einer bunt bedruckten Papp-schachtel, auf der zu unserer Überraschung «Made in GDR» stand. Es handelte sich um einen der uns wohl bekannten Juwel-Kocher, deren aus dem Ventil schießende Stichflamme berüchtigt war.) Was niemand anziehen wollte, landete auf dem Haufen «für Lobetal». Ein paar Wochen später traf dann ein Dankesbrief von den Hoffnungstaler Anstalten ein, wo die behinderten Kinder jetzt unsere alten Sachen trugen. Nach der Wende kam Erich Honecker auf seiner Odyssee eine Weile beim Pfarrer von Lobetal unter, vielleicht hat er sich dort mit unseren Lumpen für sein neues Leben in Chile eingekleidet.

Immer wenn in einem Paket etwas dreimal vorhanden war, reklamierten wir Geschwister es für uns. «Da bedankt ihr euch aber diesmal wirklich», sagte meine Mutter, und ich spürte schon dieses würgende Gefühl, das mich die nächsten Monate über begleiten würde, solange ich meine Dankesbriefe nicht geschrieben hatte. Unsere Verwandten wussten doch, was sie uns geschickt hatten, warum musste ich alles noch einmal einzeln aufzählen? Alle litten, meine drängelnde, schuldbewusste Mutter und ihre schreibfaulen Kinder, denen diese Aufgabe monatelang auf der Seele lag.

Was in der Eile nicht vergessen werden durfte: den Inhalt der Pakete mit den Zetteln vergleichen, die ihnen beigelegt waren. «Geschenksendung, keine Handelsware», stand ja drauf. Ein Micky-Maus-Heft war vom Zoll rausgenommen worden, weil es als «Periodikum» galt, ebenso ein Gesellschaftsspiel, weil «Deutschland» im Namen stand, dafür war *1984* von George Orwell durchgekommen, weil das Buch offenbar für einen Kalender gehalten worden war. In einem Paket war einmal jede Kaffeebohne einzeln mit einer Nadel durchgepikt worden, so dumm waren die vom Zoll! Andererseits war es natürlich ein attraktiver Beruf, man konnte sich einfach alles nehmen.

Den Rest des Abends verbrachten wir, Süßigkeiten schmatzend, vor dem Fernseher. Meine Eltern amüsierten sich wieder über die Freundin meiner Schwester, die in der Schule einmal von «Jesus und seinen elf Jüngeren» erzählt hatte. Es seien doch zwölf Jünger gewesen, hatte meine Schwester gesagt. «Das kannst du gar nicht wissen, du hast den Film doch nicht gesehen!» Wir kauten abwechselnd Schogetten, Fritt und dazwischen einen Bissen Bifi, deren Verpackung noch lange aufgehoben wurde, um den betörend intensiven Geruch zu genießen. Die neue Ballpumpe von Tante Christa lag auf meinem Schoß, ihre Spitze passte leider nicht in meinen Ball; sie würde zu den Westsachen kommen, die wir aus Kompatibilitätsgründen nicht benutzen konnten, die aber durch ihre Herkunft zu wertvoll zum Wegwerfen waren. Am tragischsten der Fotoapparat, den meine Oma meinem Bruder geschenkt hatte und für den es bei uns keine Filme gab. Das Blitzlicht war ein Acryl-Würfel, den man draufsteckte, und bis wir verstanden hatten, dass es sich um das Blitzlicht handelte, hatten wir schon viermal abgedrückt, und damit war der Würfel unbrauchbar. Der Apparat hing jahrelang in seiner originalen Blister-Verpackung an einem Nagel über dem Bett meines Bruders an der Wand, die Westverpackungen hatten ja immer diese rätselhaften, länglichen Ösen zum Aufhängen. «Nächstes Jahr gibt's aber nicht mehr so viel», sagte meine Mutter noch einmal, wie um durch Demut einen Fluch abzuwehren. Etwas Schlimmeres als diese Ankündigung konnte ich mir nicht vorstellen.

Küche

Meine Erinnerung an Dinge, die wir *nicht* hatten, ist so intensiv wie die an Dinge, die wir hatten. Eine Brotschneidemaschine, die gab es nur im Urlaub auf dem Dorf. Sie hatte einen Saugfuß, der mit einem Hebel aktiviert wurde, wie bei unserer Mandelreibe. Otto von Guerickes Leistung konnte ich nie richtig würdigen, auf die Sache mit den Halbkugeln wäre ich auch gekommen. Wir hatten auch eine kurbelbetriebene Schlagsahnemaschine. Die stammte wohl aus der Zeit, als in der DDR noch nicht alle Strom hatten, man den Hausfrauen aber schon helfen wollte, Zeit zu sparen, da man sie ja als Arbeitskräfte brauchte. Ein schönes Spielzeug, aber man bekam damit keine Sahne geschlagen.

In der Tiefkühltruhe auf dem Kühlschrank lag immer ein eingefrorenes Brot, das uns bei der Rückkehr aus dem Urlaub oft rettete. Wenn wir in der Erdbeerzeit welche ergattert hatten, froren wir Erdbeeren ein, ich pulte sie aus dem Block und lutschte sie. Oder ich nahm mir ein Eis aus dem Kühlschrank, am Abend würde ich nachträglich fragen, ob ich eines haben dürfte, meistens klappte das. Meine Eltern hatten nie so einen guten Überblick über unsere Vorräte wie ich. Einmal leuchtete am Kühlschrank das rote Lämpchen, an dem «Alarm» stand. Nachdem wir beraten hatten, was zu tun war, wurde bei meiner Mutter im Institut angerufen. Sie beruhigte uns wie eigentlich immer.

Den Toaster mit Brötchenaufsatz hatten wir von einer Westtante, der alte hatte in der neuen Wohnung nie benutzt werden können, weil er noch keinen Schuko-Stecker hatte. Die Tante hatte erst nicht eingesehen, dass uns zu unserem Glück ein Toaster fehlte, aber wenn sie mit ihrer Familie zu Besuch kam, wurde sie jeden Morgen mit Toastbrot und Brötchen verwöhnt. Ich spielte gerne mit dem Plastehebel, der das Brot in den Schacht versenkte und der, wenn man von unten drückte, irgendwann nachgab und plötzlich hoch-schnappte – ich wollte ein Gefühl für den nötigen Druck ent-wickeln und mich dem Punkt so weit wie möglich annähern, ohne das Schnappen auszulösen.

Wegen eines unsichtbaren Luftstroms knallte die Wohn-zimmertür immer von selbst zu, ein Konstruktionsfehler unseres Wohnungstyps. Wir hatten schon Schaumgummi in den Rahmen geklebt, um unsere Nachbarn zu schonen. Aber es war einfach zu aufwendig, die Tür zuzumachen, wenn man nur kurz in die Küche wollte, um sich eine Stulle zu schmieren, das ging doch so schnell, da lohnte es sich nicht, extra die Tür zu schließen. Und dann knallte sie, und es gab Ärger. Die Küche war eigentlich eine Ecke vom Wohnzimmer, die mit Wänden abgeteilt war und eine Durchreiche zur Ess-ecke hatte, der manche den Charme eines Postschalters nach-sagten. Am kleinen Küchentisch aßen wir fast nie, es passten auch nur drei Stühle hin. Die Beengtheit war immer ein guter Vorwand, sich nicht an der Küchenarbeit zu beteiligen. An einem Vorschlaghammergriff, auf dem noch der Preisstem-pel zu lesen war, hatte mein Vater unsere Stullenbretter auf-gehängt, mit interessanten Holzmaserungen. Morgens lag für jeden eine Fluortablette auf seinem Brettchen. Mir war der mehlige Geschmack unangenehm, anders als bei den roten Summavit-Vitamintabletten, die man sogar lutschen konnte. Später waren die Fluortabletten kleiner und hart, eine Verbesserung, es ging voran. Aber ich musste immer noch, obwohl ich keinen Durst hatte, ein Glas Wasser oder eine Tasse Tee zum Frühstück trinken, «damit die Nieren arbeiten».

Am Geschirrschrank über der Spüle waren drei Plasteschütten angebracht, für Mehl, Semmelbrösel und Zucker; dass sie daran gedacht hatten! Daneben der Gewürzschrank, aus dem wir uns manchmal bedienten, um Hexengewürz aus Hirschhornsalz und «doppelt kohlensaurem Natron» zu mixen und es den Mädchen auf die Schulstullen zu streuen. (Teresa weinte: «Das hat sich meine Mutter vom Munde abgespart!») Aus dem Intershop besorgte sich mein Vater Nasi Goreng und Sambal Oelek und würzte damit seine schnittfeste Reispfanne, wenn er montags zu Hause arbeitete. Oder es gab Kriegsessen, Graupen und Mehlsuppe, wonach er eine Sehnsucht hatte, sogar Lebertran trank er gerne, das Fett von den Plastemilchtüten kratzte er mit dem Löffel aus. Er ließ auch immer einen Krug Milch sauer werden, weil ihm das schmeckte. Eine Weile hatten wir einen Kefirpilz, ein schwacher Ersatz für das ersehnte Haustier.

Von einer Dienstreise nach Moskau hatte mein Vater meinem Bruder und mir klobige, klappbare Bestecksets für den Gürtel mitgebracht. Außerdem eine schwarze Pelzmütze für meine Schwester, Blechtiere zum Aufziehen, Schnapsgläser, Tüten-Fischsuppe mit zerriebenen Gräten am Grund und einen Knoblauchzopf für die Würze, die er an unseren Speisen immer vermisste. Anderen ging es wohl auch so, man sehnte sich nach Exotischem und träumte von einem Besuch in einem der beiden China-Restaurants Ost-Berlins, in denen es Peking-Ente gab. Man sammelte Gewürzdosen mit blauem Friesenmuster, große Schmuck-Holzlöffel vom Balkan und hängte zu dekorativen Bündeln geschnürte leere Weinflaschen an die Wand. Beliebt war es auch, aus West-Zigarettenpackungen Papierkörbe zu kleben. Bei uns war die einzige Veränderung in zehn Jahren das Anbringen neuer Plastegriffe an den Küchenschränken. Ich fand es immer interessant, bei anderen zu sehen, wie sie wohnten, vor allem genoss ich, dass es dort so aufgeräumt und sauber war. Bei Roberto bekam jede Herdplatte einen blau gemusterten Emailledeckel. Sein Vater hatte über Eck stehende Sitzbänke gezimmert und die Wand mit Holzpaneelen verkleidet, einladend wie in einer Tiroler Wirtschaft. Sie kochten vor lauter Misstrauen das Wasser ab und stellten Wasserbehälter auf die Heizkörper, weil die Luft ihnen zu trocken war.

Die Durchreiche hatte Glasscheiben zum Aufschieben, die Griffe waren ins Glas gefräst. Stoffstücke wurden dazwischengeklemmt, damit es nicht ständig klapperte. Manche hatten die Scheiben der Durchreiche mit bunten Bierflaschenscherben beklebt oder mit Butzenscheibenfolien. Die formale Strenge unserer Gebäude wurde von den Bewohnern mit synthetischen Plüschläufern, hölzernem Wirtlichkeitsmobiliar und naturromantischen Bildelementen korrigiert. Bei uns stand in der Essecke hinter der Durchreiche aber kein Esstisch, sondern der Fernsehsessel. Wir aßen nicht zusammen Abendbrot, ich musste, anders als meine Freunde, nicht um halb sechs oder schon um fünf nach Hause. Einmal habe ich bei irgendwem mitgegessen: das bedrückende Schweigen des nach der Arbeit mürrischen Vaters, der seine Wiener Würstchen mit mir teilen musste. Bei uns war das entspannter. Schnell eine Teewurststulle schmieren («Braunschweiger» sagten wir) und zurück zum Fernseher. *Rate mal mit Rosenthal.* Elegant springt er vom Karussell. «Was sind Sie von Beruf?», fragte er jeden Kandidaten aus dem Publikum. «Ich bin zurzeit arbeitslos.» Die Stimmung war verdorben.

Als ich das erste Mal mit der Jungen Gemeinde in Rumänien wandern war, kochten wir uns das Essen in einem großen Topf. Ich lernte, wie einfach es war, aus Pulver und Milch Pudding zu machen und nur durch Zugabe von Wasser und Salz Nudeln. Ich freute mich auf zu Hause, da wollte ich das ausprobieren. Vorher war ich nie auf die Idee gekommen, dass es in meiner Macht stand, mir mein Essen selbst zuzubereiten, mit Hilfe von preiswerten Zutaten aus der Kaufhalle. Der bedrohlich pfeifende Schnellkochtopf, der immer sonnabends, wenn ich aus der Schule kam, in der Küche zischte, hatte mich abgeschreckt. So ein Gerät würde ich nie zu bedienen lernen, aber es ging auch ohne! Ich musste mich im Grunde nur nach den Minuten- und Mengenangaben auf der Verpackung richten.

Badezimmer

Das Badezimmer hatte in unseren Neubauten keine Fenster, deshalb hieß es «Nasszelle». Als ein neues Häuserkarree gegenüber von unserem Haus gebaut wurde, standen die Nasszellen zunächst alle nebeneinander im zukünftigen Innenhof, jede mit vier Metallschlaufen, an denen sie mit Kränen hochgehoben und in die Plattenbauten eingefügt wurden; mir kam diese Bauweise ungeheuer praktisch vor, viel besser, als einzelne Steine zu vermauern. Es ging auch sehr schnell, schon stand das Haus, und wir hatten neue Mitschüler. Kacheln waren selten, vielleicht hielt ich mich deshalb gerne im verschwenderisch gekachelten unterirdischen Gangsystem vom U-Bahnhof Alexanderplatz auf. Bei Roberto waren die Badezimmerkacheln mit Abziehbildern aus der Fisch-Serie verziert. Häufig sah man eine dreiteilige Badezimmer-Plüschgarnitur, die aus einer ovalen Matte, einem Vorleger, der um den Fuß vom Klobecken passte, und einem Überzieher für den Klodeckel bestand. Oder es lag eine Gummimatte in Form eines großen Fußabdrucks auf dem Boden. Den Plastegriff von der Spülkette (ebenfalls aus Plaste, sie riss bald ab) hatten viele gegen etwas Repräsentativeres ausgetauscht, einen Griff aus Porzellan vom Trödelmarkt oder eine Drechselarbeit. Die Klobrille war mit der Laubsäge aus Holz gefertigt und mit Kunstleder gepolstert worden. Meistens gab es auch ein Gästehandtuch, über dem «Gäste» stand. In meiner ersten eigenen Wohnung fand ich es lustig, in Anspielung darauf eine «Gäste»-Zahnbürste bereitzustellen. Eine Wohnung musste eine dadaistische Installation sein, eine Art Nachweis der eigenen Originalität, man hatte sie ja nicht zum Wohnen, sondern um Besuch zu empfangen und von sich einzunehmen.

Zwischen Wanne und Wand war ein Spalt, die Abdichtung musste man selbst vornehmen, mit Fensterkitt. Das Spritzwasser sammelte sich wegen der ungünstigen Bodenneigung ausgerechnet unter der Wanne in der Ecke. Ich hatte immer Angst, dass unsere Badewanne zu Wallats durchkrachte, weil wir beim Duschen zu viel spritzten. Der Boden war mit einer ockerfarbenen Schutzschicht gestrichen, die aber hier und da schon Kratzer hatte. Vor der Tür war, für den Fall, dass die Waschmaschine überlaufen sollte, in den Boden eine Schwelle eingebaut.

Meinen Eltern war von Bekannten ein Handwerker vermittelt worden, der uns in seiner Freizeit das Bad kachelte, mit *blauen* Kacheln, die wir nach fünf Jahren Wartezeit kaufen konnten. Da hatte es wohl ein Missverständnis gegeben, weswegen er etwas grummlig war. An mehreren Wochenenden arbeitete der bedrohliche Mann bei uns und wurde auch noch bekocht, hatte er je von Porzellan gegessen? Die vielen Bücher, er lese ja nicht so gerne, die würde er zum A&V bringen, besonders die da mit der goldenen Schrift auf dem Einband (unser alter *Meyer*!). Ich musste mich verstellen, damit er nicht merkte, dass er nicht unser Niveau hatte. Weil noch Kacheln übrig waren, machte er auch noch die Küche, allerdings hatte er nur schwarze Spachtelmasse, und für das

Schlüsselloch der Klappe vom Abzugsschacht setzte er einfach ein paar Scherben zusammen, es sah schlimmer aus als vorher. Mein Vater hängte im Bad an einer Bambusstange eine dicke Plastefolie vor die Kacheln, zur Schonung.

Das Bad war der einzige Raum, in dem man alleine sein konnte, zum Glück ließ es sich abschließen. Ein Kollege meiner Eltern, der für seine Scherze bekannt war, hatte bei einer Geburtstagsfeier unseren Kloschlüssel in die Schlagsahneschüssel getan, erst ganz am Ende des Abends war er wieder aufgetaucht. Unser Klopapier war so rau, dass Westbesuch eigenes mitbrachte, weiß oder sogar rosa, das konnte man auch als Taschentuch benutzen. Papiertaschentücher waren eine Rarität, die gab es nur ganz selten, wobei ich das verstehen konnte, dafür mussten ja Bäume sterben. Bei Silvio hing neben dem Klo eine Seite aus einer Illustrierten, auf der mit blauer Schrift «ja!» stand. Das sei als Ansporn für seinen Großvater gedacht, wenn er mit Verstopfung auf dem Klo sitze. Ich hatte immer Angst vor einem Gehirnschlag beim «Drücken».

Gleich beim Einzug hatte mein Vater den Schalter für den Heizstab über der Badezimmertür mit einem Pflaster verklebt, damit der Stab nicht unbemerkt heizte und das Haus abbrannte. Wir benutzten ihn nie, es war auch nicht nötig. Die Wohnung wurde schon von den durchlaufenden Heizungsrohren der anderen Wohnungen warm. Heizuhren gab es nicht, man bezahlte pauschal mit der Miete. Deshalb war es nicht unüblich, bei geöffnetem Fenster zu heizen.

Unsere Waschmaschine von Monsator, wie sollte ich jemals mit so einem komplizierten Gerät Wäsche waschen? Das musste man, wenn man erwachsen war. Die vielen «Programme» waren doch gar nicht zu begreifen, eigentlich war doch fast alles «Buntwäsche»? Ich hatte Angst vor der Trommel, die wie eine riesige Küchenreibe aussah und vielleicht auch so funktionierte. Ganz dumme Kinder sollten schon ihre kleinen Geschwister reingenötigt und aus Übermut getötet haben. Daneben stand die Wäscheschleuder, auf einem Hocker, man musste sie beim Schleudern fest umklammern und am Wandern hindern. Vorne kam dann das Wasser raus, der aufgesteckte Gummiausgussschlauch fiel aber immer ab. Ein Kollege meiner Eltern, der nicht auf die thüringischen Kartoffelklöße seiner Kindheit verzichten wollte, schleuderte die selbstgeriebene Kartoffelmasse mit seiner Wäscheschleuder, um das Wasser herauszuziehen.

Über der Waschmaschine hing ein aufklappbarer Spiegelschrank. In der unendlichen Spiegelung versuchte ich immer, mich von hinten zu sehen. Das war etwas, was mich sehr beschäftigte: wie ich wohl von hinten aussah, vor allem, als ich mir später mit einem Schnipsgummi einen Zopf machte, was für großen Ärger mit meiner Klassenlehrerin sorgte. Im Schrank die vielen Medikamente meiner Eltern und der Schwefelgeruch. Eine Flasche Old Spice, noch aus der alten Wohnung. Eine Sprayflasche Dreiwettertaft stand jahrelang unbenutzt im Regal neben dem Klo und fasste sich immer fettiger und staubiger an. Meine Mutter benutzte keine Schminke, darauf waren wir stolz. Sie gab ihr Geld lieber für uns aus. Wir hatten auch kein Deo – das waren Spezialprodukte für überkandidelte Frauen oder Jugendliche, die zu viel Wert auf Äußerlichkeiten legten. Eine Duschbadsorte gab es zwar wohl, gegen Ende der DDR, wir benutzten zum Duschen aber alle dasselbe Seifenstück, von dem die Haut stumpf wurde. Als es eine Zeitlang hieß, Schwarzkopf-Shampoo sei giftig, nahm ich die Seife auch für die Haare. Wenn man sich ein Bad einlaufen lassen wollte, konnte man den Wasserhahn vom Waschbecken zur Badewanne rüberschwenken, er bog sich nach oben, so stark war der Wasserdruck. Warmes Wasser aus der Wand, ich hatte längst vergessen, dass das in der Wohnung davor nicht so gewesen war.

Beim Baden musste man aufpassen, dass nicht gerade dann das Dreckwasser aus der Waschmaschine in die Badewanne abgepumpt wurde. Hinterher das Bad wischen, dazu hatte man keine Lust. Einmal spülte ich den Wischlappen im Waschbecken aus, weil es schneller ging, als einen Eimer zu benutzen. Meine Mutter war entsetzt: «Willst du, dass wir alle AIDS kriegen?» Morgens stand sie immer vor allen anderen auf und schleuste die Familie durchs Bad, jeder hatte nur eine bestimmte Zeitspanne zur Verfügung, vor allem durfte mein Vater nicht aufgehalten werden. Wenn ich der Erste war, musste ich die Mülleimer, die in der Wanne einweichten, oder die Plasteschüssel mit den blutigen Schlüpfern meiner Schwester aus der Badewanne heben. Über der Badewanne klaffte das von schwarzem Staub verklebte Lüftungsloch mit dem Ventilator, den wir ausgeschaltet hatten, weil er zu laut brummte. Konnte man sich in der Öffnung zur Not vor der SA verstecken? Und wenn unsere Wohnungsluft so schmutzig war, ob es in meiner Lunge dann am Ende meines Lebens auch so aussehen würde?

Garten

Unter dem letzten Treppenabsatz gab es eine dunkle, unge-
nutzte Ecke für Streusand oder einen Kinderwagen. Von den
drei schweren Stahltüren gehörte die in der Mitte zum Tro-
ckenraum für Wäsche, den manche Hausgemeinschaften
mit einem Regal voller leerer Schnapsflaschen aus aller Welt
dekoriert hatten und als Partyraum nutzten (oder er diente
als fensterloser Tanzbunker für die Klassendisko). Links
davon war der stets verschlossene Heizungskeller, den nur
Fachleute betreten durften, rechts der Zugang zu den Kellern. Sie waren für Luftschutzzwecke gedacht. Die Stahltüren
schloss man mit zwei Hebeln – wenn man sich draußen auf
den unteren stellte und gleichzeitig am oberen zog, bekam
man sie von innen nicht mehr auf, so konnte man jemanden
einsperren. Die Fahrräder standen im Keller, bei uns wurden
immer Ventile geklaut. Das war die Realität im Sozialismus:
Wer ein Ventil brauchte, klaute es einem anderen. Deshalb
glaubte ich auch nie, dass unser System funktionieren konnte,
das wäre nur mit Christen wie uns gegangen.

Die Keller waren aus Holzlatten gehämmerte Verschläge.
Manche Mieter dehnten ihre Fläche immer mehr aus, sie
eroberten ein paar zusätzliche Quadratmeter, indem sie Vor-
bauten errichteten, später dichteten sie die Latten mit Sperr-

holz und Pappe gegen Blicke ab. Unser Keller war kaum zu betreten, er war von Anfang an bis zur Decke voll mit Kram. Ein Puppentheater, unsere alten Kinderzimmerschränke mit Spielzeug, übriggebliebene blaue Kacheln, eine mechanische Handbohrmaschine, hölzerne Karteikästen mit einer aufgegebenen Doktorarbeit meines Vaters über die jiddische Sprache. Mehrere Jahrgänge der *Jiddischen Volksstimme*, auf Jiddisch in hebräischer Schrift, die in Warschau erschienen war und die mein Vater früher abonniert hatte. Autoreifen, Gartengeräte, eine Autopumpe, Brennspiritus. Kirschs Sohn hatte sich Kraftstationen eingerichtet für Bodybuilding, das gerade aufkam. Die Männer aßen bei uns so viel Fleisch, dass sie sich dringend abreagieren mussten – da sie kaum reisen konnten, blieb ihnen nur der Muskelzuwachs als Abenteuer. Man konnte von unserem Hauskeller ins Treppenhaus des Nachbaraufgangs gelangen, wo man sich seltsam fremd fühlte, obwohl nur das Tapetenmuster anders war. Es war ja beim Bau immer die gerade vorrätige Tapetensorte verwendet und mit einem neuen Muster weitergemacht worden, wenn die Rolle alle war. Die dicken, grauen Plasterohre, durch die der heiße Wasserdampf der Heizungen geleitet wurde, schmolzen mitunter, und es gab eine Überschwemmung.

Die Gartengeräte stammten noch aus unserem alten Schrebergarten im Friedrichshain, an den ich nur eine verschwommene Erinnerung hatte. Der Weg dorthin hatte über eine S-Bahn-Brücke geführt, mit ein bisschen Glück war man in eine dichte Wolke Lokomotivendampf geraten. Männer auf dem Dach des Gartenhauses rissen Bretter heraus, ein Bulldozer schob alles zusammen. An der Stelle wurden Punkthochhäuser gebaut, ein Neubauviertel. Mein Vater wünschte sich immer einen Garten, eigentlich mit Haus. Er wollte in diesem Staat wenigstens über ein kleines Stück eigener Welt bestimmen. Einer seiner Institutskollegen ging für ein paar Jahre in die Tschechoslowakei und überließ uns seinen Garten in Zepernick zur Betreuung. Sofort machte mein Vater wieder Pläne für Blumenbeete, während meine Mutter fürchtete, die Arbeit würde an ihr hängenbleiben. Tatsächlich kam er im Herbst jedes Wochenende mit zwei Eimern Birnen nach Hause, die sie zu Kompott verarbeiten sollte. An einem Sonntagnachmittag öffnete sich die Tür, und er ging eilig durch den Flur ins Wohnzimmer, er wirkte ungehalten, seine Unterlippe war stark angeschwollen. Die Johannisbeeren hatten wohl Gift vom Nachbarn abbekommen. Den ganzen Sonntag traute sich niemand ins Wohnzimmer, weil er aussah wie ein Elefantenmensch.

Im Garten stand eine Laube, die muffig roch. Uninteressantes Gerümpel, immerhin eine «Simson» unter einer Plane, aber ich hatte meiner Mutter versprechen müssen, nie Motorrad zu fahren. (Der große Bruder einer Mitschülerin hockte am Nachmittag immer vor dem Hauseingang auf seiner roten Simson, und alle bewunderten ihn, obwohl er nie den Motor startete. Er hätte genauso gut auf einer Wippe sitzen können.) Während draußen die Sonne schien, trat ich so schnell und rhythmisch wie möglich das Pedal einer Singer-Nähmaschine und stoppte die Zeit, die das Schwungrad sich anschließend drehte. Dann musste ich diese Tätigkeit unterbrechen und mich unter Zweige und Gebüsch bücken, Regenwasser tropfte mir in den Nacken, und ich sammelte Pflaumen auf, die verfaulten mit den weißen Punkten in einen Extra-Eimer. Oder Walnüsse, bis die Hände schwarz waren. Wie unterschied man das Unkraut von dem, was wachsen durfte? Das konnte ich nie auseinanderhalten. Ein Baumhaus hatten wir in der Anfangseuphorie bauen wollen, aber schon die Strickleiter hatte nicht funktioniert. In den Piratenfilmen warfen sie die immer über die Reling, aber meine, die ich selbst gebastelt hatte, hielt überhaupt nichts aus. «Wollen wir noch mal schnell in den Garten fahren?» Keiner wollte, mein Vater musste alleine fahren.

Mein Bruder durfte hinten auf der Wiese ein Loch graben. Am nächsten Wochenende war es voller Kröten jeder Größe. Sie kullerten rückwärts die Wände runter. Wir sollten die Kröten in einen Eimer sammeln. Es sei wichtig für unser späteres Leben, dass wir lernten, Ekel zu überwinden. Mein Vater hob mich in die Grube, aber ich schrie, bis ich wieder rausdurfte. Die Kröten waren zum Nachbargarten unterwegs gewesen, wo Herr Hermann einen Teich mit Goldfischen hatte: zwischen alten, hohen Bäumen, deren Stämme dicht mit Efeu bewachsen waren, in dem Vögel nisteten, wie Herr Hermann demonstrierte, indem er durch die Blätter griff. Er war Schlosser gewesen, seit seiner Jugend Arbeitersportler und Turner. Er hatte halblange graue Haare und riesige Hände. Beim ersten Sonnenstrahl legte er sich auf das Teerdach seiner Hütte in die Sonne, um seine ledrige Haut zu bräunen. Er trug nie ein Hemd. Nach dem Krieg war er morgens die fünfzehn Kilometer von Zepernick bis zum Bahnhof Lichtenberg zu Fuß zur Arbeit gegangen, Lokomotiven reparieren.

Zum Üben hatte er sich Turngeräte geschweißt, ein hohes Gerüst für ein Kletterseil und Ringe, außerdem eine Reckstange, die an einem Ende in einem Baum steckte. Eine Hantel mit selbstgegossenen Zementgewichten lag bereit. Sein Sohn sollte mal vorführen, wie das ging. Er stemmte die Hantel, die ich keinen Zentimeter heben konnte, über dem Kopf in die Höhe, immer wieder, die Arme durchgestreckt. Das sei alles der Armee zu verdanken, vorher habe er das noch nicht gekonnt, sagte Herr Hermann. Dann führte er selbst am Reck vor, wie lange er seine Beine noch rechtwinklig in der Höhe halten konnte, wobei er rot anlief und wir ein bisschen besorgt zusahen. Ein schöner Tod, mit rechtwinkligen Beinen an einer Reckstange?

Vom Spielplatz konnte ich «schweinebammeln». Im Sportunterricht käme bald Rolle vorwärts dran und Hüftumschwung. Nach vorne stürzen und hinten wieder hoch? Herr Hermann fragte nicht lange, er schob mich einfach vor, die Erde kippte, und ich hatte die Stange einmal umrundet. Jetzt hatte ich im Sportunterricht immer meine große Stunde, wenn Turnen drankam. Leider war das erst im Winter, und vorher, beim Rennen und Springen, fiel ich den Sportlehrern nicht positiv auf. Ich brauchte immer bis zum Winter, um mir einen Ruf zu erarbeiten, und dann wechselte ich die Schule, oder der Sportlehrer wurde versetzt, weil er ein Verhältnis mit einer Schülerin hatte, und damit ging wieder alles von vorne los.

Der jährliche Wettbewerb «Stärkster Schüler, sportlichstes Mädchen» weckte bei mir großen Ehrgeiz, weil ich durch mein geringes Gewicht und meine nächtlichen Wohnzimmerübungen gute Karten hatte. Auf dem Rückweg vom Einkaufen trainierte ich meine Hände, indem ich mit den Fingern die Beutel hochzog. An der Wanne Liegestütze rücklings. Oder ich machte im Hausflur am letzten Treppenabsatz Klimmzüge, immer in der Angst, die Nachbarn könnten in dem Moment aus der Tür treten. Beim Wettkampf in der Turnhalle lutschte ich Traubenzucker, den ich in einer Überraschungseihülse transportierte. Talkum wurde durch Kreidestaub ersetzt. Die «Großen» machten Armbeugen am Barren, im Rhythmus einer Nähmaschine. Weil sie zu gut wurden, änderte man das Reglement und führte eine Zeitbegrenzung ein. Einer aus der Neunten hatte sich vorgenommen, zum 35. Jahrestag der Republik 35 Klimmzüge zu schaffen. Ins Hohlkreuz schwingen, dann kam man leichter wieder hoch. «Mit Schwung» wurde aber später verboten.

Ich liebte unsere sonnendurchflutete Turnhalle, das neue Parkett, die Handballtore, die Matten zum Toben, den Geruch. Einmal einen Nachmittag lang die Halle nur für mich haben! Oder hier ein Klassenspiel austragen, man hätte Tore und wäre unabhängig vom Wetter. Aber Fußball gehörte nicht zum Lehrplan, weil es die Mädchen ausgeschlossen hätte. Deshalb spielten wir «Ringhockey» mit Stöcken und einem Gummiring. Nachmittags ging ich freiwillig zur Sport-AG in der Turnhalle. Vierkampf an den Kraftgeräten, auf Händen gehen und einen Salto probieren. Wenn ich den Oberarm an den Rumpf presste und durchbeugte, sah es von der Seite im Spiegel aus wie bei einem Bodybuilder.

Wege

Im Altbau im Friedrichshain war unser Kindergarten nur eine Haustür weiter gewesen, sodass ich mich dort fast noch zu Hause fühlte. Zur Schule musste ich dann schon zehn Minuten zu Fuß und unterwegs sogar um eine Ecke biegen, eine erste Komplikation. Die Eltern begleiteten einen nur am Tag der Einschulung, danach schaffte man das alleine. Zehn Minuten durch den damals noch sehr proletarischen Bezirk, den Blick nach unten auf die Kellergitter und Gullydeckel, hier und da regnete es Putz von den Wänden. Manchmal rannten wir vor Erwachsenen weg, weil wir sie verdächtigten, Mörder zu sein, oder wir verfolgten sie aus demselben Grund.

In Buch konnte ich die Schule vom Kinderzimmerfenster aus sehen, der Schulweg war also noch kürzer geworden, und wenn man rannte, schmolz er weiter zusammen. Ich ging dadurch immer zu spät los. Einmal hielten mich auf dem Schulweg zwei Größere fest, weil ich auf dem Bordstein balanciert war, sie würden jetzt «den ABV holen» (den Abschnittsbevollmächtigten). Ich riss mich los, verlor dabei meine Pudelmütze und rannte mit rasendem Herzen nach Hause. Bis zum Abend traute ich mich nicht mehr raus. Ein andermal hatte ich die Mütze in der Schule liegen lassen und sollte am Nachmittag noch einmal hin und den Hausmeister danach fragen. Seine Ängste überwinden, sich beim nächsten Mal leichter trauen, bei mir hat das nie funktioniert. Jeder Erwachsene, den ich seitdem etwas fragen muss, ist auch heute noch ein Wiedergänger unseres Hausmeisters.

Zur EOS (Erweiterten Oberschule) brauchte ich dann mit der S-Bahn eine Stunde in Gegenwart mürrischer Erwachsener, die zur Arbeit fuhren. Die Abfahrtszeiten der Bahnen in die Stadt waren über die Jahre so unverändert, dass man sie danach benannte. Von Station zu Station ratterten sie über die Felder, bis man endlich in Pankow war und die Stadt begann. Nie bin ich kontrolliert worden, warum kostete die Fahrkarte überhaupt Geld? Die 10 Pfennig hätte man uns doch erlassen können. Immer wieder passierten unterwegs seltsame Dinge. Ein betrunkener Rentner, der etwas von «Seiner Majestät Prinz Eugen» schrie. Eine Oma am Ende des Gangs, die im Mund mit ihrem Gebiss spielte. Ein neben mir sitzender Mann, der, ich spürte es genau, mich mit seinem Zeigefinger in die Seite pikte, ohne sich etwas anmerken zu lassen. Als wir einmal auf der Strecke die Tür aufmachten (die man damals noch an den Griffen aufziehen konnte), damit der kleine Uli rauspinkeln konnte, schimpfte plötzlich ein Erwachsener los, wir ließen schnell die Tür zufallen und hätten dabei fast Uli entmannt. Gierig strebte man in der vollen S-Bahn auf die einzige freie Sitzecke zu, und dann war dort eine Kotzelache auf dem Boden, immer wieder fiel man darauf rein. Manchmal spielte auch ein Heizkörper verrückt, und man konnte den Sitz nicht benutzen, weil man geschmolzen wäre. Zwei Jugendliche, die in Blankenburg zustiegen und bis Karow durch den vollen Wagen brüllten: «Deutsche Frauen, deutsches Bier, Schwarz-Rot-Gold, wir stehn zu dir!»

Niemand wagte es, den Kopf zu heben, was wollten die überhaupt? Deutsches Bier? Tschechisches war doch besser.

Die zweite Möglichkeit, in die Stadt zu gelangen, war der Bus, der auf der Karower Chaussee bis «Spitze» fuhr, wo man in die Straßenbahn umsteigen konnte oder ins Kino *Rio* ging. Aber im Bus wurde mir schlecht, ich nahm lieber die Bahn. Dass es ein amputiertes S-Bahn-Netz war, machte ich mir nicht bewusst, es war schon so kaum zu überblicken. Würde ich je in «Spindlersfeld» aussteigen? In die andere Richtung, nach Bernau, gab es nur ein Gleis, das zweite war nach dem Krieg von den Russen mitgenommen worden. Bevor ich losfuhr, studierte ich zu Hause immer den Stadtplan mit dem S-Bahn-Netz, wo sogar für jede Station die Fahrzeit angegeben war. Man musste wissen, wie man wieder nach Hause kam, zur Not zu Fuß. Natürlich hätte ich auch jemanden fragen können, aber das traute ich mich nicht, eher wäre ich auf der Suche nach einem mir bekannten Straßennamen verhungert.

Am S-Bahnhof Schönhauser Allee umsteigen und auf die Straßenbahn ins Zentrum warten. Die Linien hatten noch die gleichen Nummern wie bei Döblin. Meistens fror ich und betrachtete aus Langeweile die Gedenktafeln für die Opfer des Faschismus, die hier an einer Mauer hingen. Sowjetsoldaten, die den Deutschen nach dem Kriegsende aus den Kellern halfen (mir war auch anderes erzählt worden). Eine rote Fahne mit Hammer und Sichel am Wasserturm (unter dem es ein Gestapo-Gefängnis gegeben hatte). Antifaschisten beim illegalen Flugblattdruck. In mehreren Sprachen wurde man als Passant dazu ermahnt, sich an die Opfer zu erinnern: *Vous qui passez honorez la mémoire de ceux qui sont morts pour que vous puissiez vivre.* Mit den Jahren meines Französischunterrichts verstand ich den Satz immer besser, sogar den Subjonctif. Darunter stand derselbe Satz auf Russisch, aber so lange musste ich nie auf die Bahn warten, dass ich den auch noch gelernt hätte. Im Symbol des «Verbands der Verfolgten des Naziregimes» gab es ein DDR-Wappen, das bis heute überdauert hat.

Damals ging man immer bis zur Mitte der Straße und streckte den Kopf vor, um im anrollenden Verkehr zu sehen, ob vielleicht schon eine der alten Gothabahnen angequietscht kam. Es gab ja keine Minutenanzeige für die Wartezeit. Die Straßenbahnen kamen mir nicht altmodisch vor, ich kannte es nicht anders. Man wusste nie, ob man es schaffen würde, die Seilzugtüren aufzureißen, manchmal erwischte man eine widerspenstige und blamierte sich. Wenn man diese Verantwortung stellvertretend für die hinter einem Wartenden übernommen hatte, war das ein Reifetest und mit Lampenfieber verbunden. Die vorderste Tür ging leichter auf, weil sie beim Bremsen von der Fliehkraft aufgezogen wurde.

Ich hatte als zweite Fremdsprache Französisch gewählt, das war ungewöhnlicher als Englisch, das man ja sowieso noch lernen würde, sagte ich mir. Deshalb wurde mein Schulweg noch länger, weil ich nach dem Unterricht freiwillig zu Kursen im Centre Culturel Français an der Friedrichstraße ging, wo man praktisch im Westen war – Stühle mit eingebauten Klapptischchen, Tafeln, an die man nicht mit Kreide, sondern mit speziellen, abwischbaren Filzstiften schrieb, Videorekorder –, wenn auch in einem exotischeren Westen, mit Jacques Brel und *La Boum*. Außerdem wollte ich mit Französisch eine Geheimsprache erlernen, die niemand im Land verstand. Ich kaufte manchmal die *Humanité* am Kiosk und bedauerte, dass es eine schier unmögliche Aufgabe war, sich einen Artikel mit Hilfe des Wörterbuchs zu übersetzen. Wir guckten im Kurs zur Übung Werbefilme und sollten raten, wofür jeweils Werbung gemacht wurde, bevor es der Sprecher sagte. Ich hatte nie Crème fraîche gegessen, erkannte aber sofort, dass es darum ging, als ein Pärchen auf einem Ruderboot über einen Waldsee fuhr. Woher wusste ich das? Die Lehrerin war überrascht. Ich hatte eben Übung darin, wir guckten immer begeistert Werbung. Manche, die jedes Jahr wiederkam, blieb mir rätselhaft: Was war ein «Wüstenrot-Tag»? Beim ersten Kinobesuch im Jahr 1989 im West-Berliner Zoopalast lief vor dem Film eine halbe Stunde Werbung. Warum ließen sie das mit sich machen? Das war doch Betrug?

Einmal zeigte das Centre Culturel einen Film, der in der «Banlieue» von Paris spielte, wo es von den Gebäuden her so ähnlich wie bei uns in Buch aussah. Allerdings waren die Menschen dort schwer gestört: Ein Vater schoss mit einem Gewehr auf die Wand, weil die Nachbarn ihm zu laut waren, ein Sohn sah seine Mutter nie und bekam von ihr nur Zettel hingelegt, später brachte er sich deshalb um, und einige Schüler zwangen einen Unglücklichen, in einem Keller ein Mädchen aus ihrer Klasse zu vergewaltigen. Offenbar lebten in Frankreich im Neubau die schlimmsten Menschen, während ich bei uns eher Grusliges aus den Altbauvierteln hörte, wo man noch mit Kohle heizte.

Wenn ich nachmittags um fünf ins Centre Culturel musste, drückte ich mich nach der Schule noch ein paar Stunden im Zentrum herum, zwischen Alexanderplatz und Brandenburger Tor. Ich machte meine Kontrollgänge, einzelne Gebäude wie die Staatsoper erkannte ich schon. Im Polnischen Kulturzentrum gebe es eine Dead-Kennedys-Platte zu kaufen, hatte ich gehört, und im Centrum-Warenhaus lohne es sich, nach

Lederturnschuhen zu suchen. Nach dem Kurs war ich ungefähr um neun zu Hause, wenn ich nicht in der S-Bahn eingeschlafen und aus Versehen bis Mühlenbeck-Mönchmühle
gefahren war. Zu Hause saß ich dann noch bis weit nach
Mitternacht an den Hausaufgaben, ein Chemieprotokoll oder
eine räumliche geometrische Konstruktion für Mathematik.
Russisch musste bis zum Morgen in der S-Bahn warten. Die
Daumenschrauben waren seit meiner Einschulung angezo-
gen worden.

Schule

Im Dunkel eines der ersten Januartage gingen wir zur Schule im Neubaugebiet, meine Mutter brachte mich. Wir waren über Weihnachten umgezogen und nahmen noch nicht den direkten Weg über unseren Hof, weil es dort bis jetzt nur Schlamm gab. Eine Reihe dunkler Gestalten bewegte sich schweigend zur Schule, die hell leuchtete: die Fassade aus Glas, keine düstere Schulburg wie im Friedrichshain. Auf den langen Gängen das Kreischen der Kinder, die sich schon kannten. Es gab in unserer Stufe erst eine Klasse, aber täglich kamen neue Kinder dazu, weil Wohnblöcke fertiggestellt und bezogen wurden. Meine Mutter musste zur Arbeit weiter, in Zukunft sollte ich den Weg alleine finden. Wir hatten noch keine Turnhalle, deshalb machten wir mit den Sportlehrern einen Spaziergang durch Buch, Herr Wurster erzählte vorne Witze, während hinten Frau Duft die Nachzügler anherrschte. Danach zogen sich alle an der Garderobe vor dem Klassenraum ihre Hausschuhe an. «Dass mir kein kleines Ferkel in Straßenschuhen in den Klassenraum kommt!», warnte Frau Duft. Ich hatte keine Hausschuhe dabei und war verzweifelt. Die anderen verschwanden nacheinander im Klassenraum, ich blieb als Einziger übrig. Die Tränen waren nicht lange zu unterdrücken. Ich hätte doch einfach sagen können: «Entschuldigen Sie bitte, ich habe noch keine Hausschuhe, ich bin hier heute zum ersten Mal.» Aber das war nicht möglich. Erwachsene verstanden nie, worum es ging (wie bei *Alfons Zitterbacke*).

Wie man zum Traualtar zu zweit geht, so betrat man die Schule morgens zu zweit, es sollte keine Unfälle geben. Wir trafen uns etwas abseits, schüttelten uns zur Begrüßung umständlich die Hände und besprachen das Fernsehprogramm vom Vorabend. Montags gab es besonders viel aufzuarbeiten. Es war Ehrensache, erst im letzten Moment reinzugehen, wenn die Schlange sich aufgelöst hatte, man wollte seine Rechte möglichst weit ausdehnen. Aber wenn ich nicht aufgepasst und mir keinen zum Reingehen gesichert hatte, musste ich mich trauen, mir unbekannte Nachzügler anzusprechen, ob wir «zusammen rein» wollten, am Direktor vorbei, der schon mit seiner Uhr am Eingang stand, um sich die Namen der Zu-spät-Kommenden aufzuschreiben.

Die Mappe wurde an einen Haken gehängt, seitlich vom Tisch, das war eines der ewigen Anliegen der Lehrer. Die Schnallen aus Metall hatten Katzenaugen, und wenn man Pech hatte, geriet man mit dem Fingernagel auf der Innenseite der Mappe hinter das Blech. Wir sollten uns nicht so lang machen beim Melden und auch nicht «Ich!» oder «Äh! Äh!» rufen. Damit das klappte, hielt man sich mit der linken Hand den Mund zu, während man die rechte nach oben streckte. Und nicht schnipsen, aber wie das ging, musste ich sowieso erst noch lernen. In einer anderen Klasse gehe es strenger zu, da verschränkten sie die Arme auf dem Tisch und klappten zum Melden nur den rechten Unterarm hoch. So machten es die Kinder in der Sowjetunion, die strenger erzogen würden als wir, aber auch viel folgsamer seien.

Vor der ersten Stunde standen wir neben unseren Stühlen und sangen ein Morgenlied. Frau Wendler dirigierte mit strengen Bewegungen. Warum es «Drei ... vier ...» hieß und nicht «Eins ... zwei ...?», fragte ich mich. Draußen war es dunkel, der Klassenraum war aber hell vom Neonlicht. Die Mädchen bekamen so einen abwesenden Blick beim Singen, sie schienen etwas zu hören, das mir verborgen blieb, viele steckten noch in Strumpfhosen. *Partisanen vom Amur*, das durften wir gleich zweimal singen, weil wir es so schön fanden, da wurde einem so warm ums Herz, weil es um Aufopferung und Treue ging: *«Durchs Gebirge, durch die Steppen zog unsre kühne Division ...»*

Die grüne Tafel wurde aufgeklappt, einer stand dahinter und schrieb das Diktat an die Tafel, während der Rest die Hefte benutzte, anschließend wurde verglichen. Noch hatten die Hefte mehrere Hilfslinien. Für die der verschiedenen Fächer nahm man verschiedenfarbige Plasteumschläge, wenn einer fehlte, musste man ihn für die entsprechende Stunde schnell von einem anderen abnehmen. Es machte Spaß, die Ränder zum Einstecken des Hefts aufzureißen, sodass sich die Gumminaht löste. Ordnung zu halten, immer alles mitzuhaben, einen Rand zu ziehen, nicht drüberzuschreiben, mit Lineal durchzustreichen, das alles fiel schwer. Das Datum im Hausaufgabenheft musste man vortragen, das hatte ich nie im Griff. *Diktat Nr. 1. In der Schule. Wir wollen leise sein. Es möchte jeder lernen.* Nicht so aufdrücken mit dem Füller, damit die Spitze nicht verbog. Kugelschreiber waren verboten, die würden unsere Schrift verderben. Die Finger wurden blau von der Tinte, manchmal auch das Gesicht oder der Mund, wenn man hinten am Heiko-Füller kaute. Fehler, Doppelpunkt, Schrift, Doppelpunkt, Note, Doppelpunkt. Zu Hause unterschreiben lassen.

Die Schulen hießen «Dr. Agostinho Neto» nach dem Präsidenten von Angola oder «Prof. Suchomlinski» nach dem sowjetischen Pädagogen (lange hielten wir «Prof.» für seinen Vornamen). Ein Schulname war eine Auszeichnung, die meisten Schulen hatten nur eine Nummer, unsere war «die Siemunzwanzichste». Von der ockerfarbenen Verglasung der Fassade waren immer ein paar Scheiben zerschmissen, die Glaskrümel wurden auf dem Schulhof als Munition eingesetzt. Im Treppenhaus begrüßten einen alte Wandzeitungen, auf denen immer noch gefordert wurde: «Hände weg von Vietnam!» Oder es hieß trotzig, aber kaum zu deuten: «Vietnam – Jetzt erst recht!» (Jedenfalls war ich froh, dass bei uns nicht Vietnam war.) Im Foyer hing ein Honecker-Bild, hellblauer Hintergrund und dieses Lächeln, nicht weniger ergründlich als das der Mona Lisa. Mit Knete wurde ihm ein Popel gebastelt. Was Strafe war, erfuhren wir erst, als einmal die kleine Schwester einer Mitschülerin vom Direktor durch alle Klassen geführt wurde, weil sie in der Kaufhalle ein Eis am Stiel unterm Kleid ihrer Puppe versteckt hatte. Klauen war eine schlimme Sünde. Wenn man erwischt wurde, konnte die Kaufhallenleiterin verlangen, dass man ihr sein Pioniertuch aushändigte. Die größte Sünde war allerdings das Hakenkreuz, das einer aus Langeweile auf eine Bank gemalt hatte, was zu einem Besuch der Kriminalpolizei an unserer Schule führte.

Die Reise nach Sundevit – der Junge von der Ostsee wollte so gerne mit der Kindergruppe mitfahren, und dann wurde er von den Erwachsenen mit kleinen, sich heimtückisch potenzierenden Aufträgen aufgehalten und verpasste die Abfahrt. Ich war beim gemeinsamen Lesen immer ein paar Seiten weiter, weil derjenige, der mit Lautlesen dran war, sich so mühsam vorwärtsstotterte. Wenn ich dann drankam, fand ich manchmal die Stelle nicht gleich. Das verstand kein Lehrer. Ich glaube, ich habe mich zwölf Jahre gelangweilt. Erst, weil es zu einfach war, später, weil es zu politisch war und ich immer todmüde. Seltsame Sachen habe ich mir gemerkt. Es hieß beim Rechnen nicht «sind gleich», sondern «ist gleich». Ein «Ar» und ein «Hektar». «Morgen» sagte man nicht mehr, später war dann «Pond» veraltet, und es hieß «Newton». Wenn es Rate-Wettbewerbe gab, wachte ich auf, weil sich ohne mein Zutun ausreichend Wissen in meinem Kopf gesammelt hatte, um hier zu glänzen. In meinem Zeugnis stand immer: «Jochen hat eine sehr gute Allgemeinbildung», leider gab es keinen zu dieser Gabe passenden Beruf. Oder «Rechenkönig»: Eine lange Aufgabe wurde an die Tafel geschrieben. Wer sie als Erster rausbekam, wurde mit einer Apfelsine belohnt. Rechnen ging ohne Nachdenken, das empfand ich nicht als Leistung, dazu musste man nur ganz mechanisch vorgehen, wie die Record-Addiermaschine aus dem Schreibtisch meines Vaters, bei der man mit einem Metallstift Lochbänder aus Blech verschob. Wenn einer eine Fünf bekam, dann hielten alle den Atem an. Eine Fünf war selten. Auf seinem Leben lag jetzt ein Schatten.

Wir arbeiteten verbissen daran, unsere Schule mit den Jahren durch gemeinsame Anstrengung in Staub zu verwandeln. Wann begann das? Wirklich schon in der ersten Klasse oder erst mit der Pubertät? Und waren auch Mädchen daran beteiligt? Mit großer Geduld wurde überall am Gebäude gekratzt, geschabt, geschraubt, gerüttelt, gestochert, gebohrt, gepult, bis man einen Weg gefunden hatte, das Material zu besiegen. Bevor der Lehrer kam, wurde der knochentrockene Tafelschwamm im Waschbecken zu einem schleimig-nassen, stinkenden Batzen eingeweicht, mit dem man sich Schlachten quer durch den Raum lieferte. Mancher versuchte, mit einem Wurf möglichst viele Lamellen der Neonröhrenhalterungen wegzurasieren, die nur im Physikraum noch vollständig waren, was den Physiklehrer stolz machte. Meistens war es hell: vormittags in den Klassenräumen, die nach Osten gingen, und nachmittags auf den Fluren der Westseite. Wenn etwas in den Neubaugebieten funktioniert hat, dann die Versorgung der Menschen mit Sonnenlicht. Für die Familien, die aus den Hinterhöfen der Berliner Arbeiterviertel hergezogen waren, ein Fortschritt.

Mit dem Schlüssel wurden Linien in die schwarze Plastebeschichtung der Treppengeländer gefräst, an denen der Hausmeister als Rutschbremse Messingschrauben angebracht hatte. Die Schrauben an unseren Stühlen lösten wir mit Münzen, bis die Holzlehnen herabhingen. Am Anfang der Stunde mussten deshalb immer zwei Schüler mit den kaputten Stühlen zum Hausmeister gehen, der in seinem Kellerraum voller lädiertem Mobiliar über seine aussichtslose Mission fluchte. Er versuchte es mit Kreuzschlitzschrauben, aber man feilte sich im Werkunterricht einen passenden Schraubenzieher. Wie man als richtiger Junge ja auch einen Vierkant am Schlüsselbund hatte, für die kleinen Klappfenster, deren Griffe vorsorglich entfernt worden waren, wir sollten nur noch die sogenannten Oberlichter öffnen können. Am 11.11., wenn alle ungeduldig darauf warteten, um 11.11 Uhr, von der Tradition gedeckt, verrückt spielen zu dürfen, hatte eine zehnte Klasse Bänke aus dem Fenster geschmissen. (Nichts nahm man Breschnew so übel, wie dass er ausgerechnet am 10.11. starb und die Belustigung in seinem Todesjahr ausfallen musste.)

Jede Klasse hatte die Patenschaft über einen Raum, in dem sie regelmäßig die Sprelacart-Flächen der Pressholzschulbänke mit Ata von Kritzeleien befreien musste. Das graue Gummiband in der Kante konnte man geduldig mit dem Plastelineal zersägen, um es die ganze Stunde lang herauszuziehen und wieder reinzustecken. Mit der Klinge vom Bleistiftanspitzer wurde, einem inneren Zwang gehorchend, die Kunststoffschicht von den Metallteilen des Tisches gekratzt. Unter den Schulbänken sollte man eigentlich seine Materialien verstauen, aber in diesem, vor den Blicken der Lehrer geschützten Universum lagen immer halbvolle Milchtüten, alte Stullen und Mandarinenschalen.

In den ersten Jahren hatte ich ein prominentes Amt: Ich war Milchdienst mit dem kleinen Uli. In der Milchpause holten wir die dreieckigen Milchtüten («Picasso-Euter») aus dem Keller und trugen sie in den Klassenraum. Wir riefen die Milchsorte des Tages für die Freitrinker aus, die aus kinderreichen Familien kamen (ab vier Kindern) und nichts bezahlen mussten. «Freitrinker Vanille!» Bei «Freitrinker Vollmilch!» blieb das meiste übrig. Die anderen konnten ihre Sorte jeden Monat selbst bestimmen, am teuersten war Schoko. Die leeren Milchtüten kamen in den hellblauen Plasteeimer, auf den mit roter Farbe unsere Klasse geschrieben war. Am Ende der Milchpause brachten wir die Milchtüten zum Mülleimer vor der Schule und ließen uns möglichst viel Zeit dabei. Im Winter rutschten wir auf dem leeren Eimer die Kinderwagenrampe runter. Dann den Eimer im Keller an einem Waschbecken mit der Bürste auswaschen, das Geräusch, wenn sich der Eimer füllte und das Fit schäumte. Wir kamen immer zehn Minuten nach dem Klingeln zurück in die Klasse, das war Gewohnheitsrecht. Frau Goller hatte

Vertretung und wunderte sich, dass wir zu spät kamen. «Aber wir sind doch Milchdienst!» Nächstes Mal werde sie mit der Stoppuhr prüfen, wie lange man zum Wegbringen des Eimers brauche.

Die Strohhalme für die Milch wurden zu Schnipseln zerschnitten und mit einem zwischen Daumen und Zeigefinger gespannten Gummi durch den Raum katapultiert. Man legte sich unter der Bank Munitionsvorräte an. Später stanzten wir mit den Enden der Fallbleistifte Mandarinenschalen aus und schossen sie ploppend mit Druckluft. Wir bauten aus Lockenwicklern und Luftballons Erbsenkatschies und besorgten uns Einwegspritzen in allen Größen, um auch Wasser als Munition zu nutzen. Den Kartenständer runterratschen lassen oder ihn als Greifarm verwenden, um den kleinen Uli daran hochzuziehen.

Es hieß nicht «Tüsch», «Mülsch» und «Kürsche». Auch nicht «Flaume». Und nicht «Serviettunion». «Fuffzig? Zählst du auch ‹Eins, zwei, drei, vier, fuff?›» Und nicht so liederlich schreiben. *Achte auf gleiche Wortabstände! Schreibe gleichmäßig schräg! Schreibe nicht über den Rand!*, stand im Schreibheft. *Der Frühling. Ihr Kinder heraus, heraus aus dem Haus! Heraus aus den Stuben, ihr Mädchen und Buben! Juchheissassassa! Der Frühling, der Frühling, der Frühling ist da.*

Nicht kippeln! Nicht träumen! Hat da wer Kaugummi im Mund? Nach vorn kommen und in den Papierkorb spucken. Aber so, dass der Lehrer es sehen kann. Und zur Strafe nach der Stunde mit einem Schraubenzieher schwarze Kaugummiflecken vom Boden abkratzen, den hielt er extra dafür bereit. Kaugummis verklebten übrigens den Magen. Und Schminke war schlecht für die Haut. (Nena würde sich noch mal wundern, was sie sich angetan hatte.) Der PVC-Belag hatte die gleiche Holzmaserung wie der in unserer Wohnung. Sogar bei der Armee fand ich dieses Parkett-Imitat im Klubraum wieder, ein bisschen war man dadurch überall im Land zu Hause.

Es gab kein Markenbewusstsein, aber die Welt war zweigeteilt in Dinge «von hier» und «von drüben». Niemand wollte mit einem Heiko-Füller schreiben, diesem «Auslaufmodell», bei dem die Feder verbog, wenn man damit die Patronen aufstechen wollte. Bei den Westpatronen konnte man die Kugeln sammeln und in der Füllerhülle damit rasseln. Eigentlich hatte irgendwann fast jeder einen Pelikano und einen Tintenkiller, dessen Spitze mit Essig präpariert wurde, wenn er alle war. So etwas Kostbares konnte man nicht einfach wegschmeißen. Dennoch wurden wir dazu erzogen, dass Leistung nicht von besserem Material abhing, sondern von Fleiß und Talent. «Killern» war nicht gern gesehen, wir sollten Fehler säuberlich mit dem Lineal durchstreichen, wie es Irina tat, die keinen Killer hatte. Wenn eine Sonnenspiegelung über die Wand huschte, von einem Lineal reflektiert, dann war es plötzlich ganz still, weil alle hinsahen, bis der Lehrer den Braten roch.

Im Lesebuch eine Geschichte über August Bebel: Der ging einmal mit einem schweren Koffer durch die Stadt und wurde von einem Polizisten angehalten. Was in dem Koffer sei? Etwa eine Bombe? Vorsichtshalber nahm der Polizist den Koffer an sich und trug ihn in Bebels Wohnung. Der Koffer enthielt aber nichts Verbotenes, nur schwere Bücher. Jetzt hatte der Polizist dem Sozialdemokraten den Koffer getragen und ärgerte sich, weil es keine Bombe war. Dabei waren die Bücher viel gefährlicher als jede Bombe, weil sie die Menschen schlauer machten, das konnte der dumme Polizist nicht ahnen.

Vor dem 1. Mai füllten die Titelseiten der Zeitung Listen mit offiziellen Losungen. An der psychiatrischen Station vom Klinikum Buch sollte ein Plakat gesehen worden sein: «Heraus zum 1. Mai!» Eigentlich heiße es ja «am Ersten des Mais» oder sogar «am ersten Tage des Mais», belehrte mich mein Vater. Die Kollegen meiner Eltern trafen sich zur Mai-Demonstration an einer Ecke der Frankfurter Allee. «Der liebe Gott ist ein Kommunist», sagten alle, weil mal wieder am 1. Mai die Sonne schien. Wir hatten schulfrei, dadurch wurde der Tag zu etwas Besonderem, auch wenn ich mich nicht für schwere Waffentechnik interessierte. Später sollte ich die Kunst, mich zu drücken, perfektionieren, aber noch begeisterte es mich, zu Fuß mitten auf der Straße gehen zu dürfen. Und dass auf dem Rasen ein Stapel Schilder mit Politikerporträts lag, zum Mitnehmen. Ich wollte mit meinem Bruder auch eins tragen, aber nach ein paar Metern war es uns zu schwer. Auf der Rückseite eines Schilds, das vor uns her getragen wurde, stand mit Bleistift «I. Kant».

Aus den Lautsprechern, die an jedem Laternenmast hingen, hörte man die Durchsagen eines Sprechers, der uns bei Laune hielt, indem er aufzählte, um wie viel Prozent die vorbeimarschierenden Kollektive laut mitgeführten Spruchbändern den Plan übererfüllen wollten. Dazwischen liefen immer wieder dieselben Lieder, die ich aus dem Musikunterricht kannte: *Brüder, zur Sonne, zur Freiheit ... Wann wir schreiten, Seit an Seit ... Auf auf, zum Kampf, zum Kampf ...* Wir Kinder rannten durch die Reihen weiter vor, bis wir uns fast verlaufen hatten, dann wieder zurück. Bündelweise DDR-

Fähnchen aus Papier erbeuteten wir. An einer Tribüne sagte mein Vater: «Da steht Onkel Erich.» Da könne ich mal winken. Ich konnte niemanden erkennen, es ging zu schnell, trotzdem winkte ich ausdauernd in die Richtung von Onkel Erich. In der Schule sollten wir dann erzählen, wie es gewesen sei, und ich sagte, dass ich ein Bild von Immanuel Kant gesehen hätte. Frau Wendler behauptete, dieser kluge Mann habe «Emmanuel» geheißen. Da ich es besser wusste, war es mir peinlich, dass sie auf ihrem Irrtum beharrte. Sie tat mir schon jetzt leid, weil sie sich eines Tages schämen würde.

Das Leben wurde immer komplizierter und beschwerlicher, ein Naturgesetz. Beim Weitwerfen wurde der Schlagball durch eine F1-Handgranatenattrappe ersetzt, wir sollten Seilklettern statt Stangenklettern, die Diktate wurden länger: *Gleich hinter der Schule befindet sich unser Schulgarten. Darin wachsen Obst und Gemüse. Die reifen Früchte verkaufen wir. Das Geld sammeln wir für die Kinder in Vietnam.* In der fünften Klasse kamen neue Fächer dazu, vor allem der gefürchtete Russischunterricht. Manche konnten doch schon auf Deutsch nicht richtig schreiben, und jetzt die kyrillischen Buchstaben? Wir fanden es komisch, dass «er geht» *on idiot* heißt und «wie heißt du?» *kack tebja sawut. Chleb* – das Brot. Brötchen? *Chlebchen* ... Sport hieß sehr zutreffend *fieskultura. Sportsmen, mebel, butterbrody*, das war leicht. Dafür gab es kein Wort für «sein» und keins für «haben», aber sechs Fälle. *Eto lampa ..., eto rutschka ..., eto doska ...* Bei der Benennung der Gegenstände im Klassenraum war man zukünftig um keine Antwort mehr verlegen. Für das «ы» zum Üben einen Bleistift quer in den Mund legen. In der «SU» hätten sie Schuluniformen, da gehe es uns direkt noch gut.

Ein Liederheft wurde angelegt, in das wir die russischen Texte schrieben. «Immer lebe die Sonne, immer lebe der Himmel, immer lebe die Mama, und auch ich immerdar!» «Immerdar» sollten wir singen und nicht «immer da»! Die erste Hausaufgabe wurde noch aufgeteilt, eine Hälfte von uns sollte das Alphabet und die andere Hälfte die Zahlen bis zehn lernen. Ich entschied mich für das Alphabet und kam deshalb mit den Zahlen jahrelang nicht zurecht. Das Alphabetlied war ein Ohrwurm: «A be we ge de je sche se i ka el, em en o pe er es te, das lernt sich schnell ...» Beim Nachschlagen im russischen Wörterbuch muss ich heute immer noch dieses Lied durchsingen, um den richtigen Buchstaben zu finden.

Jeder bekam den Brief eines russischen Schülers zugeteilt, sie hatten merkwürdigerweise alle die gleiche unbeholfene Schrift. Dass sie unsere Buchstaben ja auch erst lernen mussten, machten wir uns nicht bewusst. Gemeinsam formulierten wir eine Antwort. Als die ersten Briefe unserer Brieffreunde eintrafen, wurden die mitgeschickten Passbilder verglichen. Bei den meisten schlief daraufhin der Briefverkehr ein. Aber ich tauschte ein paar Jahre lang mit Sergej aus Moskau, der in der «Straße der Schweißer» wohnte, Briefe aus. «Lieber Jochen. Entschuldige vielmals, dass ich so lange nicht geschrieben habe. Danke für deinen Brief. Du fragst mich nach meinem Lieblingsklub. Nun, ZSKA Moskau ist mit der Fußballmannschaft im Moment Dritter der Liga. Im Eishockey sind wir Zweiter. Letzte Woche waren wir im Fußball Vierter und im Eishockey Dritter. Ich habe gelesen, dass dein Klub BFC Dynamo sein letztes Spiel gewonnen hat. Gratuliere! Ich schicke dir wieder ein paar Briefmarken. Nun muss ich aber Schluss machen, ich habe noch viele Hausaufgaben. Ich bin jetzt auch im Ringen. Viele Grüße und Gesundheit, dein Sergej. P. S. Viele Grüße auch an deine Eltern.» Das P S hatte er von mir übernommen, er hatte dieses Stilmittel noch nicht gekannt. Ich endete oft mit P. S. oder mit P. P. S. und, wenn es ganz wild kam, mit P. P. P. S.

Sergejs Großmutter war in Magdeburg bei der Armee stationiert gewesen, sie konnte Deutsch und übersetzte ihm meine Briefe. Was die rot eingezeichneten Feiertage in dem Taschenkalender bedeuteten, den ich ihm geschickt hatte? So gründlich hatten sie die christlichen Feiertage dort abgeschafft, dass ihm das keiner mehr erklären konnte. Ich quälte mich mit den Antworten, immer war ich im Rückstand. Die Post dauerte zwar zwei bis drei Monate, aber Sergej wartete nicht ab, bis ich geantwortet hatte, sondern schrieb gleich wieder. Ich verstand immer nur die ersten drei Sätze, mein Vater übersetzte mir den Rest. Er mochte zwar die DDR nicht, war aber der Meinung, dass man prinzipiell alles lernen sollte, auch Russisch. Glückwünsche wurden auf Deutsch formuliert, die Buchstaben sahen aus, als hätte Sergej sie beim Ringen geschrieben. Sollte ich mit ihm eine Partie Fernschach beginnen? Jeder Brief enthielt neue, opulent gestaltete Lenin-Briefmarken mit einer ganz eigenen Ästhetik und Ansichtskarten, auf denen goldene Gebäude zu sehen waren. Oder Nachtaufnahmen von Moskauer Straßenkreuzungen: die Scheinwerfer der vorbeigefahrenen Autos als Lichtstreifen, ein toller Effekt. Auch in der Kunst der 3-D-Wackelbilder kannten sie sich aus. Aber ich hätte mir mehr einen Periskop-Kugelschreiber gewünscht, wie ihn unsere Russischlehrerin Frau Wawrinka hatte. Man konnte ihn zum Zeigestock ausziehen – das einzige Produkt russischer Herstellung, auf das ich scharf war.

Ab der fünften Klasse «wanderten» wir, d. h., wir wechselten nach jeder Stunde den Raum. In den Fachräumen für Biologie, Physik und Chemie waren die Bankreihen geschlossen, der Lehrer konnte nur unsere Oberkörper sehen. Vor der Stunde entfernten wir die Plastekappe von einem der Stuhlbeine und arbeiteten uns beim Kippeln mit dem blanken Stahlrohr zentimetertief in den Betonboden vor. Es war ein unbezwingbarer Drang, nach draußen zu gucken, zu den Silberpappeln. Ich konnte sogar die Fenster unseres Kinderzimmers sehen, im Neubaugebiet lag per Gesetz keine Schule weiter als ein paar hundert Meter von der Wohnung entfernt. Manchmal war ich so müde, dass mein Kopf sich von selbst nach links zum Fenster drehte und ich es gerade noch schaffte, wenigstens die Augen nicht von der grünen Tafel abzuwenden.

Am Waschbecken im Physikraum hatte der Lehrer einen Spiegel angebracht. Die älteren Schülerinnen betrachteten hier ihre Frisuren und Oberkörper und frästen dabei mit ihren hohen Absätzen einen Halbkreis in den Beton. Den Lehrer begeisterte dieses Beispiel für das Wirken großer Kräfte auf kleinen Flächen, auf jedem Absatz laste das Gewicht des Eiffelturms! Mädchen bekamen bei ihm immer eine gute Note, da sie nichts dafür konnten, dass sie sich nicht für Technik interessierten. Mit dem «Polylux» projizierte er seine wertvollen Plastefolien, die es so selten im Schreibwarenladen zu kaufen gab, an die Wand. Das Gerät hatte eine widerspenstige und sehr laute Lüftung, die, noch Minuten nachdem es ausgeschaltet worden war, immer wieder ansprang, weshalb die aus der ersten Reihe einen Bleistift durchs Lüftungsgitter schieben durften, um den Ventilator zum Schweigen zu bringen. Wie lustig es alle fanden, wenn der Lehrer sich der Klasse zuwandte und die Tafel in seinem

Rücken immer wieder vom übereifrigen Seilzug nach oben gezogen wurde!

Nach der letzten Stunde bildete sich auf dem ersten Treppenabsatz vor dem verschließbaren Kasten mit den Anschlägen eine Schülertraube, und dann stoben alle jubelnd auseinander, weil für den nächsten Tag eine, zwei oder, ganz selten, sogar drei Stunden «Ausfall» angegeben waren, die Lehrer wurden ja oft krank, besonders die jungen Frauen, und jede hatte einmal im Monat Haushaltstag. Nur die beiden Schüler, die in dieser Woche Ordnungsdienst hatten, mussten dableiben und die Stühle hochstellen, ausfegen, die Tafel wischen und den Mülleimer runterbringen, an dessen Boden sich mit den Jahren ein schwarzer, säuerlich stinkender Satz von Pausenmilch, vergammelten Bananenschalen, Tinte und Apfelgriepschen gebildet hatte. Zuletzt ging der Hausmeister durch alle Räume, um das Licht zu kontrollieren. Strom zu verschwenden, das fühlte sich an, als lasse man das Land verbluten.

Auf dem Heimweg wurde die schweinslederne Schultasche immer alle paar Meter nach vorne geschleudert, im Winter konnte man darauf rodeln. Fast alle hatten diese unverwüstlichen Ledertaschen, die manche später als Werkzeugtasche für ihren Trabi weiterbenutzten, bevor sie sie, noch später, an ihre Kinder vererbten. Im ersten Jahr trug man sie noch auf dem Rücken, dann an einem Riemen über der Schulter, dann in der Hand, und schließlich besorgten sich die einen schwarze Aktenkoffer, die anderen nahmen Westtüten, die sie, je nachdem wie ernst es einzelne Lehrer mit der DDR nahmen, zeitweise umkrempeln mussten. Beim Abitur kamen dann wieder karierte Kinderköfferchen auf, tschechische Ledertaschen aus dem Jägerbedarf, oder man schaffte es, sich einen antiken Hebammenkoffer zu besorgen. Wo die Modeindustrie versagte, half man sich mit Waren aus der Berufsbekleidung – gestreiften Fleischerhemden, karierten Kochhosen, grünen OP-Hosen.

Gerne würde ich wieder zur Schule gehen, noch einmal ganz von vorn, und diesmal alle austricksen, indem ich einfach die Schulbücher lese und mir alles merke. Ich sehe uns in einem hellen, sonnigen Raum, über unsere Hefte gebeugt, sitzen. Manchmal verirrt sich eine Spore von einer Pusteblume herein, und alle verfolgen gespannt den Flug des tapferen kleinen Schirmchens, das es kurz vor der Landung immer wieder nach oben zieht, bis der Lehrer jemanden dazu beordert, den Besucher einzufangen, damit es weitergehen kann mit dem «Stoff».

Spielplätze

Kaufhalle

«Wer geht einkaufen?»

«Schon wieder?»

«Das könntet ihr doch nun wirklich mal!»

«Kann ich nicht morgen gehen?»

«Muss man denn bei euch immer betteln? Ihr werdet noch mal alle an meinem Grab weinen! Und nimm die leeren Flaschen mit. Da musst du aber zweimal gehen.»

«Ich geh nicht zweimal!»

«Red nicht. Hier ist der Zettel, und hier ist das Geld. Und wenns was gibt, bringstes mit.»

Vier Beutel mit leeren Flaschen hatten sich in der Kammer angesammelt, Selters, Saft und Brause, zweimal gehen kam aber nicht in Frage, das hätte die Unlust ins Unendliche gesteigert. Neuerdings fasste ich Beutel nicht mehr am Henkel an, sondern knüllte sie oben zusammen, wie ein Säckchen. Beutel am Henkel zu tragen wirkte so brav und auch ein bisschen minderbemittelt, man sah dann aus, als wäre man nicht Herr seines Geschicks. Wer den Henkel verschmähte, zeigte, dass er seinen eigenen Kopf hatte, weil er das Einkaufen nur nebenbei erledigte und dabei an viel Wichtigeres dachte.

Vor der Kaufhalle hatte eine Marktfrau aus bunter Keramik gestanden, die den Angriffen der Jugendlichen aber schnell zum Opfer gefallen war. Sie wurde durch eine gedrungene, nackte Bronzemutter mit stabilem Kind ersetzt. Das Frauenideal war bei uns die stämmige Bäuerin, die weniger Modebewusstsein besaß als die Städterin und deshalb nicht so oft nach neuer Kleidung verlangte, was die Volkswirtschaft entlastete. Kunstwerke in der Öffentlichkeit stellten häufig dicke, nackte Frauen dar, vielleicht weil die Künstler im Krieg noch gehungert hatten, oder Arbeiter, die, was man allerdings nicht wissen konnte, ja bereits ausstarben. Ich fand es richtig, dass an der Frankfurter Allee ein «Wissenschaftler» gewürdigt wurde, direkt neben einer «Schweinepflegerin».

Am Eingang der Kaufhalle blies von oben ein warmer Luftstrom. Ich übte mich im Türaufhalten, denn ich war bemüht, die schlechte Meinung, die die Erwachsenenwelt von ihren Nachfolgern hatte, durch Höflichkeit zu erschüttern. An einer der Kassen musste ich mich nach einem Wagen anstellen, welche Schlange würde am schnellsten schrumpfen? Wer hatte weniger «drin»? Wer würde länger zum Einpacken brauchen? An der Flaschenannahme wieder anstehen. In der Zeit konnte man die Gläser und Flaschen im Wagen sortieren. Es roch nach Schnapsresten. Ein «Knasti» arbeitete hier, lange Haare mit Mittelscheitel, Tätowierungen an den Armen und im Gesicht. Mit dem Finger zählte er blitzschnell das Leergut durch. Was er nicht annahm, warf er zielsicher in eine Scherbenkiste. Für den Rest gab es Kleingeld aus seiner weichen, weißen Hand. Einräumen musste man selber, Saftflaschen, Gurkengläser, Brauseflaschen, alles in den passenden Kasten; wenn er voll war, kam ein neuer drauf. Ein Seitenblick auf den tätowierten Mann, so wollte man nicht enden, ein Leben lang in der Flaschenannahme arbeiten, ob der wen ermordet hatte? Sicher schon als Kind geraucht. Warum grinste er die ganze Zeit?

Unsere Kaufhalle war hochmodern, die Leute kamen mit dem Auto von außerhalb Berlins angereist, um sich zu versorgen. Am Einkaufswagen gab es einen Haken, da konnte man seinen Beutel anhängen, die großen Wagen hatten Kindersitze zum Aufklappen. An der Kasse schwarze Laufbänder und eine zweigeteilte Schräge, sodass der eine noch in Ruhe einpacken konnte, während der nächste schon abkassiert wurde. Welche Kassen besetzt waren, sah man an beleuchteten Glaswürfeln mit Zahlen drauf. Ich erzählte das meiner West-Oma, und sie sagte zu allem nur: «Das haben wir in Hamburch auch.»

Ein Rad vom Wagen klemmte meistens, er driftete dann zur Seite, aber man hatte gelernt, beim Schieben gegenzusteuern, so fuhren ja auch viele Auto, indem sie den eigenmächtigen Drall des Lenkrads ausglichen. Es gab keine Musik und keine Werbedurchsagen, nur gut gemeinte schriftliche Ratschläge: «Vollwertnahrung spendet neue Schaffenskraft.» Man hörte das Rattern der Kassen, das Quietschen der Wagen mit den klirrenden Flaschen, das Brummen der Gefrierschränke und die Gespräche der Verkäuferinnen. Die Dosentürme, bloß nicht umstoßen. Junge Brechbohnen. In einer langen Reihe meine geliebten Spaghetti mit Tomatensauce im Glas, eine weiße Schicht Fett und Fleischknorpel unter dem Metalldeckel. Die machte ich mir gerne warm, weil die Nudeln so weich waren, dass sie auf der Zunge zergingen. Zum Nachtisch gab es homogenisierte Vanillesauce aus dem Tetraeder.

Bei «Obst und Gemüse» oder, wie man sagte, «Matsch und Gammel» roch es nach faulen Kartoffeln und Sellerie. Es gab Suppengrün, Äpfel, Zwiebeln, Wirsingkohl und manchmal

sogar Blumenkohl. Die Kartoffelsäcke lagen in hohen Gitter-
wagen auf Rollen (die man sich von der Straße klauen konnte,
um sie als Schrank zu benutzen). Ein Netz raussuchen, in
dem möglichst keine verfaulte Kartoffel war. Nach Äpfeln
sollte ich auch noch gucken. In die Schlange stellen, wo eine
Verkäuferin alles in Tüten packte und abwog. «Esst mehr
Obst», stand auf der Tüte, oder: «Gut gekauft, gern gekauft.»

Die Milchtüten lagen in sechseckigen, grünen Bottichen,
stapelbar, aber am Boden immer eine Lache ausgelaufener
Milch. Man hielt die Tüte mit zwei Fingern hoch, um zu prüfen, ob es tropfte. Schwer zu entscheiden, wenn die Tüte in
der Milch gelegen hatte.

Im langen Brotregal gab es das duftende Kastenbrot vom
Werk Buch, wo immer ein Schornstein rauchte und unsere
Bettwäsche gewaschen wurde. Dieses Brot gab es nur in
Buch, und wenn es noch warm war, hatte man besonderes
Glück. Mal ein Weißbrot nehmen? Das machte man selten, es
wäre aber möglich gewesen. In Plastefolie Grahambrot, das
hatte meine Mutter als Studentin gegessen, wenn kein Geld
mehr für Belag da war, weil es ein bisschen «interessanter»
schmeckte. Moskauer Brot, das kaufte kaum einer, trotzdem
gab es das. Es wurde sowieso alles hartnäckig weiter angeboten, auch wenn es nie gekauft wurde. Papierschnipsel
lagen bereit, damit drückte man die Brote, bis man mit einem
zufrieden war. Ein Lehrer hatte behauptet, in der Kaufhalle
gebe es so viel hartes Brot von BAKO, weil das für die Rentner aus den Altersheimen gesünder sei. Der Brötchenspender
war auch noch so etwas Modernes: Oben wurden sie in den
Plexiglaskasten geschüttet, und unten konnte man sie mit
einer Zange rausziehen. An der Kasse sagte man dann: «Acht
Schrippen», und sie glaubten es einem, ohne in die Tüte rein-

zugucken. Die Brötchen aus der Kaufhalle schmeckten aber nicht wie die vom Bäcker. In Alt-Buch gab es irgendwo einen richtigen Bäcker, wo man auch Knüppel und Schusterjungen bekam, aber der Weg war mir zu weit.

Himbeermarmelade: Aus den weißen Plastedeckeln konnte man sich Dracula-Zähne basteln oder ein Plektrum für die E-Gitarre. Vierfruchtmarmelade, war das besser als Dreifruchtmarmelade? Immerhin ja eine Frucht mehr? Vor dem Fleischstand hatte ich Respekt, weil ich nicht wusste, wozu die verschiedenen Fleischsorten dienten bzw. worauf ich zeigen musste, wenn ich nach einer verlangte, die meine Mutter mir aufgeschrieben hatte. Das weiß ich heute immer noch nicht, offenbar bin ich noch kein vollausgebildeter Erwachsener. Meistens nehme ich «Mischhack», das erkenne ich einigermaßen.

Im Gang mit Haushalts- und Industriewaren war wenig Betrieb. Ich war sehr für bunte Plastikprodukte, ineinander stapelbare Schälchen oder einen Zwiebelschneider, bei dem man die unter der Plastummantelung eingesperrte Zwiebel mit monotonen Stanzbewegungen zerkleinerte. Bunt dekoriertes Porzellan – da es selten Schnittblumen gab, entschädigten sich die Menschen, wo es ging, mit Blümchenmuster. Gläserne Party-Spieße, Aschenbecher mit schlauem Druckmechanismus. Der Eierpikser, ob meine Mutter den genehmigen würde? Ich hätte mich gerne an der Hausarbeit beteiligt, indem ich hier ein preiswertes Zaubergerät ergatterte. Die Glühbirnen packte man alle einzeln aus und schraubte sie zum Test in eine Fassung an der Wand. Und dann zum Backstand, wo der Frau ein Finger fehlte, sicher hatte sie sich ihn bei der Arbeit abgeschnitten. Man musste immer so tun, als falle es einem nicht auf.

In der Elektronikabteilung standen schrankartige Fernseher mit Holzfurnier, im schützenden Plexiglas-Sarg ein japa-
nischer Walkman für 1000 Mark, ohne Radio nur 700. Den
guckte man sich jedes Mal an. Einer aus der Zehnten lief mit
solchen Schaumgummi-Kopfhörern rum und konnte unterwegs seine Kassetten hören, aber Aufnehmen ging wohl nicht
damit. Außerdem schade es den Ohren, vor allem bei Jugendlichen, deren Körper noch in der Entwicklung sei, wurden
wir belehrt.

Hieß EVP «Einzelverkaufspreis» oder «Endverbraucher-
preis»? Art.-Nr.? Betriebs-Nr.? Schlüssel-Nr.? TGL? HSL?
ELN? Diese Zahlenreihen auf den Produkten. Bei uns waren
die Preise aufgedruckt und änderten sich nie. Es waren auch
keine betrügerischen 99-Pfennig-Preise, sondern ehrliche,
gewissenhaft berechnete ungerade Zahlen. Im Westen hatten sie weiße Preisaufkleber, und das gleiche Produkt kostete
nicht in jedem Laden dasselbe. Wie funktionierte denn das?
Man konnte sich doch erkundigen, wo es am billigsten war,
und es sich dort holen? Onkel Bernhard sagte mal, bei Aldi
würden sie «auf die fünfte Stelle nach dem Komma» kalku-
lieren.

Ich sollte ja gucken, ob es «was gab». Winzige Parfüm-
fläschchen mit allen möglichen Blumendüften, die könnte
man sammeln. Und ein Blutstillstift, wozu diente der? «Sup-
pina Vogtländische Kartoffelsuppe». Instant-Grießbrei. Am
liebsten wäre mir Kosmonautennahrung aus der Tube gewesen. Tütensuppen fand ich einleuchtend, da hatte meine
Mutter weniger Mühe. Man hätte von jeder Sorte eine vor-
rätig haben müssen. «Sofix-Pudding ohne Kochen» von Rot-
plombe, der keine Pelle machte. Zwei Packungen statt einer
in die kalte Milch rühren, mit meinem Lieblings-Handquirl,

dann wurde es schön fest. Kochen, ohne zu kochen, das war genau meine Philosophie! Die ständige Rede von der weiteren Rationalisierung der Arbeitsprozesse war mir nicht unsympathisch, weil ich mir ausrechnete, dass dadurch immer weniger Arbeit übrigblieb, zu der man mich später zwingen konnte.

Im Süßigkeitenregal, in Metallkörben, die vielen Riegel, die nicht schmeckten. Der «Märchenriegel» war manchmal ein steinharter Barren rosa Zuckermasse. «Fetzer», der ging noch, aber auch nur, wenn man nie Mars gegessen hatte. Gummibärchen, die im Mund zerbröselten. Neuerdings gab es Getreideriegel aus Vietnam, mit durchsichtigem Sesam-Papier, das man mitessen konnte. Von dort kamen auch die Schnupfensalbe und die klobigen Tischtenniskellen mit eckigem Griff. Zwischen den Fingern halten und sagen: «Penholder-Griff.»

Die Suche nach dem billigsten Produkt, das es zu kaufen gab. Schrippen kosteten 5 Pfennig, genau wie ein Tütchen Vanillin-Zucker. Für 1 Pfennig gab es nichts, damit kam man nicht weit. Erst ganz zuletzt schob ich meinen bockigen Wagen zu den Gefrierfächern, damit das Eis bis zum Kassieren nicht auftaute, den Trick hatte ich von meiner Mutter gelernt. Mokka-Vanille-Eis, 20 % Milchfett. Bloß kein Eis mit Pflanzenfett, das schmeckte so krümlig. Die Eislöffel mit den Vornamen drauf lagen extra. Petra und Karla, Uwe, Sven, wer hieß denn Sandro? «Jochen» gab es nur ganz selten. Probieren, den Löffel so abzulecken, dass er durch den Unterdruck an der Zungenspitze haftenblieb.

Manchmal lagen an der Kasse in Gittern billige Gummifußbälle, die beim Auftippen ein sphärisches Geräusch machten. Einen Lederball hatte niemand von uns, der wäre auch für den Asphaltboden nicht geeignet gewesen. Am Ausgang die Delikat-Abteilung, ein großes Glas Big-Babaloo-Kaugummis für 55 Pfennig, mit Otto-und-Alwin-Sammelbildern, die machten sogar Blasen. Angeblich waren sie Ausschussware aus dem Westen. Ich kaufte eine ganze Tüte voll, das Geld dafür hatte ich aus der Kollektekasse im Schlafzimmer geklaut. Meine Mutter nahm mir die Tüte ab, setzte sich drauf und tippte weiter auf der Schreibmaschine. Ich versuchte, die Kaugummis unter ihrem Po hervorzufummeln, kam aber nicht ran.

In Kinderfilmen aus dem Westen spielten oft ein Liliputaner oder ein Junge im Rollstuhl mit. Seine Mutter brachte ihm ein «Lustiges Taschenbuch» mit nach Hause, und er freute sich gar nicht, weil es die Rollstuhlsache nicht aufwog. Dass man so etwas einfach vom Einkaufen mitbringen konnte, im Netz mit der Milch und den Flaschen! Und es gab sogar im Winter Erdbeeren, hatte mir mein Cousin erzählt.

An der Kasse sah ich, dass jemand ungarischen Ketchup im Wagen hatte. «Entschuldigen Sie bitte, wo gibt es denn den Ketchup?» Mein Herz pochte, nichts wie hin, sie hatten eine Kiste bei den Konserven hingestellt, neben die jungen Brechbohnen, nicht mal ausgepackt, alle beugten sich drüber und griffen rein. Vier Flaschen durfte jeder nur. Da würde ich nachher gleich wiederkommen und noch vier holen und meinen Bruder überreden, dass er mitmachte. Der ungarische schmeckte am besten, der ideale Belag für eine Butterstulle mit Bucher Brot. Unserer aus Werder sollte ja aus Zitronen sein. Oder nein, die Zitronensäure war aus unreifen Tomaten.

Noch mal zur Kasse und die Artikel zählen, ob es vielleicht mit Augenzudrücken nur fünf waren und man an die Schnellkasse durfte? Die Behinderten mit ihren Rollstühlen, von denen es in Buch so viele gab wegen der Wohnungen im Parterre mit einer Rampe, die ließ man vor. Das wäre schlimm, so leben zu müssen. Der eine hatte Schläuche in der Nase. Dafür hatten manche von ihnen ein dreirädriges Behindertenauto. Die Verkäuferinnen waren Mädchen, die noch vor kurzem an unsere Schule gegangen waren, jetzt arbeiteten sie hier und sahen schon ganz anders aus: stark geschminkt, mit blauer Perlonschürze und einer Dauerwelle. Am Anfang waren sie noch ganz hübsch, aber man sah dabei zu, wie sie verblühten. Es war wie mit dem Jungen auf dem Bild *Die Wolgatreidler*, der sich noch aufbäumte und lebendig wirkte, während die Älteren schon gebrochen waren und sich willenlos in das Seil legten.

Bei der «Netten» anstellen. Die sprach immer laut mit und kommentierte die Einkäufe der Leute, besonders wenn es um Alkohol ging: «Na, wird heute schön gefeiert? Darf ich auch kommen?» Schade, dass nicht alle Erwachsenen so waren. Mit der rechten Hand tippten die Kassiererinnen die Preise ein, ohne hinzusehen, es gab ja keinen Barcode, mit der linken schoben sie die Waren auf die Schräge. Nachrechnen lohnte sich, das machte ich auch im Westen noch lange. «Und Marken, bitte» sagen, dann gab es Konsummarken. (Die wurden in ein Heft geklebt, und am Jahresende gab es Geld dafür. Ich übernahm gerne die Aufgabe des Einklebens, die Gummierung schmeckte süßlich. Für die vielen 1er und 5er brauchte man Extra-Seiten.) Am Schluss das Holzbrett vorschieben, die Sachen vom Nächsten rutschten dann in die andere Hälfte des Fachs, die inzwischen leergeräumt sein musste. Eine Weile sagten Roberto und ich: «Stimmt so», wie wir es uns im Winterurlaub im Harz angewöhnt hatten. Aber die Verkäuferinnen ignorierten unsere Großzügigkeit und war-

fen uns die Restpfennige ins hellgrüne, festgeschraubte Mela-
durschälchen, die ich von unserer Schulquarkspeise kannte.
Jemand wollte schon den Wagen und wartete ungeduldig, bis
man alles in den Einkaufsbeuteln verstaut hatte, Plastetüten
gab es nicht. Die Wagen wurden einfach stehen gelassen, sie
waren nicht durch Münzen gesichert. Manchmal machten
wir uns nützlich und schoben sie zu einer großen Schlange
zusammen, wenn wir in der Essenspause herkamen (obwohl
wir nicht vom direkten Weg abweichen durften). Orte, an
denen man etwas kaufen konnte, zogen uns magisch an.

Wenn ich nur einen Beutel trug, versuchte ich, trotz des
fehlenden Gegengewichts gerade zu gehen, damit es nicht
aussah, als müsste ich mich anstrengen. Sich so bewegen, als
bemerke man den lästigen Beutel nicht, auch mal auf die Uhr
sehen, um zu zeigen, dass man Pläne machte, die mit dem
Einkauf nichts zu tun hatten. Und vor allem nicht hingucken,
wenn irgendwo ein interessantes Mädchen auftauchte. Wenn
ich zwei oder sogar vier Beutel schleppte, dann musste ich
sie alle paar Meter absetzen, weil die Griffe sich in die Finger
schnitten. Vom Bucher Brot pulte ich schon unterwegs die
halbe Kruste ab, weil es so gut schmeckte. Von hinten tippte
mich wer an: «Deine Milch tropft.» Tatsächlich, die Milch-
tüte im Netz hatte doch ein Loch gehabt, die peinliche Tröpf-
chenspur führte von der Kaufhalle bis zu mir.

Zu Hause weinte meine Mutter am Telefon. Noch nie
hatte ich sie weinen sehen. Sie rief gerade den Monteur von
«Monsator» an und tat verzweifelt. Drei Kinder, und die
Waschmaschine kaputt! Außerdem fehlte noch die Torten-
glasur, ich musste noch mal in die Kaufhalle.

Als Christen waren wir Sonderlinge. Ein bisschen plemplem. Engel? Wo sollten die denn sein? «Lieber Gott, mach, dass ich reich bin! Hahaha!» In der Schule schrieb man bei Jahresangaben nicht «v. Chr.», sondern «v. u. Z.», das richtete sich gegen uns. Im Jenseits würde man den Spöttern aber wiederbegegnen, die sich dann kleinlaut entschuldigen müssten, sie hätten ja jetzt gesehen, dass es Gott die ganze Zeit gegeben hatte, sogar Lenin saß hier irgendwo und schämte sich. Man konnte doch nicht einfach weg sein nach dem Tod. Das zu glauben wäre mir viel schwerer gefallen.

Der Geschichtslehrer in der Unterstufe war beliebt, weil er ein Mann war und auch Werken unterrichtete. Er sagte mal im Unterricht, er habe im Studium die Bibel gelesen. Wir konnten das kaum glauben, dieses verfemte Buch? Drüben hatten sie Religionsunterricht in der Schule. Ich fand das seltsam, so etwas konnte man doch nicht in der Schule behandeln, Kirche gehörte für mich zur Freizeit.

Das ewige Leben war eine Erfindung der Ausbeuter, um die Unterdrückten ruhigzustellen und davon abzuhalten, für ein besseres Leben zu kämpfen. Jetzt, wo im Sozialismus alle ein besseres Leben hatten, bestand für das ewige Leben kein Bedarf mehr. Es sei denn, man war ein «Idealist». Das klang schon so altmodisch – heutzutage war man «Materialist». Dass es noch ein paar Rentner gab, die als Kind mit dem Rohrstock geschlagen worden waren und deshalb aus Gewohnheit weiter in die Kirche gingen, mochte ja noch angehen, aber junge Menschen wie ich? Ehrlich gesagt, ging ich auch nicht gerne hin, wegen der drohenden Langeweile, aber meine Mutter bestand darauf, als würde Gott ohne unsere Zuwendung verkümmern. Über dem Eingang der Kirche stand in hebräischer Schrift «Jahwe», was mein Vater uns bei jedem Kirchenbesuch vorlas. Dem Barockbau fehlte seit dem Krieg der Turm, auf einer Seite war er rosa gestrichen worden, für die Rückseite zum Park hin hatte das Geld nicht gereicht. Eine allein stehende Frau aus dem Altersheim hatte die Fußbodenheizung mit Geld von ihrem Westkonto finanziert. Den Altar hatten die Russen im 7-jährigen Krieg angehackt, weil er hohl war und sie darin Schätze vermuteten.

Orgelpfeifen zählen, immer wieder von vorne anfangen, bei den kleinen kam ich durcheinander. Mit dem Taschenmesser Kleiderhaken von der Bank schrauben. Die angezeigten Lieder schon mal raussuchen und die Finger als Lesezeichen ins Buch stecken. Das dröhnende Orgelgewitter, die Stücke kamen zu keinem Ende. Lustig, dass der Organist einen Rückspiegel hatte. Man musste immerhin *so tun*, als ob einen die Musik berührte, weil das einen guten Eindruck machte. Also vergeistigt gucken, vielleicht beobachtete einen ein Mädchen, das man kannte? In Gedanken vollzog man nach, was sich der Komponist gedacht hatte, und überlegte, ob es nicht besser gegangen wäre.

An einer durch nichts zu erahnenden Stelle setzte die Gemeinde mit dem Gesang ein. Die Melodie kam einem immer sofort bekannt vor. Es war aber zu laut, um die eigene Stimme zu hören. Ein Ohr zuhalten, dieses heisere Brummen, so klang ich? Ich hatte immer Angst, als Einziger eine Strophe zu viel anzustimmen, es wurden ja oft welche ausgelassen. Tief Luft holen, um nicht vor dem Ende der Zeile zu ersticken. Die Gesangbücher, auf dünnem Papier wie die Bibel, hätte man sich einstecken können. Dass es keiner machte, zeigte ja wohl, wie unbeliebt sie waren.

Montagnachmittag musste ich möglichst unauffällig vom Spielplatz verschwinden, zur Christenlehre. «Gehste wieder beten zu deinem Gott?» Das Gemeindehaus in Alt-Buch war eines der wenigen vom alten Dorfkern übrig gebliebenen Gebäude, inzwischen von Elfgeschossern umstanden. Die anderen Kinder kannten sich schon, viele waren aus Buch I und II, und obwohl ich wusste, dass es Christenkinder waren, also im Prinzip gute Menschen, hatte ich große Scheu vor dieser Fremdbegegnung. Wir warteten auf der Treppe, bis Frau Schlorf uns reinließ, mit selbstgehäkelter Mütze und immer leicht vorgebeugt. Die ältere Gruppe verließ vor uns den Raum mit den Holzschränken und den schrundigen, zu einer Fläche zusammengestellten Tischen. Es gab hier einen Franz-Jäger-Geldschrank, wie bei der Olsenbande. An der Wand hing eine «Palästina»-Karte, und auf einem Regal lag ein Stapel *Das Wort läuft*. Hoffentlich sah von draußen niemand durchs Fenster, der mich kannte und nicht an Gott glaubte. Ich setzte mich so, dass Silvio, der in einem der 11er wohnte, mich nicht mit seinem Fernrohr sehen konnte. Die Christen warfen sich in der Kirche mit dem Gesicht auf den Boden und murmelten im Weihrauchnebel Gebete, das wusste er von seinem Opa.

Frau Schlorf verteilte Materialien – auf Pergamentpapier getippte Durchschläge mit unscharfer, blauer Schreibmaschinenschrift, die Großbuchstaben standen immer eine halbe Zeile höher. Ein Heftchen mit Informationen zu Martin Luthers Lebensstationen, gelocht und mit Geschenkband zusammengehalten: Eisenach und Wittenberg, aber auch «Worms». Und was eine «Bulle» war. Einmal hatte er nicht pinkeln können, der Bauch war immer dicker geworden. Man fuhr ihn auf einem Karren zum Arzt, der Weg war so holprig, dass der Nierenstein rausfiel und Luther «sieben Kannen pisste». Seine Frau hatte er einfach entführt. Und seinen Körper nannte er abschätzig «fauler Madensack». Ob er auch über ihren so dachte? Manchmal machten wir ein Bibel-Quiz, das war etwas für mich, ich konnte wieder mein Wissen einsetzen, das sich ohne mein Zutun in meinem Kopf angesammelt hatte. Für eine richtige Antwort gab es ein Bildchen mit einer frommen Szene. Wer hat die Arche gebaut? Wir grienten, weil es wie «Arsche» klang. Philister und Pharisäer? Die hatten keinen sehr guten Ruf.

Frau Schlorf nannte Jan immer «Jann» und mich «Joochen». Sie erzählte von einer Westreise zur Partnergemeinde im Ruhrgebiet. Sie war schon Rentnerin, deshalb durfte sie dorthin. In Essen hatten sie die Kohlegruben mit Wasser gefüllt und Badeseen daraus gemacht. Im Kopf rechnete ich durch, wie viele Jahre ich noch warten musste, bis ich Rentner wäre und reisen durfte. Nach «Essen», das wirklich so hieß, und später vielleicht einmal nach «Baden-Baden». Aber wir sprachen auch über die Menschen in der Dritten Welt, denen es schlechter ging als uns. «In Indien haben sie kein Besteck, sondern kneten aus Reis Kugeln und werfen sie sich geschickt in den Mund», sagte Frau Schlorf. In der Schulspeisung ausprobieren? Wer mit einem Bonbon im Mund erwischt wurde, musste nach vorne kommen und ihn Frau Schlorf in die Hand spucken.

In der Adventszeit wurden *Die Kinder aus Bullerbü* vorgelesen: ein zerfleddertes Bündel Durchschlagpapier, von Hand abgetippt. «Pullerbü ...» Sich gegenseitig ein Ohr hinhalten und sagen: «Hier, ein Öre!» Eine von uns hieß Inga, die war jetzt was Besonderes, weil ihr Name im Buch vorkam. Oder wir spielten ein von Frau Schlorf gebasteltes Brettspiel, bei dem keiner verlieren konnte, weil man ja lernen sollte, etwas gemeinsam zu erreichen, ohne dabei Mitmenschen zu schaden. Ein andermal sollte sich einer zum Schein weigern, etwas zu tun, und ein Zweiter musste versuchen, ihn zu überzeugen. Ich hatte aber nicht begriffen, dass ich irgendwann einlenken sollte, und blieb hart, Burkhard wusste nicht, was er noch sagen sollte, es funktionierte nicht, es war total unlogisch.

Alles war antiquiert in den Gemeinderäumen, auch die Sprache. In den Texten kamen Wendungen vor wie «und siehe», die wir dann aus Spaß benutzten. Die da draußen dachten, sie könnten auf Gott verzichten, aber wir wussten es besser. Die Erde konnte doch nicht aus dem Nichts entstanden sein. Wir hätten es natürlich viel leichter gehabt, wenn Gott uns durch ein Wunder Argumente geliefert hätte, aber das tat er nicht, es musste auch so gehen, auch wenn es schwer zu verstehen war. Genauso war es ja mit Jesus, der nie einfach sagte, was er zu sagen hatte, sondern sich in Gleichnissen äußerte. So richtig erklären konnten wir nicht, was ein Gleichnis war. Eine Geschichte, die man «auslegen» musste, sieben fette Jahre und sieben magere. Am Ende wurde gebetet: die Hände falten und die Augen schließen. Aber wir guckten heimlich, ob wer Fratzen schnitt. Oder den Zeigefinger abspreizen und in der Nase bohren. Man konnte auch anschließend so tun, als wäre man eingeschlafen. Frau Schlorf hielt als Einzige wirklich die Augen geschlossen.

Dann nach Hause rennen, um es noch zu *Spaß am Montag* zu schaffen. Oder wir zogen uns an einer Balkonbrüstung hoch, weil man dort durch einen Spalt ins Wohnzimmer gucken konnte, wo der Fernseher lief. Später reizte uns eher die Kaufhalle mit dem Kuchenstand. Wir setzten uns draußen aufs Geländer und lästerten über die Leute. Dass vom Kaufhallenschriftzug ein Buchstabe fehlte – «Kafhalle». Bei der HO die drei Figuren, bei denen es so aussah, als würde einer dem anderen von hinten in die Tasche greifen. Eines Tages ließ ein Freund mich beide Hände aufhalten und füllte sie mit Münzen. Eine schöne Geste, aber wieso verschenkte er sein Geld? In der nächsten Woche war er nicht mehr da, er war mit seiner Mutter nach Frankfurt/Main ausgereist, dem Vater hinterher, der als Arzt im Westen geblieben war. Um nichts zu riskieren, hatte er niemandem etwas sagen dürfen. Ich erhielt ab jetzt Urlaubskarten aus Korfu und Paris. Irgendwann wussten wir aber nicht mehr, was wir uns noch schreiben sollten. Mein Vater wurde zum Direktor seines Instituts gerufen, weil er diesen Westkontakt nicht angegeben hatte. Die Liste mit unseren West-Verwandten war so lang, dass man ihm nahelegte, «seine Verwandtschaft zu reduzieren».

Käseglocke

Unser Haus hatte zwei Ausgänge. Durch die weniger repräsentative Hintertür, die kein Klingelbrett hatte, ging ich zur Schule oder zum Asphaltfußballplatz. Wenn ich morgens die Treppe runterrannte, konnte ich durch die großen Hausflurfenster den Hof sehen, der Strom der Kinder hatte sich schon aufgelöst, nur noch die Bummler waren unterwegs. Einmal lehnten im Parterre zwei «Große» an der Heizung, mit langen Haaren und grünem Parka, sie küssten sich. Ich blieb vor Schreck stehen, aber sie beachteten mich gar nicht. Ich musste den Vorderausgang nehmen, wo zum Glück nicht noch mehr von der Sorte standen. Jugendliche waren mir unheimlich. Ich machte ja auch einen Bogen um die Jugendclubs, den «Alten» und den «Neuen», weil es dort vor Jugendlichen nur so wimmelte.

Vorne raus ging es zur Fußballwiese, die parkenden Autos bildeten die Bande. Die jungen Bäume hatten wir alle schon als Pfosten oder als Turngerät benutzt, bis die Äste abgebrochen waren. Nur die Silberpappeln überstanden alles. Ein Großteil des Rasens war bloß noch nackte Erde, vor allem vor den Toren. Ich fieberte immer mit, ob er sich wieder erholen würde. Trampelpfade bekämpfte ich, indem ich eisern den asphaltierten Fußweg nahm. Kein «Rasenlatscher» sein wie die Jugendlichen. Wir kannten jeden Huckel auf der Wiese und in der Mitte das Gullyloch, um das man herumspielen musste, und wir wussten, wer was für einen Ball besaß und wessen großer Bruder wie oft jonglieren konnte. Fing einer zu spielen an, waren nach kurzer Zeit zwei Mannschaften zusammen, weil immer mehr dazustießen.

Da in die Schule nur Ringer-, Schwimm-, Leichtathletik- und Schwerathletiktrainer kamen, um uns für ihre Trainingsgruppe zu sichten, nie aber Fußballtrainer, hatte ich mir ein Fußball-Lehrbuch erquengelt. *Taktik: das kluge und zweckmäßige Verhalten des einzelnen Spielers und der gesamten Mannschaft als Kollektiv während des Fußballwettkampfes, um möglichst viele Tore zu erzielen und gleichzeitig Torerfolge des Gegners zu verhindern.* Der Junge auf dem Bild mit den neuen Töppen guckte erst hochmütig, und dann prallten seine Bälle unkontrolliert vom Fuß ab: Auf teure Schuhe kam es gar nicht an. «Finten» lernen, dann konnte man «dribbeln». Aber wie ging das? Noch mal nachlesen. Im Übrigen heiße es nicht «Schuss», sondern «Stoß». Seltsam auch «Außenrist» statt «Außenriss». Brasilianer wurden durch angeborene körperliche Gebrechen unberechenbare Spieler, sie konnten so anschneiden, dass der Ball über das Tor zu fliegen schien und, wenn der Torwart sich schon in Sicherheit wähnte, hinter ihm senkrecht runterfiel. Der beste Spieler der Welt war Pelé, davon war man überzeugt, obwohl man das nur gelesen und ihn nie spielen gesehen hatte. Wenn irgendwo stand, dass Cruyff noch besser sei, überlegte man, ob man dem zustimmen würde, auch ihn kannte man nur vom Namen.

Die Eltern meiner Freunde waren alle sehr jung, darum beneidete ich sie ein wenig. Roberto musste seiner Mutter immer versprechen, um fünf zurück zu sein, und bettelte um eine halbe Stunde mehr. Er gab ihr zum Abschied einen Kuss auf den Mund, das machten wir nicht. Man musste mit ihm immer rennen, als würde man sonst etwas verpassen. Bei Wind stellten wir uns mit ausgebreiteten Armen in die Lücke zwischen zwei Hochhäusern, wo der Luftzug am stärksten war, und hofften abzuheben. Im Boden waren hier noch Fußabdrücke aus der Zeit zu sehen, als der Bürgersteig asphaltiert worden war. Hatten wir mal kleine Füße!

Der Blick auf unseren Spielplatz wurde von einem 10er verdeckt, der nachträglich gebaut worden war, mit einer Fassade aus gelben Kacheln. Auf den anderen Spielplätzen war man ein Fremder. Die Mädchen aus unserer Klasse, die wir immer «unsere Weiber» nannten, spielten Bockspringen an einer Reihe verschieden hoher Holzpfeiler, die in den Asphalt eingelassen waren, über den größten kam nur Sandra. «Du lebst auf großem Fuß», sagte ihr Vater immer. Wir spielten «Nicht den Boden berühren» und hangelten an den Geräten und Geländern entlang. Die neuesten Schießgeräusche aus dem Fernsehen nachmachen. So ein schneidendes Pfeifen, das sollte die Pistole von Fuzzie sein, aus *Western von gestern*.

«Er*geb* dich!» Oft sprangen wir vom viereckigen Klettergerüst in den Sand, immer von noch einer Stufe höher, bis sich jemand von ganz oben traute und sich den Fuß verstauchte. Der wurde dann von einer Squaw gepflegt. Oder wir saßen auf dem Gerüst und stellten uns Quizfragen. Wer die Antwort nicht wusste, musste eine Stufe runter. Dass der höchste Berg der Welt eigentlich gar nicht Mount Everest, sondern Tschomolungma hieß, wusste ich längst von einem Spiel, bei dem ein Lämpchen aufleuchtete, wenn man die richtigen Metallkontakte berührte. Aber Wissen, das niemand mit einem teilte, nützte mir nichts, da es pauschal angezweifelt wurde.

Beim Versteckspielen rannte ich zu den Hochhäusern und stellte mich unter einen Balkon vom Parterre, wo leere Zementsäcke lagen und es nach Katzenpisse roch. Ich rannte immer hinter Irina her, um mit ihr fünf Minuten, unter den Balkon gebückt und im Schutz der Vorgartensträucher, zu zweit auszuharren. Einmal entwischte sie mir und tauchte später mit Silvio wieder auf. Hatte er sie «durchgenommen»? Wir hatten Mädchen bisher nur angefasst, um sie festzuhalten und ihnen den Rücken mit zerdrückten Hagebutten einzureiben, Juckpulver. Oder einer schrieb dem anderen mit dem Finger Buchstabe für Buchstabe ein Wort auf den Rücken, das es zu raten galt. Auf Mädchenrücken schreiben lernen? Juckpulver, Lachgas, Helium, Phosphorfarbe, Niespulver, Schwarzpulver, Zaubertinte, alles Substanzen, die ich mir wünschte.

Als Mitglieder der «Schwarzen Hand» gaben wir uns englische Namen, spazierten wie zufällig an den Mädchen vorbei und tauschten gut hörbar Sätze aus, über die wir vorher lange beraten hatten. Sie sollten uns für amerikanische Spione halten und sich in uns verlieben.

«Wo ist die Munition, James?»

«Bei Joe im Waffenlager.»

«Ich denke, *ich* heiße Joe?»

«Let's go.»

«Goodbye.»

«Goodbye.»

«All right.»

Unter den Jugendlichen gab es Rocker. Sie gingen quer über die Wiese, auch wenn wir dort Fußball spielten, wir waren Luft für sie. Einer hatte ein Glasauge, der wirkte besonders furchterregend. Oder der Elvis-Fan, ein Fleischberg in engem Jeansanzug mit einer Elvistolle. Sein «kleiner» Bruder Steffen Mund würde irgendwann einmal in unsere Klasse kommen, da er jedes Jahr sitzenblieb und im Prinzip immer in dieselbe Klasse ging. Wir hätten uns höchstens alle so anstrengen können, dass wir kollektiv eine Klasse ausgelassen hätten. Obwohl die Lehrer möglichst jeden mitschleppten, um den Plan zu erfüllen, ging es bei ihm einfach nicht, weil er im Unterricht immer auf die Bank trommelte und, wenn er rausgeschickt wurde, von draußen an die Tür.

Auf einem der Betonblöcke, die die Beete am Rand des Spielplatzes einfassten, saß Steffen und spuckte sich zwischen die Füße. Ich fühlte mich verpflichtet, mich mit ihm zu befassen, weil er neuerdings in die Klasse von meinem Bruder ging, außerdem war ich ihm geistig überlegen und musste das mit Demut bezahlen, damit er sich nicht herabgesetzt fühlte und aggressiv wurde. Natürlich hatte ich auch Angst vor ihm. Einer der Brüder aus der Familie mit den zehn Kindern ging vorbei. Sie waren aus dem Altbau umgesiedelt worden und trugen Namen, die sie selbst nicht schreiben konnten. So einer hatte mir mal unvermittelt die Faust in den Magen gerammt, ich konnte gar nicht reagieren, weil die Luft wegblieb. Je jünger sie waren, umso behinderter sahen sie aus, was sich vor allem an der immer schlaffer herabhängenden Unterlippe zeigte. «Da hat sein Vadder den Pisser schief rinjesteckt», sagte Steffen Mund, ruhig und kennerhaft.

Eine langhaarige Blondine aus der Zehnten näherte sich. Enge Jeans, ausgelatschte Lederturnschuhe, eine gelbe, auch bei Regen immer offene Regenjacke, in der ihre Hände steckten. Die küsste sich lange Stunden in einer der vier nebeneinanderstehenden Telefonzellen. Wir machten uns den Spaß, gleichzeitig alle Telefonzellen zu betreten, weil wir dringend jemanden anrufen mussten, aber sie ließ sich nicht stören, blieb sitzen und küsste sich weiter. Manchmal verließ der Junge die Telefonzelle und wurde von einem anderen abgelöst. Jetzt ging sie an uns vorbei, und Steffen Mund pfiff ihr hinterher, ohne von ihr beachtet zu werden. «Verkeimt», bemerkte er und zutschte sich wieder Spucke zwischen die Füße. Das Wort klang irgendwie dreckig.

Ich ließ Steffen Mund sitzen und ging wieder zu den anderen, erleichtert, dass er unseren Niveauunterschied nicht bemerkt hatte. Ich war dieses Doppelleben gewohnt. Wir versuchten, an der Unterseite des bogenförmigen Klettergerüsts vom einen Ende zum anderen zu klettern, was noch niemand geschafft hatte, weil man ab der Hälfte kopfüber hing und irgendwann den Halt verlor. Die vom Greifen glattpolierten Stellen, an denen sich die Farbe gelöst hatte, fassten sich angenehm an. Am Abend rochen die Hände nach Metall. Wenn man stark genug wäre, dachte ich, könnte man so ein Gerüst als Griff benutzen, um die Erde wegzuwerfen.

In der Mitte vom Sandkasten stand eine blaue Kuppel aus Glasfiber, die wir wegen ihrer verschieden großen Gucklöcher «Käseglocke» nannten, ein Ausstattungsstück vieler Spielplätze im Land. Innen roch es etwas muffig, und der Sand war feucht, weil keine Sonne reinschien. Ich guckte durch ein Loch, und Andy verfehlte mein Auge knapp mit dem Erbsenkatschie. Für eine Weile wurde ich wie ein schwerverwundeter Soldat gepflegt. Es war nicht leicht, erwachsen zu werden, ohne ein Auge zu verlieren. Ich stellte mir immer vor, wie ich mein rausgefallenes Auge, das noch am Sehnerv festhing, vorsichtig ins Krankenhaus trug, wo man es mir wieder einsetzen würde. Die größte Gefahr war, dass es auslief wie ein weichgekochtes Ei.

Erbsenkatschies waren jetzt das Neuste. Im Querschnitt dreieckige Lineale, unten der Griff, oben waren auf die Fläche Gummilitze und eine Klammer genagelt. Trockene Erbsen holten wir uns in großen Tüten aus der Kaufhalle. Auf dem Balkon eine Wespe in zwei Teile schießen, die lebten einfach weiter, jeder für sich. Ein Mann aus dem Nebenaufgang parkte sein Auto vor dem Haus, und als er ausstieg, prasselten Erbsen auf ihn herab. Schnell ducken und abwarten, der Erfolg hatte uns selbst überrascht. Mal vorsichtig nachsehen, ob er noch da war? Mist! Und da klingelte es auch schon! «Zieht euch warm an, wenn eure Eltern heute Abend nach Hause kommen!», rief er wütend. Sollte man ihnen mutig beichten oder hoffen, dass er es bei der Drohung beließ? Eigenartig, wie ahnungslos die Eltern waren, als sie eintrafen. Etwas Schreckliches war geschehen, von dem sie noch nichts wussten.

Wir schleppten eine alte Nähmaschine in die «Käseglocke», um sie dort auseinanderzunehmen. Auf das massive

Schwungrad hatten wir es abgesehen, aber wir hatten nur Steine und unsere Schlüssel als Werkzeug. Es wurde schon dunkel, nach und nach verschwanden alle zum Abendbrot, bald würden die Besoffenen auftauchen oder der Mann, der immer mit dem Kofferradio durch Buch ging und Schlager mitgrölte. Oder die aus 213, der Psychiatrie vom Klinikum, die angeblich nachts Ausgang kriegten. Wenigstens das Firmenschild wollte ich abmontieren, aber ich war schon ganz allein auf dem Spielplatz. Alle Fenster in den Hochhäusern leuchteten, klapperte da Abendbrotbesteck?

Nach Hause rennen, hinter dem gelben Zehngeschosser kam schon die leicht abschüssige Fußballwiese, wo man in der Dunkelheit keinen Ball mehr hätte erkennen können. Ein «Rasenlatscher» wollte ich auch jetzt nicht sein, also nahm ich den asphaltierten Umweg, das würde der Wiese guttun, wie ich sie behandelte. Die Balkons an der Vorderseite unseres Hauses, jeder sah anders aus. Manche waren bunt angestrichen, mit Backsteinmuster oder einer Fachwerkimitation oder einem riesigen Spinnennetz. Es gab Vogelhäuschen und zum Schmuck ein Geweih oder ein Wagenrad. Oder ein Balkon war mit Glasscheiben zur Veranda ausgebaut worden. Bei uns ganz oben brannte im Wohnzimmer Licht. Im Hausflur war man in Sicherheit, hierhin durfte einem keiner folgen. Es war hell, warm und sauber, der Hausflur war schon fast wie ein Zimmer, das Linoleum frisch gebohnert. Wenn im Winter die Handschuhe nass waren, konnte man sie im Treppenhaus auf die Heizung legen, bis die Eiskruste an den Spitzen getaut war.

Ein paarmal die stumpfe Kinderwagenschräge runterschlittern, um sie mit der Zeit glatt zu bekommen, dazu verpflichtete ich auch meine Freunde. Mit dem Schlüssel Linien in die schwarze Gummischicht auf dem Treppengeländer fräsen. An manchen Stellen war sie in der Sonne aufgeweicht und hatte sich gelöst. Die Augen schließen, das Schlüsselbund hochwerfen und auf die Stufen klatschen lassen, um mein Glück herauszufordern, denn der Schlüssel rauschte manchmal durch den Schlitz zwischen Treppe und Wand bis in den Keller runter, und ich musste ihn holen gehen. Durch den Spalt am Geländer ganz nach unten spucken und dem herabschwebenden Tropfen nachsehen. Oder mit geschlossenen Augen die 81 Stufen hochsteigen, ohne Wand oder Geländer zu berühren. Immer wieder von vorne anfangen, falls man irgendwo angestoßen war, ein letzter Versuch, auch wenn ich dringend aufs Klo musste.

Aus irgendeiner Wohnung roch es nach Braten oder Schnitzel, womöglich Pilzpfanne! Kam der Duft vielleicht von uns? Mit jedem Stockwerk wurde er intensiver. Man hörte das Brutzeln der Pfanne bis ins Treppenhaus, bei Wallats gab es Schnitzel. Bei uns standen drei Mülleimer vor der Tür, die musste ich erst noch runterbringen. Auf den Boden wurde immer Zeitungspapier gelegt, weil der Müll durchsuppte, manchmal las ich mich fest. Der Schnellkochtopf pfiff in der Küche vor sich hin, aber sein Inhalt interessierte mich nicht, ich wollte Schnitzel. Manchmal stand das Essen auch zum Warmhalten im Bett, Kartoffeln, Rosenkohl. Habe ich je Schinken gegessen? Nur in der Staatsoper, wenn meine Mutter schon vorher telefonisch für die Pause einen Tisch bestellt hatte, der Mann vom Buffet kannte sie schon. Dann guckten die anderen in der Schlange dumm, wenn wir uns einfach an unseren reservierten Tisch setzten und Schinkenstüllchen mit Meerrettichklecksen aßen. Weintrauben? Ich war so scharf darauf, und es gab sie so selten, dass ich versuchte, mit dem Chemiebaukasten aus Rosinen welche herzustellen. Einmal hatten wir einen Granatapfel – von seinem fruchtigen Innenleben träumte ich, bis ich mir nach der Wende wieder einen kaufen konnte und es sofort zu anstrengend fand, die einzelnen Kerne zu lutschen.

Ich hatte großen Durst, vor allem im Sommer, wenn ich unten Fußball gespielt hatte. Man dachte ja als Kind nicht so strategisch, sich ein Getränk mitzunehmen, auch wenn ich in der Lage war, mir aus alten Socken und Watte Knieschützer zu nähen. Ich zögerte das Trinken aber noch hinaus, um den Genuss zu steigern. Wenn man nur bedürftig genug war, wurde selbst Wasser zu einer Köstlichkeit, auf den Effekt hatte ich es abgesehen. Ich beherrschte mich eine Stunde, bis ich mir, nahe an der Ohnmacht, das Vergnügen gönnte, die Lippen in den Wasserstrahl zu tauchen und 40 Schlucke zu trinken, sogar der größte Durst war aber leider viel zu schnell gelöscht.

Friedensfahrt

Mit dem Rad konnten wir sofort überall sein und genauso schnell zurück. Bis zu den Feldern fahren, wo die Natur begann, ab hier hätte man ein Pferd gebraucht. Autos störten nicht, es gab ja kaum Durchgangsverkehr in den Wohnvierteln. Radhelme waren unbekannt, ich wünschte mir aber so eine Lederkappe, wie sie bei der Friedensfahrt getragen wurden. Das Bein in der Kurve rausdrücken und sich neigen wie Rennfahrer bei der Zieleinfahrt ins Stadion. Wen abholen und zur «Koofie», Kaugummis kaufen oder Brause. Zum «Heimwerker», nach Schlüsselringen gucken, zum Schreibwarenladen wegen Knallplätzchen. Die konnte man mit etwas Geschick im Mund zünden, dann hatte man Qualm im Mund, als rauche man.

Die meisten hatten Klappräder, einer sogar mit U-Lenker und einem Plastegriff zum Verstellen der Höhe. Dauernd blieben wir stehen und justierten Lenker und Sattel neu, um noch aerodynamischer zu sitzen. Eine Bremsspur auf den Asphalt malen, das Hinterrad musste schleudernd einen Halbkreis beschreiben. Wir stiegen selten ab, man lehnte sich über den Lenker und beriet. Wenn man doch abstieg, dann wurde das Rad hingeschmissen, dass es schepperte. «Ein Stück Blech und ein Stück Draht, fertig ist das MIFA-Rad.» Wie schön unsere Räder aussahen, das haben wir damals nicht bemerkt.

Los, zu den Betonröhren! Und alle rasten davon. Dabei waren wir heute schon zweimal bei den Betonröhren gewesen. In einer der Röhren, die dort vergessen worden waren, hatten wir unseren Geheimplatz, an die Wände schrieben wir mit Kieseln die Namen unserer Favoritinnen. Los, nach Schwanebeck! Wieder rasten wir davon. Dort sollte es auf der Mülldeponie Westzeitschriften geben. Um die Wette rasen, aber dann blieb die Hose in der Kette stecken, weil man keinen Kettenschutz hatte.

Oder zur Ausgrabungsstätte auf dem Maisfeld, wo jetzt Buch IV gebaut werden sollte, ein neues Viertel. Bei den Erschließungsarbeiten waren Reste einer slawischen Siedlung gefunden worden, und etwas Slawisches durfte natürlich nicht einfach wieder zugeschüttet werden. Mit meinem Vater waren wir mal hinspaziert, er kannte den Grabungsleiter vom Institut. Wir guckten runter zu ihm in die Grube. Er hatte viele freiwillige Helfer, darunter auch Steffen Mund und dessen großen Bruder mit der Elvistolle. Sie kamen nach der Schule zur Grabungsstelle, und abends machten sie auf eigene Faust weiter. Sollte man nachts kommen und einen Schatz suchen? Etwas verbuddeln? Eine Nachricht aus der Vergangenheit? In einem Tonkrug: «Wer auch immer diese Nachricht findet: Mögen deine Kinder und Kindeskinder in der Hölle schmoren!»

Archäologe werden – vielleicht gab es noch vergessene Pharaonen zu entdecken? Dazu musste man nichts können, nur Sachen finden, die schon da waren, und man kam in der Welt herum. Aber immer mit dem Pinsel arbeiten? Außerdem waren die Gräber womöglich verflucht wie das von Tutenchamun, wo alle Beteiligten auf mysteriöse Weise starben, manchmal gleichzeitig mit ihrem fern in der Heimat gebliebenen Hund. Ich wusste das aus *Der vergessene Pharao*.

Dauernd ölten wir unsere Kette und träufelten Öl in spezielle Öffnungen in den Achsen, danach fühlte sich das Fahren gleich schneller an. Das Öl aus einer Flasche mit Pipette wie bei den Nasentropfen. Die Werkzeugtasche hing hinten am Sattel, sogar Ersatzbirnen waren drin. Die Schutzbleche abschrauben, dann hatte man ein BMX-Rad. Oder die neuen, etwas breiteren Pedalen anbringen lassen, mit Katzenaugen an der Seite. Und Griffe mit einem Profil für die Finger, damit man nicht abrutschte, ein weicher Gummirand für den Daumen oder Schaumgummischeiben, die wurden draufgeschoben. Mit einer Klammer den Deckel einer Rahmbutterpackung befestigen, über den beim Fahren die Speichen ratterten wie ein Glücksrad.

Einer aus der Nebenklasse hatte ein Mars-Rad mit Tacho; wenn man lange genug bettelte, durfte man damit eine Runde um den Block. Endlich einmal wissen, wie schnell man war! Aber der Nächste wartete schon. Silvio hatte ein Herrenrad mit Flügelschrauben, da konnte man ohne Knochen die Räder lösen und die Kette spannen. Beim Aufsteigen das Bein über den Sattel schwingen, wie ein Erwachsener. Dreirad, Stützräder, Klapprad, 26er, Herrenrad, größer ging es nicht. Nur ein Rennrad wäre noch besser gewesen. Wir drehten unsere Lenker nach unten, das ähnelte dann einem Rennlenker. Wer zu klein war für ein Stangenrad, fuhr die ganze Zeit im Stehen. Oder man duckte sich beim Fahren unter der Stange durch.

Ein Rückspiegel am Lenker! Sehen, was von hinten kam. Einer hatte sogar zwei Rückspiegel. Manchmal kam so eine Gier auf, etwas sofort besitzen zu müssen, dann rasten alle gemeinsam zu einem Laden, in dem sich einer stellvertretend für alle etwas kaufte. Bunte Bänder wirbelten um die Achsen und putzten sie blank. Vorne und hinten ein Spritzschutz mit drei runden Katzenaugen. Die Pumpe an den Rahmen klemmen. Ein Standlicht mit Batterien. Lenkerband, an allen freien Stellen. Die Felgen mit schwarz-weißen Karos bemalen, ein optischer Effekt. Eine Trinkflasche mit Gummischlauch, für während der Fahrt. Silvios Herrenrad hatte eine Felgenbremse, so eine wollte ich auch. Meine Bremse drückte einen Gummiklotz auf den Reifen, «Kackekratzer». Ein Fuchsschwanz an einer alten Autoantenne kam an den Gepäckträger. Ein Extra-Sattel auf der Stange, falls man mal abrutschte, dass man dann noch Kinder bekommen konnte. Ein Tacho, sehen können, wie schnell man war. Ich hatte nur einen kleinen Kilometerzähler an der Vorderachse, der war nicht teuer. Ständig verglichen wir, wie viele Kilometer wir heute und insgesamt schon gefahren waren.

Die breiten Bordsteinkanten mit dem trapezförmigen Querschnitt – überall, wo im Land Neubauten standen, hatten sie dieselbe Form. Das Lenkrad hochreißen und drüberfliegen: «Iewel Niewel!» Wir stellten uns vor, wie wir dabei aussahen, das Rad in der Luft einmal seitlich drehen und sicher landen. Versuchen, auf dem Hinterrad zu fahren. Oder wie die Sprinter beim Bahnrennen eine Weile stehen. Lutz Heßlich hieß der Beste, der hatte Glück, dass er sich nicht «hässlich» aussprach. Sein Nachfolger hieß «Übel», schrieb sich aber «Uibel».

Die Mädchen saßen irgendwo auf einer Wiese und verglichen ihre Meerschweinchen. Anjas bewegte sich kaum noch, so alt war es. Wir hielten es nie lange aus bei ihnen, lieber spielten wir auf dem Asphaltplatz Fahrradfußball. Einer fuhr in der Mitte, die anderen schossen. Was riskieren und erst im letzten Moment ausweichen. Wenn die Lampe bei einem Volltreffer zersplitterte, das gab Gesprächsstoff. In einen Betonpapierkorb Feuerzeugbenzin gießen und den Plasteeinsatz anzünden.

Einer hatte eine Gangschaltung mit drei Gängen. Man konnte sie sich kaufen und vom Fahrradmann anbringen lassen. Der unfreundliche Fahrradmann in seiner Baracke hinter dem Bahnhof. Er sah nie ein, wenn wir noch funktionstüchtige Teile gegen eine neuere Version austauschen lassen wollten. Er ließ den Reifen einmal rundherum auf dem Boden hoppeln, bevor der Schlauch ganz aufgepumpt war, den Trick guckte ich mir ab. Das Licht reparieren, zwei Wochen warten. Manchmal nahm er die Räder gar nicht erst an, zu viel Arbeit.

Freihändig eine Runde durchs Viertel, bis nach Alt-Buch und zurück, um jede Kurve, ohne den Lenker anzutippen. Der Asphalt war trocken, wir kannten jede Unebenheit. An der Rückseite der Kaufhalle, wo die Ware angeliefert und auf einer Rampe entgegengenommen wurde, fuhren wir unter dem Vordach durch. Die von der Kaufhalle brüllten uns Flüche hinterher, wir jagten davon und drehten uns erst im Schlosspark wieder um, ob uns wer gefolgt war. Die Knie zitterten, aber wir hatten etwas erlebt. Schnell weiter zur Rollschuhstrecke oder zur Chaussee, wo die Fußgängerampel einen Druckknopf hatte. Wir wollten gar nicht rüber, aber Knöpfe drückten wir für unser Leben gern. Durchs Klinikum, die Buckelpiste im Schlosspark, Rallye auf Kiesbergen, zwischen Baumaterial, raus aus Buch in den Forst, unter der Autobahn durch nach Karow, wo man in der Ferne andere Jungs auf Fahrrädern sah, die zu uns rüberguckten wie Indianer eines verfeindeten Stammes.

Abends trugen wir unsere Räder in den Keller und sicherten sie mit einem gelben chinesischen Schloss. Die waren die besten, die Chinesen kannten sich mit Schlössern aus, sie hatten ja auch das Schießpulver und das Papier erfunden mit ihren kleinen, geschickten Fingern. Auf dem Schlüssel gab es sogar chinesische Schriftzeichen, vielleicht brachte das ja Glück.

Bei anderen

Viele Familien ersetzten ihre Klingel durch einen Türgong, das wirkte individueller und moderner. In der Bastelzeitschrift *Practic* fand ich eine Bauanleitung für ein Modell, bei dem man eine Melodie von bis zu 16 Tönen programmieren konnte, was genau für die Titelmelodie von *Dallas* gereicht hätte. Aber meine Elektronikbasteleien scheiterten immer daran, dass mir bestimmte Bauteile fehlten, oder man musste eine Leiterplatte ätzen, was mir schon wieder zu unelektronisch war, das erinnerte eher an Chemie, dieses altmodische Gepansche. Außerdem hätte man über Nacht warten müssen, und ich hasste es, wenn man bei Bastelarbeiten nicht gleich fertig wurde, weil der Spezialklebstoff oder die silberne Farbe Zeit zum Trocknen brauchte, mit der die Plastflugzeugmodellbausätze angemalt wurden. Briefmarken ablösen war auch so ein aufwendiges Verfahren. Der Geruch von Klebstoff und Farbe machte an Basteltagen aus unserem Kinderzimmer eine Opiumhöhle, aus der man uns an die Luft zerren musste.

Unsere Hausgemeinschaft hielt auf der Treppe zum ersten Stock manchmal Sitzungen ab. Man schlängelte sich dann zwischen den Erwachsenen durch, die hier die nächsten Feste oder die Hausflur- und Müllplatzreinigung besprachen, an der sich allerdings außer uns kaum einer beteiligte. Die Unterschriften auf den entsprechenden Listen am Hausaushang erschienen trotzdem wie von Geisterhand. Einmal im Monat gingen die Erwachsenen im «Parkblick» kegeln. Anfangs gab es regelmäßig Hausgemeinschaftsfeste, sogar ein jährliches großes Wohngebietsfest, bei dem der in einem Elfgeschosser lebende ägyptische Karikaturist uns für 5 Mark zeichnete. Bei unserem schönsten Hausgemeinschaftsfest wurde ein halbes Wildschwein gegrillt, das jemand durch Beziehungen vom Förster ergattert hatte, womöglich hatte er es vorher mit dem Auto selbst überfahren. Herr Bogdan war ganz aufgebracht, weil «die Amis» die übernächste Fußball-WM zugesprochen bekommen hatten, die spielten doch gar keinen Fußball, was das wieder solle. Eigenständige politische Einschätzungen aus dem Volk beeindruckten mich immer, da ich eigentlich davon ausging, dass sich niemand für diese Dinge interessierte.

Bei anderen sah es immer so aufgeräumt aus wie in den Modellwohnungen der Zeitschrift *Kultur im Heim*. Oft gluckerte ein Aquarium im Wohnzimmer und entschädigte für zu kurze Urlaube. Eine Wand war mit einem Birkenwäldchen tapeziert, damit der Raum größer wirkte. Um Platz zu gewinnen, gab es praktische Verstau- und Klappmöbellösungen. Topfpflanzen waren beliebt; wegen der immer überheizten Wohnungen und der Ausdünstungen der zu Hause meist nur mit Unterwäsche bekleideten Bewohner herrschten für sie ideale Bedingungen. Ganze Raumteiler wurden mit Hydrokulturen bestückt, im Vitrinenelement der Schrankwand stand bulgarische Pfauenaugen-Keramik, deren Dekor in der Hitze zu schmelzen schien. Meine Russischlehrerin hatte einen echten Samowar und Teegeschirr aus Moskau. Wir spielten eine Weile das Spiel «Unsere Lehrerin besuchen». Ihr Sohn besaß ein russisches Eishockeyspiel, das wie ein kleiner Kickertisch funktionierte. An der Klotür hing bei den meisten ein rotes Plastepissmännchen, viele fuhren extra nach Polen, um es dort zu kaufen. Das Namensschild an der Wohnungstür war entweder aus bunter Knete geformt, oder man hatte dafür Perlen oder Granulatpulver geschmolzen, eine Kachel bemalt oder mit heißem Draht die Schrift in eine Holzscheibe gebrannt. Besonders schick fand ich die schwarzen Buchstaben zum Durchrubbeln.

Weil Wallats «Farbe» hatten, wurde manchmal bei ihnen geguckt, vor allem wenn der BFC Dynamo mit seinen weinroten Trikots spielte. Rosa Vorhänge, Geschirr auf Teewagen, Bilder von venezianischen Kanälen, Samtkissen, Fußbänke, ein niedriger, gläserner Couchtisch: Ich fühlte mich wie bei einem Sultan. Frau Wallat verschwand durch einen Vorhang aus bunten Plastestreifen auf dem Balkon und kam mit Bier zurück, diesem Bauarbeitergetränk. Es war immer dunkel und stickig bei ihnen, die Heizung war voll aufgedreht. Wie das Bild leuchtete! Man genoss den Anblick, ganz unabhängig vom Programm. Der «Color»-Knopf stand am Anschlag, die Farbe kostete ja nichts.

Sogar Oma Wallat schaute aus ihrem Zimmer vorbei, obwohl sie lieber Schwarz-Weiß guckte. «Mein Zucker», sagte man, wenn man etwas Süßes angeboten bekam. «Die Ärzte ...» Sie hatte Angst vor einem «Herz im Frack». Wenn Wallats kniffelten, ging das blitzschnell, man hielt sie immer auf, sie hatten die Situation längst eingeschätzt. Kein langes «Mischen» der Würfel im Becher. Das war hier eine Sache, die sich eingespielt hatte an langen Kniffelabenden. Man musste flink sein, sein Glück beim Schopf packen, das Beste daraus machen. Sie führten einen nichtdeklarierten Krieg gegen unser Nachbarhaus, das zu unserem im rechten Winkel stand. Strittig war, wem das Eckstück vom Vorgarten im Innenhof gehörte. Sie schrieben dort unsere Hausnummer mit heimlich ausgesäten Blumen auf den Boden.

Auf der Baustelle werde schon mal in den Beton gepinkelt, sagte Herr Wallat, um die Neubaubewohner zu ärgern. Er bekam ja in seine Brigade nur Schulabbrecher, die nach dem Motto vorgingen: «Watt de um 5 siehst, is um 6 deins.» Einer hatte mal im Bauwagen eingepinkelt, als er besoffen war. Der hatte vor Scham gleich gekündigt. Mit dem Geld für den Palast der Republik wäre das Wohnungsbauproblem für Berlin gelöst, sagte Herr Wallat. Eine makroökonomische Perspektive, die mich beeindruckte. Mir war der Palast aber lieber, wir gingen gern dorthin. Am Eingang gab es automatische Fußabtreter, einfach hinstellen, und das Bürstenband säuberte von unten die Sohle. Rolltreppen und auf jeder Etage verschiedenfarbige Teppichböden. Durch die braunen Scheiben konnte man raus-, aber nicht reingucken, ein Wunder. Die kugelförmigen, einbeinigen Aluminium-Aschenbecher mit dem runden Deckel zum Aufklappen, der meterlange Wandspiegel, in dem man breaken üben konnte. Eine Auskunftsstelle mit Damen in Uniform, die einem jede Frage beantworteten. Wie viele Lampen es gebe und was der Palast kosten würde, wenn man ihn kaufen wollte, sie fanden es amüsant, was für Fragen ich ihnen stellte.

Fußball in Farbe: Nur der Fernseher spendete Licht, alle Lampen waren aus, bei Wallats guckte man wie im Kino. Der Rasen leuchtete grüner als in Wirklichkeit. Hinter dem Couchtisch im Sofa versinken, zwischen erwachsenen Männern, die alle Spieler mit Namen kannten, aber zu oft von ihnen enttäuscht worden waren, um ihnen noch irgendetwas zuzutrauen. Für einen Sieg im Europacup werde jeder Spieler einen Farbfernseher bekommen, hieß es. Ob der Torwart auch ein Tor schießen durfte, das beschäftigte mich. Wenn er einfach losrannte und die anderen zu spät bemerkten, was er vorhatte? Mitzählen, wie oft der Ball hintereinander geköpft oder volley gespielt wurde, bis ein Spielverderber ihn auf dem Boden aufspringen ließ. Ich wünschte mir, dass einmal Argentinien gegen Brasilien spielte, die besten Mannschaften der Welt. Da würde der Ball über lange Strecken gar nicht mehr den Boden berühren.

Auf dem Spitzendeckchen eine Kristallschale mit zerstückelter Zartbitterschokolade. Ich hatte ein Stück davon essen müssen und versuchte seit einer Weile, den bitteren Geschmack wieder loszuwerden. Ich bekam einen Cognac eingeschenkt, und als ich ihn endlich fast geschafft hatte, füllte Frau Wallat das Glas mit Kondensmilch auf, um mir die Aufgabe zu erleichtern. Bogdans von schräg unten hatten sich eingestellt. Er war Wasserballtrainer, im Sommer hatte er immer eine Badehose an, wenn er die Tür öffnete. Ob ich denn auch Sportler werden wolle? Fußball? Die verlieren doch immer. Warum nicht schwimmen? Ich behauptete, gut im Rückenschwimmen zu sein. Klasse! Kann man immer gebrauchen, für die Staffel. Da hatte ich den Mund ganz schön vollgenommen, das würde irgendwann herauskommen. «Werd lieber Schweißer!», sagte Herr Wallat. «Die können sich alles erlauben.» Ein Schweißer aus seiner Brigade habe an der «Trasse» mal den Hitlergruß gemacht – sie konnten ihm nichts, so dringend brauchten sie die. Es war schmeichelhaft, wie sie sich um mich bemühten, von überall wurde man gelockt, aber ich wollte eigentlich gar nichts

werden, jede zu konkrete berufliche Zukunft verursachte mir
Beklemmungen.

Frau Bogdan arbeitete beim NOK-Präsidenten und durfte
zu Olympischen Spielen mitfahren. Ich bekam dann ein
glänzendes Poster aus «Lehk Plehßid» mitgebracht. Und
ein Heftchen mit Autogrammen aller unserer Olympioni-
ken. Die Gesichter der meisten Sportler kriegte man ja nie
zu sehen, die Eisschnellläuferinnen befreiten damals noch
nicht sofort nach dem Rennen ihren Kopf aus dem Gummi-
anzug und schüttelten die Haare aus, und die Skispringer
und Bobfahrer trugen praktisch immer Helme und Schutz-
brillen. Die Gesichter im Heftchen passten gar nicht zu den
großen Namen: Auf den Fotos sahen die Helden aus wie
brave Erwachsene mit Ostfrisuren. (In Buch war es zu einer
Mutprobe pubertierender Jungs geworden, sich beim Frisör
eine Dauerwelle machen zu lassen, allerdings nur auf der
Schädeldecke. Jeder rang mit sich, ob er den Schritt auch
wagen sollte.) Unsere Sportler waren nahezu durch die Bank
erfolgreich, vor allem die Rodler. Nur der vierte Mann im Vie-
rer-Bob, dessen Namen musste man sich nicht merken, der
war irgendwie austauschbar. DDR I und DDR II. DDR III
würde auch noch Bronze holen, wenn drei Mannschaften
teilnehmen dürften. Die Winterolympiade lag uns eher. Die
Russen konnten nicht Skispringen, dafür nahmen wir nicht
am Abfahrtslauf teil, wir hatten ja nur den Fichtelberg
zum Üben. Beim Tennis kamen wir auch nicht mit, das war
ein Spiel für Reiche, die sich nicht schmutzig machen wollten.

Die Sportler aus der BRD wirkten immer so fehl am Platz
bei den Wettkämpfen, wie eine B-Mannschaft, schüchtern
drängten sie sich aneinander. Hier und da gab es einen in
einer Sportart, der gut war, einen Einer-Ruderer, einen

400-Meter-Hürden-Läufer, einen Golfspieler, Jochen Mass in der Formel 1, der fuhr aber nur hinterher, Dietrich Thurau, den Radfahrer, und Michael Groß, den Schwimmer – immer nur einen. Sie hatten keine blauen Trikots wie wir, sondern weiße mit diesem Raubvogel im Wappen, seltsam. Manchmal nahmen sie uns eine Medaille weg. Aber sie waren gar nicht der wirkliche Gegner, es ging darum, die Sowjetunion und die USA zu schlagen. Meine Mutter freute sich immer, wenn ein Italiener gewann, der Moser hieß, oder Pavel Ploc aus der ČSSR, das seien eigentlich Deutsche, die dürften das nur nicht zugeben.

Wir hatten ja die wichtigsten Teile von Deutschland bekommen, bei uns war die Kultur: Museumsinsel, Weimar, der Zwinger, Ritter Kahlbutz und der Kreidefelsen. Drüben waren die Nazis untergekommen, und es gab Arbeitslose. Wir hatten Carl Zeiss, den Sternenprojektor, die Multispektralkamera für die Raumfahrt. Und die Weitenmessung bei Olympia, das war unsere Erfindung. Ein Ostler konnte alles reparieren und bestieg einen 8000er ohne Sauerstoffgerät. Zur Not hätten wir in den Bergen leben können, mit einem Bären als bestem Freund. Anspruchslos sein, flink und lebenstüchtig. Wir hatten leistungsschwächere Computer, das zwang uns, das Problem zu durchdenken, statt wild loszurechnen. Die besten Mathematiker und Schachspieler waren deshalb Russen oder Rumänen. Viele naturwissenschaftliche Probleme waren von Russen längst gelöst worden, was aber wegen der Sprachbarriere im Rest der Welt noch nicht bekannt war. Bei uns war alles schlechter, weil die Menschen nicht mitzogen, aber die Idee war besser.

Wie ging das zusammen? Einerseits wollte ich alles von drüben haben, andererseits war es nicht das richtige

Deutschland? Die BRD, das waren von den Amerikanern hochgepäppelte deutsche Randgebiete, mit einer Ersatzhauptstadt, die sie möglichst weit entfernt von irgendwelchen aufrührerischen Arbeiterzentren errichtet hatten – wie die Brasilianer Brasília, das gleich ganz in den Dschungel gesetzt worden war. Die wichtigsten Handballvereine hießen «Gummersbach» und «Großwallstadt». Drüben gab es keine richtigen Männer mehr. Die Armee war nicht zu fürchten, die hatten ja am Wochenende frei und schliefen abends zu Hause. In der Schule sonnabends kein Unterricht, beim Abi Mathe abwählen, 13 Jahre Zeit und 6 Zensuren, da fiel eine 5 natürlich gar nicht mehr so auf. Sogar ihr Austauschjahr in Amerika fanden sie meistens langweilig, weil man dort nur Football trainierte und abends mit 30 km/h die Hauptstraße auf und ab fuhr. Und die Frauen im Westen arbeiteten nicht, sie beschäftigten sich tagsüber mit Basteltrends und Bibelkreisen, sie hatten Spülmaschinen, Kindermädchen, Putzfrauen und einen Zweitwagen, um die Kinder zum Tennistraining zu fahren. Und wenn ihr Mann starb, waren sie im Grunde gar nicht traurig, weil sie ja seine Rente bezogen.

Als bei uns *Beat Street* lief, sahen sich manche den Film in ihrem Kleinstadtkino fünfzigmal an, er schlug ein wie eine Bombe, man erkannte sich in den schwarzen Jungs mit der großen Klappe wieder. Jugendliche aus New York, die mit dem Geräusch eines tropfenden Wasserhahns einen Beat sampelten und mit Autolack die Brandmauern von halb verfallenen Mietskasernen bunt bemalten. Und dann dieser verblüffende Tanz: sich wie ein Roboter bewegen, ganz kalt und stoisch, mitten auf der Straße. Den Körper von seinen Hemmungen befreien, indem man zur Maschine wurde. Sich alles selbst beibringen, ohne Lehrer. Wer sich so bewegte, den konnte man gar nicht einsperren, der kam aus einer anderen Welt.

Kindergeburtstag

Wen lud man zum Geburtstag ein? Bei mir kam irgendwann die halbe Klasse, auch Kinder, an die sonst keiner dachte, man musste sozial sein. Einladungskarten schreiben: «Hiermit lade ich dich herzlich zu meiner Geburstagsfeier am 12. November ein. Beginn: 14 Uhr. Mitzubringen: Hausschuhe und gute Laune.» Zur Dekoration einen Aufkleber opfern? Aber wenn, dann für alle, und dafür waren sie zu schade. Also was durchpausen, das war sowieso eine gute Methode, als hätte man es selbst gemalt, wenn man die Bleistiftlinien hinterher wegradierte. Und «Einladung» drüberschreiben, mit Filzstift, die Buchstaben bekamen einen dicken Schatten in einer dunkleren Farbe. Das Papier am Rand ankokeln, wie bei Schatzkarten.

Als Geburtstagsgeschenk durfte ich mir im Uhrenladen am S-Bahnhof Pankow aus einer Vitrine eine Armbanduhr aussuchen. «Ruhla-Uhren gehen nach wie vor.» Ich musste nur draufzeigen, dann würde sie mir gehören. Wie viele «Steine» eine Uhr hatte, war wichtig. Ein metallicblaues Ziffernblatt, breite Zeiger mit Phosphorstreifen. Im Dunkeln sehen, wie spät es ist. Die Zeiger vorher mit der Taschenlampe aufladen, damit sie richtig leuchten.

«Hoch soller leben, anner Decke kleben, drei … mal … hoch!», sang die Familie am Morgen, während der Tisch mit den Geschenken schon lockte. Diese nie nachlassende Lust, neue Dinge zu besitzen. Die Geburtstagskassette gehörte zum Ritual, eine tiefe Männerstimme sang: «60 Jahre und kein bisschen weise.» So richtig verstand ich nicht, worum es in dem Lied ging, warum wollte der Sänger weise sein?

Auf dem Weg zur Schule lauerten alle hinter den Gardinen, weil sie wissen wollten, was ich geschenkt bekommen hatte. Schon unterwegs wurde mehrmals auf die Uhr gesehen. Den Arm ruckartig strecken, sodass der Ärmel der Jacke ein Stück hochrutschte, dann hielt man sich in einer fließenden Bewegung den Unterarm waagerecht vors Gesicht, las die Zeit ab und schüttelte anschließend das Handgelenk aus, damit die Uhr wieder in ihre Ausgangsposition rutschte. Eine lästige Fessel, aber man hatte damit zu leben gelernt. Noch einmal nachsehen, weil ich die Uhrzeit sofort wieder vergessen hatte.

Am Sonnabend, wenn der erste Gast klingelte, durch den Spalt am Geländer gucken, wer die Treppe hochkam, die Mädchen waren schon unten am Gackern. Sehr komisch, sich so förmlich die Hand zu schütteln beim Gratulieren, wie Erwachsene. «Dass de jesund bleibst und dass de lange lebst, dass de gleich wieder rauskommst aus'm Grab.» Die Geschenke wurden im Kinderzimmer überreicht, das eigenartig leer war, die Stühle standen am Esstisch im Wohnzimmer, der Schreibtisch war aufgeräumt, der Teppich gesaugt. «Hast du viel Spielzeug!» Andys Geschenke waren immer am liebevollsten verpackt, am Papier klebten Girlanden und Bonbons. Das Geschenkband vorsichtig aufknüpfen, das würde man dann benutzen, wenn man bei den anderen eingeladen war. Oh, ein Puzzlespiel, im Fernsehen sagten sie «Pasl». Knisternde Bonbontüten und Kinderbücher, meistens schon nicht mehr so richtig für mein Alter. Der Preis war durchgestrichen, weil man nicht damit prahlen wollte, wie großzügig man war. Ein blauer Turnbeutel mit aufgeplättetem «J».

Von Roberto ein Ledergürtel, die stellte sein Vater her. Durch Einflechten von Lederbändern versah er sie mit exotischen Mustern. Roberto hatte von ihm ein breites, selbstgebasteltes Uhrenarmband, wie ein richtiger Indianer. Komisch, dass sie meine Mutter «Frau Schmidt» nannten. «Frau Schmidt, haben Sie viele Bücher!»

Den Brecht-Kopf auf dem Balkon zeigen: «Da war mal ein Wespennest drin.» Mein Vater hatte ihn während seiner Aufbaustunden, die er auf einer Baustelle leisten musste, damit wir die Wohnung bekamen, aus Zement geformt, ihm eine alte Brille aufgesetzt und eine Zigarre in den Mund gesteckt. Die Luftwurzler im Fenster: «Die leben nur von Luft!» Die Schätze aus dem Museumsschrank. Die intensiv stinkende Krabbe. Ein Stück vom ersten Atlantikkabel. Die Dolomiten-Kristalle vom Urgroßvater. «Sind das Edelsteine?» Das schwenkbare Min-Max-Thermometer.

Beim Hinsetzen einem das Stück grüner Pappmaché-Kacke unterschieben, das mein Vater einmal gebastelt hatte. Der Tisch war mit allen drei Platten verlängert worden, auch der schmalen für den äußersten Fall. Es gab Kirschtorte mit Tortenguss, Aprikosentorte (eine Dose Libby's aus einem Weihnachtspaket), saftigen Käsekuchen, kalten Hund. Den verlangte ich, weil er dazugehörte, obwohl er mir nicht schmeckte. Schlagsahne aus dem neuen Sahnesiphon, mit dem man immer aus Versehen aufs Hemd vom Gegenüber zielte, weil der Hebel sich so schwer drücken ließ. Sparsam mit den Patronen umgehen. Blaue Luftschlangen aus einer Spraydose, davon erzählte ich gerne, das hatten wir mal in der alten Wohnung gehabt. Was man alles in Spraydosen anbieten konnte! Anja quälte sich einen Krapfen nach dem anderen rein, weil ich in einem davon einen Smarties versteckt hatte.

Oder hieß es «ein Smartie»? Schließlich fand sie ihn und spuckte ihn aus, er schmeckte nach Pappe. Gleich mal eine Runde «Detektiv» spielen. Alle in den Flur, Licht aus, einer ist tot, und wer war der Mörder? Stuhltanz mit der Schlagerkassette. «Die Legende von Babylon, und was geschah ...» Und: «Wenn du denkst, du denkst, dann denkste nur, du denkst, ein Mädchen kann das nicht ...» Topfschlagen machten wir nicht mehr, das war uns zu kindisch. Aber Blindekuh, da kamen Berührungen ins Spiel. Einsam irrte Torsten durchs Wohnzimmer und merkte nicht, dass sich alle leise in den Flur verzogen hatten.

Stadt–Land–Fluss, bei «W» schnell «Westsamoa» hinschreiben. Doch, das gibt's! Meyers Lexikon holen, Band 15 von «Walto» bis «Z». Farbe mit «t»? «Tschitscherinpottaschegelb». Bei «Berufe» immer «Verkäufer» ranhängen. «Tschitscherinpottaschegelbverkäufer? Das ist doch kein Beruf!» Irina glaubte mir nicht, dass es den Popocatépetl gab (Band 11 von «Plück» bis «Rüsse»!). Sie lachte über das unanständige Wort und klatschte dabei in die Hände. Das fand sie ja nun ganz albern, «Popocatépetl». Da hatte ich einen rausgehauen ...

«Mutti, gibt es den Popocatépetl?»

«Gib nicht so an!»

Wattebüschel über den Tisch pusten und Rennautos an Strippen heranwickeln. Auf einem Flaschenhals möglichst viele Streichhölzer balancieren. Luftballons aufblasen, bis sie platzen. Dabei wurde einem etwas schummrig. Flaschendrehen. Als Strafaufgabe in den Hausflur schreien: «Leute, nehmt die Wäsche rein, es regnet blaue Tinte!» So richtig schreckte das keinen mehr. Oder Hirschhornsalz aus dem Küchenschrank kosten. Eine Tafel Schokolade, dick in Zeitung eingewickelt, mit Besteck essen, aber vorher musste man Handschuhe und Mütze aufsetzen, und wenn einer eine 6 würfelte, durfte der sein Glück versuchen. Schnell lief es aus dem Ruder, immerhin war es Luftschokolade aus dem «Shop». Mein Vater kam nach Hause und ging gleich durch ins Schlafzimmer.

«Guten Tag, Herr Schmidt.»

«Papa, gibt es den Popocatépetl?»

Bei Anja gab es immer ein Melonenwettessen mit verbundenen Händen. Gierig das Gesicht in die kostbare Frucht tauchen. Ihre vielen Schlümpfe in einem Setzkasten. Einer war ganz schwarz, der ärgerte sich. Ihre Eltern hatten eine Minilikörflaschensammlung in der Schrankwand. Jeder aus ihrer Familie, der bei Geburtstagen eine Schnapszahl erreichte, durfte sich eine Flasche aussuchen. Die hatte es gut!

Silvio wohnte im 11er, dort gab es eine Wechselsprechanlage, das war fast wie Telefonieren, man konnte Vorbeigehende belauschen, und niemand ahnte, dass man heimlich alles mithörte. «Erschreck dich nicht!» Die guckten bestimmt dumm, da unten. Silvio war Einzelkind und hatte ein eigenes Zimmer und zwei Goldhamster. Die Wohnung war sehr groß, sie hatten sogar einen schmalen Hobbyraum, in dem das Fahrrad stand. Um noch mehr Platz zu gewinnen, hatte Silvios Vater die Küchentür durch eine selbstgebaute Schiebetür ersetzt. Er war Chefarzt im Regierungskrankenhaus, deshalb hatten sie so eine große Wohnung. Bei ihnen stand die Butter immer draußen und war ganz weich! Einmal sei die Butter aus der Kaufhalle gelb gewesen, sein Vater habe sich dort beschwert. Dass das überhaupt ging, sich zu beschweren? Auf dem Balkon hatten sie ein Fernrohr, mit dem man auf die Balkons des gegenüberliegenden 11ers gucken konnte.

Ein Vorhang aus klimpernden Perlen teilte den Flur. Immer wieder schritten wir durch und sagten: «Sesam, öffne dich!»

Was der Vater war, konnte man immer an der Wohnzimmereinrichtung erraten. Bei Silvio hingen afrikanische Speere und Masken an der Wand (Arzt im sozialistischen Tansania), bei Irina sowjetische Saiteninstrumente (Außenhandel, sie war sogar in Moskau geboren worden), manchmal auch Fußballwimpel (Betriebssportler). Silvios Mutter war zwar viel eleganter als meine, aber sie kaufte den Geburtstagskuchen in der Kaufhalle und machte nur einen Bananenshake mit Biskuitstangen. Außerdem durfte Silvio nicht mehr als vier Freunde einladen, und sie mussten im Kinderzimmer bleiben. Sein Vater und seine Mutter saßen so lange auf Clubsesseln an einem Couchtisch im Wohnzimmer und rauchten. Sie war '49 geboren worden, im Jahr der Gründung der DDR. Seiner Mutter wachse ein langes Haar aus einem Leberfleck im Gesicht, das komme immer wieder. Das musste man mal zu sehen kriegen.

Silvio besaß als Erster eine Digitaluhr. Den spitzen Knopf für die Sekundenangabe zu drücken tat weh. Die Mädchen, die hinter ihm saßen, fragten alle paar Minuten: «Silvio ... wie spät?» Er drehte sich gar nicht mehr um und verschränkte einfach die Arme hinter dem Kopf, damit sie selber guckten. Er wollte Uhrmacher werden, wie sein Großvater. Ich beneidete ihn um seinen schon so früh feststehenden, angemessen ausgefallenen Berufswunsch. Als Uhrmacher würde er immer Zugang zu Phosphorfarbe haben, mit der man sich in ein nachts leuchtendes Skelett verwandeln konnte.

Bei Sandra durften wir an den leeren Pfeifentabaksdosen ihres Vaters riechen, die dufteten nach Orange. Er hatte in Algerien gearbeitet, da nahmen sie einem auf dem Markt den

Fotoapparat ab und zogen den Film raus, wenn man nicht aufpasste. Das selbstgebaute Aquarium war in die Schrankwand integriert, mit verschiedenen Schaltern für stimmungsvolle Beleuchtungsvarianten. Schwer, sich für die beste zu entscheiden.

Bei Roberto gab es eine Schallplatte mit Westernmelodien aus dem Fernsehen. Seine Mutter verteidigte Peter Maffay, von dem sie eine AMIGA-Platte hatte. Aber der sang doch Schnulzen! Sie war «Ökonom» bei Bergmann-Borsig. Der ganze Wohnblock arbeitete dort. Robertos großer Cousin war eingeladen worden, der besaß ein Glas leerer Patronenhülsen von einem Schießplatz in der Nähe ihrer Altbauwohnung. Um den Hals trug er an einer Kette einen Wildschweinzahn. Er sagte immer «gschwindschritt» für «schnell», das würde man übernehmen. Größere waren meistens ein bisschen lässiger als man selbst, was schwer aufzuholen war.

Andys Kanarienvogel hieß «Putzi». Ich versuchte stundenlang, ihm Sprechen beizubringen, wenigstens «Putzi» sollte er sagen, aber ihm lag nichts daran. Damit er nicht so einsam war, bekam er einen Spiegel in den Käfig, dann dachte er, er hätte einen Freund. Zur Sicherheit leistete ihm auch noch ein Kanarienvogel aus Plaste Gesellschaft. Wie alle Familien außer unserer hatten sie im Wohnzimmer eine prächtige, lackierte Schrankwand. «Palisander», sagte Andy. Und ihr orangefarbener Pudel sei «apricot». An dem fand ich allerdings die Hundeleine am interessantesten. Der Hund konnte sich entfernen und die Leine wie eine Staubsaugerschnur aus dem Griff ziehen, auf Knopfdruck rollte sie wieder zurück. Als Andys Vater abends nach Hause kam, gab er Kathrin einen Preis. Wir sollten den Grund erraten. Sie hatte beim Schuheausziehen als Einzige die Schnürsenkel aufgebunden! Eines dieser rätselhaften Erwachsenenanliegen, vergleichbar dem, dass wir die Jacken am Haken und nicht an der Kapuze aufhängen sollten. Vielleicht kannte er sich als Polizist auch aus, denn mit offenen Schnürsenkeln konnte man schneller in die Schuhe schlüpfen und flüchten.

Bei Irina wurde Tee aus dem Samowar und russisches Konfekt serviert. Ein bisschen irritierend, dass man ihre Mutter aus der Schule kannte, weil sie dort Lehrerin war. Sie hatten einen Filmprojektor, und wir sahen einen Hase-und-Wolf-Trickfilm: so ähnlich wie *Tom und Jerry*, wo man herbeisehnte, dass es der Katze endlich gelang, die Maus zu verspeisen, weil das doch das eigentliche Ziel der Handlung war. Der Wolf war ein Gammler, er rauchte, spielte Gitarre, trank Schnaps und hörte Musik aus dem Kofferradio. Wenn er den Hasen, der ein aufreizend braver Pionier war, überrumpeln wollte, nebelte er ihn mit Zigarettenqualm ein. Einmal landete er in einer Bar, eine Tänzerin wurde, als sie sich auszog, gerade noch rechtzeitig von einem Schild verdeckt, auf dem Striptease stand. Eines dieser Wörter, die einen Überraschungseffekt garantierten, wenn man sie vor Erwachsenen benutzte. Das sorgte dann für Heiterkeit. «Strip-te-ase» sprach ich es zuerst aus.

Bei Torsten durfte man die Wohnung nicht mit Schuhen betreten. Er hatte von seinem Vater eine Udo-Lindenberg-Kassettensammlung geerbt mitsamt dem Vorsatz, nie im Leben Alkohol anzurühren. Als Einziger von uns war er für Dynamo Dresden und litt jahrelang darunter, dass sie nicht Meister wurden. Stolz präsentierte er seine Dresden-Fanartikel, die eine ganze Zimmerecke füllten. Wir wetteiferten darum, wer sich mit dem Personal seines Clubs am besten auskannte, und füllten im Unterricht Löschblätter mit langen Listen von Spielernamen, Trainern, Assistenztrainern bis hin zum Masseur, der beim BFC Dynamo den lustigen Namen «Harry Tost» trug. Torstens Mutter hatte die *Pramo* (Praktische Mode) abonniert, das war leicht zu raten beim Zeitungriechen mit verbundenen Augen. Er wohnte im 10er, und wir rannten das Treppenhaus runter und drückten auf jeder Etage den Knopf, sodass der Fahrstuhl überall hielt und wir viel schneller unten waren als Torsten. Der ärgerte sich immer so schön, obwohl er tat, als wäre es ihm egal. Aber er merkte sich alles, das bekam man wieder, spätestens in ein paar Jahren, wenn ihm mal Muskeln wachsen sollten.

Man wusste genau, welche Besonderheiten an Spielzeug jeder besaß. Roberto hatte ein oranges Spielzeugtelefon, dessen Leitung man durchs Fenster in ein anderes Stockwerk verlegen konnte. Andy ein Auto, für das sich mit Plasteblöckchen eine Route programmieren ließ. Dieser dicke Kugelschreiber mit Kugellabyrinth im Griff, die Gruselspinne mit Anstecknadel für 70 Pfennige, der Saugnapffrosch mit Sprungfeder, die Tonfiguren mit Zigaretten zum Anzünden, der Hasen-Anhänger von der «Spielwarengenossenschaft Gotha» und aus Dresden die «Gemüsekonservenmischung» für den Kaufmannsladen! Dass die handbemalte Plaste-Micky-Maus dem westlichen Original so gut wie gar nicht glich, verdeutlichte einem, dass man im falschen Teil der Welt lebte. Klobiges Ost-Lego, damit ließ man sich nicht abspeisen. Ersatz-Playmobil mit ungeschickt kopierten Gesichtszügen und einzeln (!) beweglichen Beinen. Und diese vielen «Geduldsspiele», bei denen man auf einer Scheibe Kugeln in Löcher bugsieren musste. Worauf sollten die einen vorbereiten? Dass das Leben in unserem Land ein Geduldsspiel war?

Zum Abendbrot gab es «Vierbeiner», gebratene Wiener

mit aufgeschlitzten Enden. «Haut rein!», und wir taten, als schlügen wir mit der Faust auf den Teller. «Einen Toast bitte», und dann wurde einem ein mit Käse überbackenes Ananas-Toastbrot gereicht. Es sei übrigens unmöglich, eine Scheibe Toast auf dem ausgestreckten Arm zehn Minuten in die Höhe zu halten, sagte Stefan Bräuer. Brause mit Strohhalm trinken und dann das Alphabet zu rülpsen versuchen. Oder «Stopp-Essen», dann mussten alle wie versteinert verharren, wenn jemand «Stopp» sagte. Pech, wenn man gerade dabei gewesen war, sich Ketchup aufzutun, dann lief die rote Sauce aus der Flasche, und man durfte sich nicht rühren. Mir war das aber recht, ich trank auch eine ganze Flasche davon aus. Unsere Gespräche nahmen wir mit dem Kassettenrekorder auf und hörten sie uns gleich darauf mehrmals an, weil das unendlich komisch war.

Verstecken im Dustern, unter dem Schrank neben Sandra, die einen modernen Wickelrock trug, der sich bei Wind aufwickelte. Staubgeruch, das kühle Linoleum. Wenn der Schrank jetzt runterkrachte, würden wir beide zerquetscht. Damit hatte sich meine Oma getröstet, wenn meine Mutter sich bei Bombenangriffen unter dem Küchentisch versteckte. Da sei sie wenigstens gleich tot, wenn das Dach einstürze.

Mit unseren Taschenlampen brachten wir uns gegenseitig nach Hause. «Ich leuchte euch heim», sagte Andy. Erst einmal umständlich die Reihenfolge ausmachen, die günstigste Strecke klären. «Zehn nackte Neger! ZEHN NACKTE NEGER! Mit Hosenträger! MIT HOSENTRÄGER!», schallte es von den Hochhauswänden. Mal am Klingelbrett gucken, wer da so wohnte. «Hallo, Herr Adam, hier ist Eva.» Manche gingen nicht gleich zu sich hoch, sondern kamen noch zum Nächsten mit, und so immer hin und her. An der Skulptur mit den

Gänsen den Menschenfuß suchen, den eine von ihnen hatte. Ob das Absicht war? Es war sogar ein Foto davon in der Zeitung erschienen, mit Sandra und Kathrin drauf, die die Gänse betrachteten.

Die Gruppe wurde kleiner. Es wurde fast ein bisschen unheimlich. Der «Pullermann», der im Schlosspark sein Unwesen trieb? Die Verrückten aus Station 213? Wurden die wirklich nachts rausgelassen?

«Warum rennst du denn so, hast du was gesehen?»

«Nein, ich dachte du?»

Im Auto

Abends guckte mein Vater immer vom Balkon, ob nicht noch ein besserer Parkplatz frei geworden war, näher an der Wohnung. «Fährt der da weg?» Wie konnte man ruhig schlafen, wenn das teure und nicht zu ersetzende Auto schutzlos in der Nacht im Freien stand? Mein Vater parkte unseren Trabant lieber vor dem Haus als hinter der Kurve, wo sich morgens ein Strom Kinder zur Schule ergoss und, in Gespräche vertieft, die Rückspiegel verdrehte. An dreckige Autos schrieben sie mit dem Finger: «Wasch mich mal!», oder: «Ich Sau!» An den seltenen Waschtagen mussten wir immer wieder die fünf Treppen nach oben gehen, um frisches Wasser zu holen, da die Scheiben angeblich sofort zerkratzten, wenn das Wasser nicht ständig ausgetauscht wurde. Am Ende wurde die Karosserie mit Autopudding poliert, einer Substanz aus dem Intershop.

Um unser Auto war mein Vater immer besorgt, er sagte dann: «Ich muss heute noch tanken.» Ich konnte mir nicht vorstellen, wie ich später einmal alleine tanken sollte, schon weil es mehrere Benzinsorten mit verwirrenden Abkürzungen gab und man höllisch aufpassen musste, dass man, wenn sich die lange Schlange an der Tankstelle auf die einzelnen Säulen verteilte, die richtige erwischte. Nach dem Tanken wurden Datum, Kilometerstand, Benzinpreis pro Liter, Summe der getankten Liter, Preis der Tankfüllung und die seit dem letzten Tanken gefahrenen Kilometer in einem zerfledderten Fahrtenbuch notiert. Manchmal sagte mein Vater auch: «Ich muss wieder zur Durchsicht.» Danach stank das Auto wochenlang nach Schmieröl. Ich atmete beim Fahren aber sowieso nur durch den Mund, weil mir vom Benzingeruch schlecht wurde, eine meiner wenigen hervorstechenden Eigenschaften. Als mir einmal im Bus zum Tierpark schlecht wurde, hielt mein Vater schnell die Hände auf.

Im Auto hatte jeder seinen Platz: Meine Mutter war der Beifahrer, auf der Rückbank saß links mein Bruder, weil es die Seite vom Lenkrad war, meine Schwester in der Mitte und ich rechts. Wenn eine Oma dazukam, musste sie sich zwischen uns auf die Rückbank quetschen. Als meine Schwester zu groß wurde, tauschten wir die Plätze, damit mein Vater durch die Rückscheibe etwas sah. Beim Einparken mussten sich alle so tief wie möglich ducken. An Kreuzungen beugte sich meine Mutter vor, schaute nach rechts und sagte: «Rechts ist frei», oder: «Rechts kommt was.» Dann sagte mein Vater: «Danke, ich seh schon.» Von meinem Mittelplatz aus konnte ich gut das Armaturenbrett beobachten, leider gab es dort nur den Tacho zu sehen und keinen Drehzahlmesser, auch kein Ökonometer mit blinkendem LED-Kreis wie im Dienst-Citroën von Irinas Vater. Unsere Tachonadel blieb leider immer knapp über 90 km/h stehen, vergeblich hoffte ich, einmal im Leben 100 zu fahren. Wenn wir in der Schule mit den Verletzungen unserer Väter prahlten, sagte ich stolz: «Mein Vater hatte schon mal ein Loch im Kopf», denn mein Vater hatte sich schon einmal mit dem Auto überschlagen. An der Unfallstelle fuhren wir jedes Mal langsamer, man sah aber nichts mehr.

Sonntags machten wir Ausflüge in den Wald. Wenn Verwandte zu Besuch waren, mussten sie mitkommen. Der Onkel aus Wiesbaden trug immer dasselbe weinrote Rollkragenhemd, was meinen Eltern gar nicht auffiel. Er bestellte in einer Ausflugsgaststätte mal ein Steak «miediom», der Kellner guckte ihn groß an. Hatte er das mit Absicht gesagt? Man wollte Westbesuch immer das Beste bieten, sie sollten bei uns auf ihre gewohnten Annehmlichkeiten nicht verzichten müssen. Wir Kinder waren dafür zuständig, den Gästen zu erklären, was in unserer Wohnung zu beachten war. Dass man die beiden Hebel an den Klappfenstern auf keinen Fall gleichzeitig öffnen durfte, weil einem das Fenster sonst entgegenfiel. Dass der am Ende gekrümmte Dreckwasserschlauch der Waschmaschine leicht von der Kante der Badewanne rutschte. Welcher Stuhl vorsichtig belastet werden musste, weil ein Stuhlbein wackelte. Aber all das setzte schon voraus, dass die Gäste überhaupt zu uns gefunden hatten, denn das war nicht leicht, weil unsere Straße in zahlreichen Windungen durchs Viertel führte. Erst nach ein paar Jahren waren zusätzliche blaue Emailleschilder mit deutlich sichtbaren Hausnummern angebracht worden.

Mit Beuteln und Taschen zwischen den Beinen und einer zusammengerollten Schaumgummimatratze auf dem Schoß saßen meine Mutter und wir Kinder schon im Auto, während unser Vater noch versuchte, das Gepäck besser zu verstauen. Wenigstens ein Spalt der Rückscheibe sollte frei bleiben. Wir mussten unterwegs ganz still sein, damit er sich nicht aufregte und uns an einen Baum fuhr. Angeschnallt waren wir nicht, es gab hinten keine Gurte, und ich sah mich in Gedanken immer durch die Windschutzscheibe fliegen und geschickt auf dem Asphalt abrollen. Vor dem Urlaub war mein Vater nervös wegen der langen Fahrt. Den neuen Batteriedeckel, der so schwer zu besorgen gewesen war, hatte er vor Wut auf dem Boden zerschmissen. Ein Einweckglas sei einmal auf die gleiche Art behandelt worden, aber nicht kaputtgegangen, sagte meine Mutter, da hätten sie lachen müssen. Dass meine Eltern sich schon gekannt hatten, bevor wir geboren waren, konnte ich nicht begreifen. Damals hatten sie in der Hofpause Tango geübt und gesungen: «Wenn bei Capri die rote Flotte im Meer versinkt ...» Später kamen die Kinder, und seitdem klebten die Türklinken von unseren Fingern, die schön geformten Schlüssel der Hellerau-Schränke verschwanden, die Fenster bekamen Fettflecken, und kaum betraten wir das Wohnzimmer, hieß es vom Fernsehsessel: «Es zieht!»

An der Raststätte Michendorf holte ich mir am Kiosk den neuen *Sammlerexpress* mit Nachrichten und Tauschangeboten aus der Welt der Briefmarken und eine *Jugend+Technik*, Bilder von Maschinen und Fahrzeugen und Schaltpläne, die ich zwar nicht verstand, aber gerne betrachtete, weil ich mich als zukünftigen Erfinder sah. Meine Mutter kaufte uns im Intershop Schaumgummi-Erdbeeren von Haribo und für jeden eine Tüte C-Frisch-Pulver zum Lutschen. Alle zehn Kilometer bekamen wir eine Schaumgummi-Erdbeere gereicht. Die blauen Kilometerschilder auf dem Mittelstreifen waren die einzige Abwechslung, ich durfte ja wegen drohender Übelkeit nicht lesen. Ich aß meine Erdbeeren immer gleich auf, mein Bruder sammelte seine auf der Armlehne unter dem Fenster. Neidisch sah ich, wie es immer mehr wurden. Im Abstand von einem Kilometer standen Notruftelefone am Straßenrand. Im ungünstigsten Fall musste man 500 Meter laufen, mit etwas Glück hatte man seinen Unfall genau an einem Telefon. «Guckt mal, ein Storch!»

Wochenlang beobachteten wir den Tachometerstand und fieberten dem Moment entgegen, wenn sich alle fünf Ziffern gleichzeitig drehen würden. «Jetzt sind wir einmal um die Erde», sagte mein Vater, als die 40 000 erschien. Er drosselte das Tempo, damit wir die Zahl möglichst lange bewundern konnten. Hätten wir das Auto am Straßenrand abgestellt, um diesen vollkommenen Anblick nicht zu zerstören, ich wäre ohne Murren zu Fuß weitergegangen. «Hat wer Hunger?» Meine Mutter reichte aus dem Essenkorb zwischen ihren Beinen einen Apfel oder eine Stulle nach hinten. Mein Vater bekam einen Keks in den Mund geschoben, damit er das Lenkrad nicht loslassen musste. Wenn wir nichts mehr zu trinken hatten, gab es ausnahmsweise einen Schluck aus der kleinen Wasserflasche, die meine Mutter für ihre Kopfschmerztabletten immer in der Handtasche hatte. Die nächsten zwei Kilometer sollten wir aufpassen, ob irgendwo ein Reh auf die Straße sprang. Einmal hielten wir nicht, als auf der Gegenfahrbahn der Autobahn ein Rentnerpaar eine Panne hatte. Jahrelang quälte meine Eltern an dieser für andere unsichtbaren Wegmarkierung ein schlechtes Gewissen, weil in ihren Gedanken dort immer noch die beiden hilflosen Rentner standen.

Vor Seelow fuhr mein Vater jedes Mal langsamer, um uns den alten Meilenstein und anschließend «unser Traumhaus» zu zeigen: einen modernen Flachbau mit großen Fenstern zum Garten hin, ähnlich der Ranch bei *Dallas*. Wer da wohl wohnte? Wie kam man zu so einer Residenz? Mein Vater hätte so gern ein einsames Haus mit Garten gehabt, aber wir hatten weder das nötige Geld noch Beziehungen, und meine Mutter hielt es für Spinnerei. Meine Eltern gehörten zu den wenigen im Land, die nichts Brauchbares zum Tausch anzu-

bieten hatten, nur unfehlbare grammatische Akzeptanz-
urteile und Wissen um die sprachhistorischen Hintergründe
unserer Orthographie. «Ich brauche nur eine Butterstulle mit
Salz!», sagte mein Vater dann.

An Müllkippen hielten wir an und streiften über das
Gelände, was für mich so normal war wie unsere Friedhofs-
spaziergänge, bei denen wir auf den Grabsteinen nach ungewöhnlichen Namen suchten. Am liebsten hätte mein Vater
angefangen, mit dem Klappspaten aus dem Kofferraum den
Müllkippenboden umzugraben. Eine verrostete Waage kam
mit, so eine hatten sie im Haus seiner Mutter gehabt, das
damals so eilig ausgeräumt worden war. Was da auf dem
Müll gelandet war! Der Steinbaukasten! Auf Flohmärkten
kaufte er es sich wieder zusammen, während meine Mutter
von einer Wohnung träumte, in der nicht jede Fläche unter
Büchern und Papierstapeln verschwand. Sogar ein «rückläu-
figes Wörterbuch» besaßen wir, in dem die Wörter rückläufig
sortiert waren, damit konnte man passende Reime suchen.
«Ich möchte von schönen Dingen umgeben sein», sagte mein
Vater. Zu jedem Gegenstand aus der Wohnung konnte er
eine Geschichte erzählen. Er sammelte Spazierstöcke, mit
Kohle betriebene Bügeleisen, Weihnachtspyramiden, von
Klaus Ensikat illustrierte Bücher, Lichtmühlen, antiquierte
Küchengeräte, Briefmarken, schöne Knöpfe, Porzellandeckel
alter Bierflaschen. Materialien musste man horten, Holz-
funde aus dem Wald kamen auf den Balkon, für den Fall, dass
er einmal etwas schnitzen wollte. Aus Fahnenstangen, die es
immer reichlich zu kaufen gab, baute er uns Stelzen. Meine
Exponate für die jährliche «Galerie der Freundschaft» in
der Schule stammten in Wirklichkeit von ihm, mit meinem
Fesselballon gewann ich den «Preis des Direktors». Aus Zei-

tungspapier, das er auf einen Luftballon klebte, hatte er ihn gebastelt, die Gasflasche aus Kronkorken, den Ballonkorb aus einem Wischlappen, mit mehreren Maisstrohmännchen als Besatzung (die Strickleiter machte immerhin ich). Meine Mutter hätte lieber gehabt, dass er endlich unsere Spielkiste strich, vor 20 Jahren hatte er es ihr versprochen.

«Der Fahrer des weißen Trabants mit dem Kennzeichen IX 62-27 bitte rechts ranfahren.» Die Ansage kam aus den Lautsprechern eines Polizeiautos, beim dritten Mal merkte mein Vater, dass *er* gemeint war. Wo er doch immer so korrekt fuhr! Wir hielten auf einem Feldweg. Ein richtiger Polizist beugte sich herab. Mein Vater hatte etwas falsch gemacht! Unser Nummernschild war verdreckt, das war vorschriftswidrig. Er musste seine Fahrerlaubnis vorzeigen, würde er einen Stempel bekommen? Einen hatte er schon, weil an einer Seitenstraße am Bahnhof Friedrichstraße eine widersprüchliche Parksituation bestanden hatte, die zu seinen Ungunsten ausgelegt worden war. Er hatte an die Polizei geschrieben, und ein Klarheit schaffendes Verkehrsschild war aufgestellt worden, «unser» Verkehrsschild. Zur Wendezeit schrieb er an die Regierung, dass die Sohlen seiner neuen Halbschuhe sich im Regen ablösten. Der Minister schrieb zurück. Er war aber nicht mehr lange genug im Amt, um in der Sache etwas zu bewirken.

Mein Vater zeigte uns, wie sie es machten, dass ein Kinnhaken im Film echt wirkte. Wir lernten, dass sich die Säulen am Alten Museum nach oben hin verjüngten, und er übersetzte uns den lateinischen Spruch am Giebel. Er malte uns ein Mäander-Muster auf. Die Lebensdaten von Goethe und Schiller müsse man kennen. Aus Protest wusste er sogar Stalins Geburtstag. Meine Eltern hatten dieselbe Arbeitsstelle, das kam mir praktisch vor. «Diplom-Philologe» klang immer schön geheimnisvoll, wenn wir in der Schule nach den Berufen unserer Eltern gefragt wurden. Nach der Wende zeigte mein Vater uns im Microfiche-Katalog der West-Berliner Staatsbibliothek seine Doktorarbeit. Sein Name hier, das war noch besser als ein Loch im Kopf! Ob wir in die FDJ eintraten oder nicht, mussten wir selbst entscheiden, unsere Eltern wollten uns ihre Überzeugung, die schon ihnen viele Nachteile gebracht hatte, nicht aufzwingen. Sein Vater hatte ihm gesagt, er müsse sich selbst beim Direktor abmelden, wenn er nicht zur Kinderlandverschickung wolle. Nach seiner Entlassung vom Volkssturm traf meinen Großvater in der Nähe seines Hauses eine Granate, und meine Oma stand mit fünf Kindern alleine da. Die Stärkefabrik, für die er gearbeitet hatte, war auf dem besten Weg gewesen, einen Pudding ohne Pelle zu entwickeln. Der Krieg hatte es verhindert. Wo ich doch Pelle hasste!

Obwohl ich im Auto nur durch den Mund atmete, wurde mir häufig schlecht. In Westautos war es am schlimmsten, wegen der ungewohnt sanften Federung und weil der Motor nicht tuckerte. «Jochen ist ganz grün», sagte meine Schwester und studierte neugierig mein Gesicht. Ich hielt meine rote Kotzschüssel auf den Knien bereit. Am nächsten Rastplatz ging ich ein paar Schritte in den Kiefernwald, meine Schüssel wurde mit lauwarmem Wasser aus dem Kanister ausgewaschen. Da wir zudem zu völlig unterschiedlichen Zeiten auf die Toilette mussten und mein Vater ab und zu anhielt, um auf der Karte nach dem Weg zu suchen, den meine Mutter ihm seiner Meinung nach zu missverständlich beschrieb, bewegten wir uns eher ruckartig durchs Land. Dazu kamen turnusmäßige Pannen. Unser Auto hatte drei Lämpchen unter der

Geschwindigkeitsanzeige, nur ein Mal sahen wir das rote auf-
leuchten, ein Zeichen dafür, dass der Keilriemen gerissen war.
Mein Vater hatte rechtzeitig einen neuen besorgt, aber zum
Anlegen musste man den Motor ausbauen, und die Schrauben saßen fest. Wir verhielten uns still, weil wir meinen Vater
nicht stören wollten, der unsere einzige Hoffnung war, von
hier wegzukommen. Mehr, als im Dunkeln die Taschenlampe
zu halten, wenn er angespannt das unheimliche Ambiente
unter der Motorhaube betrachtete, konnten wir nicht tun.

Ich wollte auch eine Winkehand an der Rückscheibe,
aber mein Vater sagte, das würde den Fahrer hinter uns irri-
tieren. Wir hatten kein Radio, obwohl man die Stelle sehen
konnte, die in der Armatur dafür vorgesehen war. Wir hatten keine Spritzschutzmatten über den Rädern und keinen
auf der Straße schleifenden Blitzableiterstreifen, an den wir
nicht glaubten. Vom «A» an der Rückscheibe hielten wir
nichts, weil das die anderen Fahrer zur Rücksichtslosigkeit
ermuntern würde. Ihre Gurte mussten unsere Eltern selbst
verstellen, wir hatten in einem Westauto aber schon einmal
Rollgurte gesehen, die sich an den Körper anschmiegten und
bei ruckartigen Bewegungen wie durch ein Wunder Wider-
stand boten. Der Westen war ein Reich der Bequemlichkeit,
deshalb wirkten die Menschen von dort immer so entspannt,
wenn sie aus ihren futuristischen Autos stiegen, obwohl sie
so weit gefahren waren. Sogar ihre Krückstöcke waren in der
Länge verstellbar. Parkten ihre Autos vor unserer Tür, wussten die anderen Hausbewohner Bescheid, dass wir Besuch
von drüben hatten. Ich musste den kratzigen Wollpullover
anziehen, ein Geburtstagsgeschenk meiner Tante, damit sie
sah, wie sehr ich mich darüber freute. Mein Vater fragte sich
immer, ob es ein Fehler gewesen war, im Osten zu bleiben.

Der Professor, bei dem er studiert hatte, war kurz vor dem Mauerbau nach Köln gegangen und hatte ihm sofort eine Stelle angeboten. «Das darfst du unserer Mutter nicht antun», hatte sein Bruder gesagt. Es konnten doch nicht alle rübergehen. Im Theater, wenn der Applaus der Zuschauer sich unweigerlich in ein rhythmisches Klatschen verwandelte, klatschten wir immer dagegen an, weil wir das «Parteitagsklatschen» ablehnten. Ich sollte auch nicht «Fakt ist» sagen, das sei Ulbricht-Sprache.

Wir hielten immer vor derselben Bahnschranke, die mein Vater «die Schikane» nannte, was wir komisch fanden, weil das Wort wie «Schiete» klang. Der Zug kam nach einer halben Stunde, wir zählten die Waggons. Dann warteten wir noch einmal 20 Minuten, bis aus der Gegenrichtung ein anderer Zug kam, wieder zählten wir die Waggons. Einmal klopfte ein russischer Soldat an unsere Scheibe und wollte meinen Eltern eine goldene Kette verkaufen. Als er weg war, atmeten sie auf. Meine Oma hatte wegen der Russen einen Schlagring im Nachtschränkchen gehabt. Hätte man die Kette doch nehmen sollen? Vielleicht würde der arme Soldat jetzt Ärger mit seinem Offizier bekommen? Dass die Russen immer so runde Gesichter hätten, sagte mein Vater. Einmal, als er noch ein Kind war, hatte ihn ein russischer Soldat aus einem Kasernenfenster zu sich nach oben gewinkt, da hatte er Angst um sein Leben gehabt. Er hatte ihm aber nur einen Topf Haferbrei geben wollen, der vom Essen übrig war.

Wenn am Ende der Fahrt der Motor endlich verstummte und der Körper vom stundenlangen Rütteln vibrierte – die Ohren waren taub vom Motorlärm, weshalb man noch eine Weile lauter reden musste –, bedankte sich meine Mutter in unserem Namen bei meinem Vater: «Hat uns Papa doch wieder schön gefahren!» Man spürte richtig, wie erleichtert sie war, weil wir noch einmal Glück gehabt hatten und nicht an einen Baum gefahren waren. Wir quälten uns aus dem vollgestopften Auto und mussten anschließend mehrmals die Treppen hoch, um alle Taschen und Beutel in die Wohnung zu tragen; vorher durften wir nicht fernsehen.

Ferien

Die weiße Säule vom Pritt-Stift, so weit es ging, rausdrehen und wieder zurück. Das Metallmaßband zwei Meter weit ausziehen und versuchen, es senkrecht zu balancieren, ohne dass es einknickte. Einen Schraubenzieher in die Luft werfen und am Griff wieder auffangen, eine Umdrehung, zwei Umdrehungen. Oder den Hammer, der drehte sich allerdings wie eine Exzenterwelle. Mal wieder den Franzosen auf- und zuschrauben. Alle Bleistifte in der Wohnung anspitzen, Vorsicht bei dem aus Zedernholz! Mit dem Locher Konfetti herstellen. Einen Tag auf dem Schrank im kleinen Zimmer verbringen, im Schlafanzug auf einem Schaffell? Das Schaumgummiding zum Abwaschen, das so aussah wie ein Rastafari, ins Wasser tauchen und dann auswringen und die Wassermenge mit einem Messbecher messen. Bei der Schreibmaschine probieren, alle Buchstabenbügel gleichzeitig zu drücken, sodass sie sich in einem Block verhakelten. Mit Spezialpapier von der Sparkasse aus unserem Kleingeld Münzwürste rollen.

«Mutti, mir ist langweilig.»

«Dann bring doch den Müll runter.»

«Das ist *auch* langweilig.»

«Dann nimm die Post mit, und schreib gleich mal die Leerzeiten am Briefkasten auf.»

In Kindersendungen vergifteten sich Kinder an solchen Tagen immer mit den bunten Tabletten der Eltern, weil sie sie für Smarties hielten. Vielleicht war etwas im Kühlschrank? Sanddornsaft, ob ich den trinken durfte? Wenn ich kostete, konnte ich die Flasche nicht mehr absetzen, ich musste alles austrinken. Besser, ich ging gleich neuen kaufen. Wenn ich mich zum Einkaufen bereiterklärte, durfte ich immerhin Biomalz mitbringen. Sich einen Löffel des dickflüssigen Getränks in den Mund schieben, etwas für seine Gesundheit tun.

Um den Müll nicht runterbringen zu müssen, beschäftigte ich mich lange damit, den Inhalt der Eimer so untereinander zu verteilen, dass die einzelnen Eimer nicht so voll wirkten. Die Emailleschüssel mit den Kartoffelschalen war mir schon einmal im Hausflur runtergefallen, weil ich mit Daumen und kleinem Finger fünf Eimer gleichzeitig trug, bloß nicht zweimal gehen! Den runden Gummideckel von der Speckitonne heben, saurer Geruch, an der Wand kriechen Maden hoch. Man sollte keine Rasierklingen reinwerfen, darüber beschwerten sich die Schweine auf pädagogischen Karikaturen in der Zeitung.

Das Gras der Fußballwiese war jetzt gelb und vertrocknet, der Asphalt heiß. Der Teer schmolz in der Hitze, man konnte aus den Zwischenräumen der Betonplatten lange Fäden ziehen. Kaum jemand war unten. Ich zog die Leder-Pantoffeln meines Vaters an. Auf DDR 1 lief das *Agrarjournal* und *Shantys zwischen Luv & Lee*. Oder was über Verkehrssicherheit: dass man mit «Stotterbremse», ohne zu schleudern, die Kurve kriegte. Das würde ich mir für später merken.

Mit René, Uli und Roberto fuhr ich zum «Kulturpark» im Plänterwald. Durchs S-Bahn-Fenster sah man weiße Hochhäuser, stufenförmig gebaut. Das sollte schon West-Berlin sein? «Sieht ja aus wie bei uns!» In der *Abendschau* wurde ständig über die «Wasserfreunde Spandau», die «Preußen Berlin» und die «Reinickendorfer Füchse» berichtet, das klang nicht nach großer weiter Welt. Wir in Ost-Berlin waren ja Hauptstädter, wir hatten die größere Klappe und die moderneren Busse als die in der Provinz.

Noch ein Stück durch den Wald, dann sah man schon das Riesenrad. «Hau den Lukas», ob man sich mal trauen sollte? Oder der Boxautomat. Das Gerät, bei dem man für einen Groschen Kölnischwasser ins Gesicht gesprüht bekam, wenn man so klein war wie Uli. Das Spiegelkabinett nahmen wir auch noch mit, breiter Kopf, schmaler Kopf. Stereoskope mit zerfledderten Daumenkino-Fotos, die wohl noch aus der Kaiserzeit stammten, erotische Szenen mit Frauen in Unterröcken. Die Vogelstimmen-Plättchen konnte sich jeder leisten. Auf die Zunge legen, es schmeckte nach Metall, eine Membran machte das Geräusch; wir unterhielten uns ab jetzt zwitschernd. Lange wartete ich auf einen freien Autoscooter und befühlte in der Hand meinen Plastechip. Aber dann setzte sich einfach ein Großer auf den zweiten Sitz und riss das Steuer an sich. Kettenkarussell, das Softeis landete danach gleich wieder in der Mülltonne, angewärmt von seiner Zeit im Bauch. Die Bockwürste wurden am Imbissstand in einer WM66-Waschmaschine erhitzt.

Am Ausgang standen besonders verführerische Buden. Der Betreiber beugte sich herab und verkaufte einem einen Chip, den man in einen Schlitz steckte. Oben eine Reihe Fernseher. Mit einem Drehknopf konnte man einen weißen Balken hoch- und runterschieben und einen Punkt, der sich seltsam ungerührt über den dunklen Bildschirm bewegte, davor bewahren, über den Rand ins Nichts zu fallen. Das Fernseh-bild selbst beeinflussen! Dieses heimatlose, geometrisch fatale Hin und Her des weißen Punkts. Leider war das Spiel immer so schnell zu Ende. So etwas zu Hause, und ich hätte nie mehr Langeweile ...

Hinter den Telespiel-Baracken kamen Imbisse, an denen Jugendliche mit bunten Haaren Stehtische belagerten, die Frisuren wie eine Kreissäge aufgestellt oder zu langen Zacken geformt. Mädchen mit zerrissenen Strumpfhosen, verchromte Metallstacheln an den Ellbogen. Schnell vorbei-gehen, damit sie einen nicht mit Bier bespritzten. Einmal war Frank Schöbel hier aufgetaucht, und sie waren ihm hinter-hergerannt und hatten «Punk Schöbel!» gerufen.

Nachmittags im Ferienprogramm ein sowjetischer Film über ein Kinderheim im Krieg. Ein Junge machte Geschäfte mit Brot, bis er unter seiner Schulbank einen riesigen Vorrat Brot-scheiben hatte, während die anderen hungerten. Sie besuch-ten eine Fabrik, und ein Arbeiter lobte sie für die Schrauben-schlüssel, die sie produzierten, damit würden Panzer für die Front gebaut. Nicht wie dieser hier, der weich wie Butter sei, er verbog ihn. Der geschäftstüchtige Junge war beschämt, weil in Wirklichkeit er für einen der schlechten Schrauben-schlüssel verantwortlich war. In Zukunft würde er sich mehr Mühe geben.

Vom Balkon gucken, ob eine der sechs Tischtennisplatten aus Stein frei war. Schnell runter, das Netz festschrauben und spannen, drei 21er-Sätze gegen meinen Bruder. «Wer 1:0 führt, der stets verliert.» Oder: «Wer 1:0 führt, der *nie* ver-liert.» Was wohl eher stimmte? «Hat noch jelleckt!» sagen, wenn der Ball die Platte nur noch knapp berührt hatte. «Ja, mit soooner Zunge ...» Drei Sätze, aber dann noch einmal drei und zur Entscheidung noch einmal drei. Der Griff der Kelle war mit Lenkerband umwickelt, die seitliche Fläche mit sorgfältig zurechtgeschnittenem Band beklebt. Ein Kellen-Etui mit Reißverschluss – «Watt isn ditt fürn Stullenbrett?» Wobei manche wirklich mit geriffelten Stullenbrettern aus Plaste spielten. Immer mal mit der Kelle testen, ob der Ball noch gut war oder ob es schon knirschte. Schade um den guten 3-Sterner, obwohl man zwischen den Bällen nie einen Qualitätsunterschied bemerkte. Kaputte wurden angezündet.

Chinesisch, alle rannten um die Platte und stellten sich an, das war so im Leben. Wer keine Kelle hatte, spielte mit der Hand. «Behinderte gehn weiter.» – «Falsche Devise.» – «Pass uff, der schmettert!» – «Ohne schnippeln», sagten die Mädchen. Wenn man «draußen» war, konnte man sich auf die Blumenkästen setzen und auf den Einsatz warten, der durch Klopfen mit dem Griff auf die Platte angekündigt wurde. Oder auf dem Zaun balancieren, möglichst ohne runterzufallen. Rechts und links ein Bein, in der Mitte der Zaun, das tat weh. Fürs Entscheidungsspiel borgte ich mir eine Softkelle. Top-Spin müsste man können, da flog der Ball nach dem Aufkommen einfach zur Seite. Die Kelle mit Seife einzureiben hatte nicht geholfen, davon war sie noch glatter geworden. Ein Freund hatte mir einen «Trickball» geschenkt, eine Hälfte rot angemalt, «das irritiert den Gegner». Aber irritierte es einen nicht auch selbst?

Im März hatte an der Leninallee das SEZ (Sport- und Erholungszentrum) aufgemacht. Da gab es Solariumsbänke und sogar einen Raum mit Hometrainern. Länger als eine Stunde musste man an der Kasse anstehen, zwischen lauter Auswärtigen, die sächselten. Durch die große Scheibe sah man drinnen die Köpfe wie Bojen auf und ab wippen, denn alle halbe Stunde gab es Wellen. Man konnte sogar durch eine Schleuse ins Freie schwimmen. Auf dem Rückweg mit der S-Bahn zogen wir uns die Kunstfaserbadekappen, die ähnlich dehnbar waren wie unsere Einkaufsnetze, über das Gesicht. Mal sehen, ob an der nächsten Station wer erschrak, wenn wir mit Bankräubermasken dasaßen.

Zu Hause wieder mit den beiden Drehknöpfen am Fernseher alle Frequenzen durchprobieren – ob vielleicht ein neuer Sender dazugekommen war? Ich hatte es auch schon einmal mit einer Antenne aus Silberpapier versucht. Vielleicht musste man sie mit Quecksilber aus dem Fieberthermometer bestreichen? Es kam nur weißes Rauschen oder das fiepende Testbild. Die Armbanduhr auf die Sekunde genau stellen, und dann noch einmal, vielleicht ging es ja *noch* genauer? Hinten am Fernseher der Knopf, mit dem man das Bild ein Stück nach links oder rechts schieben konnte, aber das war mit dem Vergnügen am weißen Strich im «Kulturpark» nicht zu vergleichen.

Im Fernsehsessel sitzen und die goldene Uhr beobachten, die in der Durchreiche unter einer Glaskuppel stand. Das Schwungrad mit den Goldkugeln drehte sich um den Sockel, bis es einen einzigen Moment lang stehen blieb und sich dann in die andere Richtung drehte. Die Ente mit schwarzem Plastezylinder wippte im Regal so lange tiefer, bis sie den Schnabel in ein Wasserröhrchen tauchte. Sie hörte nie auf zu wippen, das war unerklärlich, aber irgendwie auch deprimierend.

Mit der Kelle einen Ball in der Luft halten und die Schläge mitzählen. Gegen die Wände spielen, versuchen, so von Zimmer zu Zimmer zu gehen. Plötzlich eine Idee: Ich könnte was trinken! Himbeersirup aus der Glasflasche mit Wasser mischen. Aber ich musste mich zurückhalten, ich wollte nicht zuckerkrank werden, außerdem war es schlecht für die Zähne. Den Blumenbestäuber mit Granulat-Tee füllen und sich in den Mund spritzen. Oder in der Kaufhalle eine Pampelmuse kaufen, sie mit Zucker bestreuen und auslöffeln.

Bei unseren Nachbarn musste ich die Petunien gießen. Von ihrem Balkon sah das Viertel ganz anders aus, obwohl man nur drei Meter weiter links stand. So lebten also Kirschs. Es war auch hier so aufgeräumt und übersichtlich, jedes Ding hatte seinen fest zugewiesenen Platz. Die Flurtapete mit verwirrenden, geometrischen Mustern: eine einzige optische Täuschung. Die lackierte Schrankwand mit Platz für den Fernseher und einem Schiebefach für Schallplatten. Das Ehebett stand im Wohnzimmer in der Essecke, damit beide Kinder ein Kinderzimmer hatten. Sie besaßen noch mehr Westspielzeug als wir, weil Frau Kirsch beim Intershop arbeitete. Da bekam man einen Teil des Gehalts «in West» ausgezahlt, damit man nicht in Versuchung geriet zu klauen. Angeblich war einmal ein Polizist über den Tresen gesprungen und hatte Asyl im Westen beantragen wollen. Ich räumte ihren Schrank aus und merkte mir genau, wie alles gestanden hatte. Sie hatten nämlich ein Spiel, bei dem man als Motorradfahrer lärmend und immer schneller eine endlose Straße entlangfuhr und Autos ausweichen musste. Wenn man eins berührte, leuchteten rote Blitze auf. Batterien brachte ich von uns mit. Der Motorenlärm! Hoffentlich kamen sie nicht gerade jetzt aus dem Urlaub wieder. Ich stellte immer eine volle Gießkanne neben mich, um mich zu tarnen.

Am nächsten Tag fuhren wir mit der S-Bahn «in die Stadt», zum «Shop», die Softkellen angucken. Die «Warschauer» nehmen, die «Grünauer» oder die nach «Spindlersfeld». Friedrichstraße aussteigen und ein Stück zu Fuß die Straße hoch zur duftenden Intershop-Baracke. Ich leistete mir von meinem gesparten Westgeld einen Flummy, statt Wechselgeld bekam man einzelne Kaubonbons heraus. Oder es musste ein Rifle-Gürtel sein, den man so knotete, dass das lange Ende nach unten zeigte. «Raifel» oder «Riffel»? Weiter ging es zum Brandenburger Tor, das ich erkannte, während die meisten anderen Gebäude mir noch nichts sagten. Rechts und links zwei Reihen Blumenbänke, auf der Freifläche standen bewaffnete Grenzsoldaten. Durchs Tor sah man West-Berlin, eine grüne Oase. Auf dem Stadtplan war ja auch nur Wald eingezeichnet.

Zu Hause wieder Ferienprogramm im Fernsehen. Die Geschichte von einem Jungen, der an einem Fußballplatz vorbeiging und den Ball, der ihm vor die Füße rollte, gelangweilt, aber unhaltbar ins Tor schoss, obwohl er nur Halbschuhe anhatte, für Fußballschuhe hatte er kein Geld. Dann überholte er, als er zufällig mit seinem halb kaputten Straßenfahrrad in ein Radrennen geriet, den Führenden. Aber gesellschaftlich stand es nicht gut um ihn, da musste erst noch auf ihn eingewirkt und sein Vertrauen gewonnen werden. Dafür waren die Pioniere zuständig, die mit ansteckendem Ehrgeiz jede freie Minute nutzten, um irgendwo im Gebüsch Schrott aufzustöbern und zur Sammelstelle zu bringen.

Meine Mutter kochte zwei große Töpfe Kaltschale, rote und orange mit Aprikosenstücken. Ich telefonierte lange mit Roberto, der wollte, dass ich rüberkam, er hatte die «Playmies» aufgebaut. Den Hörer mal verkehrt rum halten, ob man da auch was hörte? Wir verabredeten uns für eine Radtour zum Gorinsee, durch den Bucher Forst. Über die Wurzeln der Bäume heizen wie Motocross-Fahrer, dann ein langer Feldweg, wo wir praktisch mitten in der Natur waren. Unterwegs eine Pause, Trinkflasche und Kekse. Das Wasser im See war berüchtigt für seine trübe Färbung, deshalb nannten wir ihn «Urin-See». Am Ufer schwamm immer eine Schaumschicht, angeblich weil die Russen am anderen Seeufer ihre Panzer wuschen. Letztes Jahr sei ein toter Mann im See gefunden worden. Der säuerliche Geruch im Biergarten, wo es Fassbrause gab und mürrische Erwachsene saßen, Menschen, denen man später täglich begegnen würde, wenn man in einem Betrieb arbeiten müsste.

Es war noch hell, wenn wir schlafen gingen, das Heimchen war zu hören, ein Betrunkener irrte einsam durchs Viertel und schimpfte, vielleicht weil es bei uns nur den «Schlosskrug» und den «Parkblick» gab. Wenn draußen eine Flasche zu Bruch ging, fühlte man sich besonders wohlig geborgen in seinem Bett. Die Vorhänge waren den Tag über geschlossen gewesen, jetzt standen wegen der Hitze alle Fenster auf, manche hatten ihre im Sommer mit Alufolie verkleidet. Ich zählte ängstlich nach, wie viele Tage von den Ferien noch blieben. Mit jedem Tag verging die Zeit schneller.

Familienbande

Obwohl mein Vergnügen daran, mich zu Hause aufzuhalten, nie nachließ, war es doch mehr und mehr mit der Voraussetzung verknüpft, dass ich dort möglichst alleine war. Da wir aber nach Auskunft der kommunalen Wohnungsverwaltung mit vier Zimmern für fünf Personen «endversorgt» waren, hatte ich selten das Glück. Eine innere Stimme sagte mir, dass ich es schaffen müsse, mich vom Fernseher loszureißen, auch wenn er mir so schöne Stunden bescherte. Als ARD oder ZDF als besondere Sommereinlage einmal drei Filme hintereinander sendete und damit für das Fernsehen bisher unerreichbare Nachtregionen erschloss – es wurde schon hell, als der letzte Abspann lief –, war ich wie hypnotisiert und konnte mich, trotz nagendem schlechtem Gewissen, stundenlang nicht aus dem Sessel erheben. Andere in meinem Alter machten längst Paddeltouren durch Mecklenburg oder kletterten mit «Trampern» an den Füßen im Elbsandsteingebirge, um in Höhlen zu übernachten. Man konnte auch zur Ostsee laufen und unterwegs an einsamen Häusern anklopfen, um zu fragen, ob sie heißes Wasser für einen Brühwürfel hätten. Das war ein Trick aus einem Kinderbuch, denn man bekam vom gerührten Hausbesitzer natürlich nicht nur heißes Wasser, sondern ein Abendessen und eine Unterkunft.

Es gab ein Ausland, das eigentlich Heimat war, eine Siegfried-Lenz-Verfilmung machte mich damit bekannt. Jeder, der in Ostpreußen aufgewachsen war, litt an einer lebenslangen Sehnsucht, und ich wollte so etwas auch empfinden. Polen hatte mich schon immer gereizt, die Fahne war im Kindergarten besonders einfach zu malen gewesen, und Erwachsene brachten von dort große, scheibenförmige Dauerlutscher mit. Die Mutter meiner Großmutter war Masurin gewesen und hatte, nachdem sie einen Deutschen geheiratet hatte, stolz ihren einzigen deutschen Satz wiederholt: «Ich bin ein deitsche Biamtenfrau.»

Anfang der achtziger Jahre kollabierte die polnische Wirtschaft, und unsere Regierung ließ uns nicht mehr ohne Weiteres über die Grenze: Die Tochter einer Bekannten wurde sogar in den Westen abgeschoben, weil sie versucht hatte, von der ČSSR aus nach Polen zu wandern. Man wollte uns den traurigen Anblick eines so kaputten Landes ersparen, aber eigentlich traute man uns nur nicht zu, der dort beheimateten politischen Unzuverlässigkeit zu widerstehen, und auf die für die meisten unüberwindliche Sprachbarriere schien kein Verlass. Zu Weihnachten beteiligte sich meine Klasse an einer Solidaritätsaktion für die polnischen Kinder, die wegen Lech Wałęsas Aufmüpfigkeit keine Geschenke bekommen würden, weil es nichts zu kaufen gab. Ein LKW-Konvoi mit unseren gespendeten Spielsachen sollte sich zu den polnischen Kindern durchschlagen. Allerdings sah, was an Spenden zusammenkam, ziemlich zerspielt aus, und wenn doch jemand etwas Brauchbares geopfert hatte, wurde er von den anderen für verrückt erklärt.

Ich kannte Polen aus den Ostpreußen-Bildbänden meiner Mutter und war davon angetan, dass Menschen in der dortigen Landschaft kaum eine Rolle spielten. Denn ich hatte schon mitbekommen, dass man sich, zumindest in unseren Breiten, eher vor Menschen fürchten musste als vor Tieren oder Naturphänomenen. In Masuren gab es teilweise noch Urwald, Wisente, einsame Waldseen und Feldwege, denen man blind folgen konnte, dort würde ich mich wieder so fühlen wie als Kind im Sommer auf dem Dorf, als die Zeit in der Hitze so zäh tröpfelte wie das Wachs der Bienenwaben, die der Imker in einem Glaskasten in der Sonne schmelzen ließ. Manche meiner Mitschüler verbrachten keinen Tag der Ferien mehr zu Hause, es war die anstrengendste und intensivste Zeit, und am ersten Schultag schliefen sie vor Erschöpfung mit dem Kopf auf der Bank ein. Man übertraf sich in seiner Anspruchslosigkeit. Einer hatte seine Zahnbürste durchgebrochen, um Gewicht zu sparen, als Buttermesser nahm er seinen Stielkamm, und seine Hosenbeine hatte er mit Reißverschlüssen ausgestattet, um sie bei gutem Wetter abnehmen zu können und dadurch mit einer Hose auszukommen.

Man musste auf der Meldestelle der Polizei einen Antrag auf ein Visum stellen und eine polnische Adresse angeben. Ich besorgte mir von einem Freund eine Adresse, behauptete, dass es die der Nichte meiner Mutter sei, und beantragte einen 40-tägigen Besuch zu ihrer Hochzeit. Vielleicht war es sogar wirklich eine Nichte meiner Mutter, denn meine Mutter wusste gar nicht mehr genau, wie viele Cousinen sie damals in Ostpreußen gehabt hatte und wie viele unserer Verwandten noch dort lebten. Sie machte sich Sorgen um mich, denn aus ihrer Kindheit wusste sie, dass man in Masuren, wenn man auch nur einen Meter vom Weg abkam, schon im dichten Unterholz verschwand. Allerdings hatte sie das Land zum letzten Mal als Kind gesehen.

Die dicke Beamtin musterte mich misstrauisch. Ich hatte «Festigung der Familienbande» als Reisegrund angegeben. «*Watt* wolln Sie da machen? 'ne Familienbande?» Ich erklärte ihr das Wort, ich ging ja auf die EOS. «Und 40 Tage? Ditt wird ja 'n Urlaub! Nee, Sie fahren *janich*.» Mit Demut und ausgestellter Reue konnte ich sie dazu bewegen, mir wenigstens 14 Tage zuzugestehen, zur Festigung der Familienbande. Ich fuhr also wirklich nach Warschau. Wie oft hatte ich die S-Bahn Richtung «Warschauer Straße» genommen, ohne mir bewusst zu machen, dass ja von Warschau die Rede war, der Hauptstadt von Polen.

In Warschau irrte ich einen Tag durch Neubauviertel und kam mir sofort verloren vor. Über jeden Schritt musste ich selbst entscheiden, und der Tag wurde dadurch unendlich lang. Ich schlief auf einer Wiese und aß ein gekochtes Ei von zu Hause. Als ich die Reste eines Solidarność-Plakats fotografierte, wunderte ich mich, dass der Schriftzug hier nicht verboten war. Ich wusste, dass man als Tourist immer nach «der Altstadt» suchen musste, aber ich fühlte dort nichts Besonderes. An Straßenständen gab es durchsichtige Plastesäckchen mit einem Saftersatz zu kaufen, das war immerhin etwas, worauf ich immer wieder zurückkommen konnte, nachdem ich einmal herausgefunden hatte, wie so ein Kauf ablief. Im «Biuro Autostopu» des polnischen Touristenverbands bekam man Heftchen mit Tramp-Gutscheinen. Angeblich nahmen einen die Polen gerne mit, wenn man ihnen mit einem dieser Scheine die gefahrenen Kilometer bestätigte, sodass sie sich am Ende des Jahres an einer Tombola beteiligen konnten. Am Bahnhof wartete ich lange auf den Zug nach Masuren. Spirdingsee, Allenstein, Rhein und Rastenburg – so hießen die Orte auf der Karte, die mir meine Mutter mitgegeben hatte, in Wirklichkeit hießen sie Jezioro Śniardwy, Olsztyn, Ryn und Kętrzyn. Ich saß im oberen Stockwerk des Bahnhofs in einem gläsernen Warteraum, über uns ein Fernseher, von dem ich mich in dieser Nacht noch würde trennen müssen. Die Paketschnur, an der ich meinen Brustbeutel um den Hals trug, scheuerte; ohne einen Brustbeutel hätte mich meine Mutter nicht reisen lassen. Am liebsten wäre ich zurückgefahren. So würde ich mich fühlen, wenn ich von zu Hause ausziehen oder sogar in den Westen gehen würde.

Als gegen Mitternacht der Zug eintraf, stürmten von allen Seiten Menschen den Bahnsteig. Mit größter Mühe konnte ich mich in den Waggon quetschen und landete auf dem Gang, wo ich die folgenden sechs Stunden auf dem linken

Bein verbrachte, für den anderen Fuß war es zu eng. Polnische Jugendliche lagerten im Waggondurchgang und spielten Gitarre, die Gleise direkt unter sich. Gegen Morgen leerte sich der Zug mit einem Mal, und ich setzte mich erschöpft ins Abteil. Aber jetzt tauchte plötzlich ein Schaffner auf und monierte, dass ich in der ersten Klasse saß. Ich bot ihm an, die Strafe mit einem 20-Mark-Schein zu begleichen, ich hatte noch kein Geld gewechselt, weil ich mir in der Provinz einen besseren Kurs erhoffte. Der Schaffner glaubte mir nicht, dass ich keine Złoty hatte, so etwas war hier noch nicht vorgekommen, schließlich machte man zu dieser Zeit Witze über diese Währung, die nicht einmal mehr ihren Materialwert aufwog. Er kam mehrmals wieder, bis ich sagte: «Złoty kaputt», was alle im Abteil amüsierte.

In Ruciane-Nida bog ich sofort in den Wald ab, ich wollte schnell in die unberührte Natur. Bremsen setzten sich auf meine Beine, ich musste immer wieder stehen bleiben, um sie zu töten. Ich weiß nicht, was ich erwartet hatte, aber die Gegend sah aus wie das Berliner Umland. An vielen Häusern hing ein Schild: «Der Honig.» Nach einer Stunde machte ich völlig durchgeschwitzt an einer Wegbiegung halt. Ich lutschte etwas C-Frisch, trocknete meine doppelten, dicken Wollsocken, die ich gegen Blasen in den schweren Arbeitsschuhen trug. Der Shell-Parka, den mir meine Schwester geborgt hatte, war am Rücken durchgeweicht und mit einer Salzkruste überzogen. Ich marschierte quer durchs Unterholz, auf der Suche nach einem auf der Karte verzeichneten einsamen See, dessen Ufer aber mit Klopapier übersät war, anscheinend verrottete es nicht. Polnische Urlauber zeigten mit dem Finger auf mich und nannten mich einen Tschechen. Heute weiß ich, dass «tschechtsch» auf Polnisch «hallo» heißt.

Zum Mittag schnitt ich mir auf einem Frühstücksbrett mit meinem Brotmesser ein Stück Salami ab. Wie lang so ein Tag war, wenn man ihn allein und nicht zu Hause vor dem Fernseher verbrachte, trotzdem schaffte ich nur 20 Kilometer. Als ich kein Wasser mehr hatte, fragte ich ein Mädchen, das seinen Hund ausführte, ob sie mir welches geben könne. Sie führte mich über Felder und Kuhkoppeln, ständig stolperte ich über die Hundeleine ihres Dackels. Ich sagte immer verzweifelter: «Woda?», während sie ununterbrochen auf mich einredete. Als hinter einer Wegbiegung wieder nur eine Kuhkoppel kam, wurde ich hysterisch. Sie zuckte mit den Achseln, führte mich an einen Badesee und dort auf den Bootssteg. Sie zeigte auf das Wasser, und ich guckte sie entgeistert an. Als sie endlich kapierte, was ich wollte, zeigte sie auf einen Wasserhahn, der zwischen den Bäumen aus dem Boden ragte. Ich trank gierig aus dem Hahn, im See bildeten sich Strudel.

An den nächsten Tagen ernährte ich mich von meiner Salami und einem aus Berlin mitgebrachten Brot. Es gab nirgends etwas zu essen zu kaufen, nur einmal fand ich in einem Dorfkonsum Milch. Alle aus der Schlange kauften neben ihren Besorgungen drei Tütchen mit irgendetwas drin. Die Verkäuferin griff auch bei mir reflexartig nach den Tütchen, die gleich neben der Kasse lagen, aber ich wusste nicht, um was es sich handelte. Sie wunderte sich, dass ich nichts davon wollte.

Ich brauchte jede Stunde eine Pause, um meine Wollsocken zu trocknen und vom Gewicht des Rucksacks auszuruhen, dessen Nähte ich zu Hause vorsorglich verstärkt hatte. Warum trug ich in der Hitze einen Parka und lange Hosen? Für mich gehörte das zum Wandern dazu. Und ein Brotmesser mit Frühstücksbrett? Die Campingaxt von meinem Vater, mit Hammerfläche und Büchsenöffnerdorn? Hatte ich nicht sogar eine Thermoskanne dabei? Manchmal sah ich Westdeutsche, die aus ihren großen, dunklen Autos gestiegen waren, um mit abenteuerlich langen Teleobjektiven einen Storch zu fotografieren oder mit hochgekrempelten Hosen in einem Flussbett nach Krebsen zu suchen. Sicher stammten sie von hier. Abends schlossen sich mir betrunkene junge Männer an, die auf der Landstraße unterwegs waren: «Wir gutt lieben Deutsche!» Ich wusste, dass es gefährlich war, sich zum Trinken einladen zu lassen, weil es dann vorkommen konnte, dass man sich zum Schlafen quer auf die Straße legte und von einem Auto überfahren wurde. Als mich einmal ein Laster mit einer Gruppe polnischer Wandermädchen überholte, die mir begeistert zujubelten, spürte ich für Sekunden, was ich hier eigentlich suchte. Hätten sie doch angehalten, um mich mitzunehmen, ich wäre heute ein anderer Mensch!

Wenn ich fragte, wo Kętrzyn lag, hatte ich keinen Erfolg, weil niemand die nächstgrößere Stadt zu kennen schien. Ich schrieb den Namen auf, ach so, «Kengtschijn»! Trotz meiner Tramp-Gutscheine nahm mich niemand mit. Die Polen winkten zwar freundlich, ihre winzigen Polski Fiats waren aber bis oben vollgestopft, und die Deutschen beschleunigten, wenn sie an mir vorbeirauschten, sie wollten keinen Tschechen im Auto. Ich wurde nur dann mitgenommen, wenn ich gar nicht zu trampen versucht hatte: Ein polnisches Rentnerpärchen ließ mich auf die Ladefläche seines Kleinlasters steigen, wo ich mich auf den Rücken legte und nur mit Mühe Halt fand, weil der Waldweg so uneben war. Ich hatte ihnen nicht erklären können, wohin ich wollte, ich wusste es ja nicht. Ich müsse unbedingt nach Allenstein, meinten sie, aber ich wollte doch in die unberührte Natur. Sie fuhren mich zum Ausgangspunkt meiner Wanderung zurück. Dasselbe passierte mir mit einer Gruppe Jugendlicher, die im offenen Jeep durch den Wald rasten: Sie fuhren mich wieder nach Ruciane-Nida.

Das Einzige, was meinem Vorhaben eine Struktur gab, war das abendliche Einzeichnen der zurückgelegten Wegstrecke auf der Karte. Deshalb war ich auch tagsüber bemüht, möglichst weit zu kommen, was aber zu Fuß sehr langsam ging. Auf einer Chaussee, auf der mich wieder niemand mitnahm, las ich gegen Abend an einem Parkplatz ein deutschsprachiges Schild: «Wolfsschanze». Es gab Symbole für Toiletten, Imbisse und Übernachtungsmöglichkeiten. Ein deutsches Auto bog in die Einfahrt und rollte über den Kies, aus dem Waldboden ragte Bunkerbeton. Es war mir peinlich, stehen zu bleiben, ich fühlte mich beobachtet. Ich redete mir ein, dass es unter meiner Würde sei, mich in den Ferien wie ein Tourist zu verhalten und einen so kommerziellen Ort aufzusuchen. Ein Foto machte ich auch nicht, ich musste sparsam mit dem Film umgehen. Einmal verwendete ich aber viel Zeit darauf, im Wald einen Laubfrosch zu fotografieren, ein echtes Tier.

In Ukta, dem Dorf, aus dem meine sagenhaften Vorfahren stammten, fand ich nichts, was auf meine Vergangenheit hingewiesen hätte. Hatte ich erwartet, hier von Nachkommen in meinem Alter auf der Straße erkannt zu werden? Ich fotografierte ein paar Häuser, um sie später meinen Eltern zu zeigen, vielleicht gehörte ja eines davon uns? Keiner kannte die Jugendherberge, die in meiner Karte eingezeichnet war: Es war die Schule, die im Sommer als Unterkunft für Wanderer diente, ich bekam einen Klassenraum für mich. So weit war ich in den Ferien von zu Hause weggekommen, und am Ende landete ich wieder in einer Schule!

Immerhin hatte es sich ausgezahlt, dass ich in Berlin noch extra in den Jugendherbergsverband eingetreten war. Ich aß ein Stück von meiner Salami und knabberte meinen letzten Brotkanten. Als ich schon schlief, klopfte es an die Tür, und ich wurde von einer polnischen Reisegruppe zum Essen eingeladen, sie tafelten in der Aula im oberen Stockwerk. Ausgerechnet heute war ich schon satt. Wir verständigten uns notdürftig auf Französisch, was mich ein bisschen stolz machte, ich hatte nicht damit gerechnet, dass die Sprache mir hier etwas nützen würde. Sie fragten mich, ob ich Zucker haben wollte, ich wusste nicht, warum, aber sie ließen nicht locker. Warum war es ihnen so unbegreiflich, dass ich ohne Zucker auskommen konnte? Oder trauten sie mir nicht zu, mir in diesem Land selbst Zucker zu besorgen, weil sie wussten, über welche Spezialfähigkeiten man dafür verfügen musste? Am nächsten Tag schenkten sie mir zum Abschied ein Glas Zucker, ich konnte es nicht ablehnen und hatte nun noch mehr zu schleppen, denn Lebensmittel durfte man nicht wegwerfen, das war eine der Botschaften, die Staat *und* Kirche jahrelang an mich gerichtet hatten.

In einem Ort mit Bahnhof sah ich im Schaufenster nach Tagen zum ersten Mal mein Spiegelbild. Ich war braun gebrannt und zerzaust, ein wenig hatte sich die Anstrengung also schon gelohnt. Leider konnte das hier niemand würdigen. Ich fuhr mit einem Nachtzug nach Danzig, das einmal deutsch gewesen war. Ehemalige deutsche Wohnstätten im Ausland waren Launen der Geschichte, die musste man sich ansehen. Morgens um drei saß ich dort auf dem Bahnhofsboden und wartete, dass die Stadt aufwachte. Ich tauchte mein Brotmesser in den Zucker und leckte es ab. Die Polen hatten recht behalten, reiner Zucker war eine köstliche Speise, wenn man nichts anderes hatte.

Als die Banken endlich öffneten, war die Frau am Schalter völlig überfordert, weil ich bei ihr zum offiziellen Kurs tauschen wollte, sie schickte mich vor die Tür zu den privaten Geldwechslern. In einem Musikgeschäft erfuhr ich von einem jungen Westdeutschen, wie günstig der Kurs für ihn war. Er wusste gar nicht, welche Platten er noch kaufen sollte. Ich tauschte in einer Wechselstube meine fünf Mark West, die ich zur Sicherheit mitgenommen hatte, und war plötzlich reich. Alle Platten, die irgendwie westlich aussahen, kaufte ich – sogar *Purple Rain* von Prince –, und weil ich immer noch Geld übrig hatte, kaufte ich eine polnische, auf deren Cover ein Mann in ausgeleierten grauen Unterhosen, russischen Filzstiefeln und einem gelben ABBA-T-Shirt zu sehen war, der mit einem Hammer auf Blechschüsseln schlug. Ein Hinweis verkündete: «Ekstra strona A i B!», die Platte war also beidseitig bespielt. Vielleicht war das ein besonderes Fundstück – Musik, die man bei uns noch nie gehört hatte? Jetzt hatte ich einen Schatz zu hüten und fühlte mich bedroht. Am Bahnhof verkauften alte Frauen Plastetüten. Ich suchte mir keine von Marlboro aus, sondern eine unauffällige, blaue, auf der mit gelber Schrift PEWEX stand und die offenbar aus Polen stammte.

Den Rest des Tages zog ich mich immer wieder in eine große Kirche zurück, aus Angst, wegen meiner Platten überfallen zu werden. Mein Instinkt sagte mir, dass man in einer Kirche vor Dieben sicher war. Die Stimme des Priesters wurde über kleine Lautsprecher im Saal verbreitet, was mir sehr profan vorkam, aber noch seltsamer waren die üppigen

Blumenarrangements mit kitschig-naiven Figuren von Jesus und Maria. In einem Kiosk im Vorraum wurden Papst-Bilder und Anstecker von Solidarność verkauft, und ich kaufte beides, da ich darauf trainiert war, an speziellen Warenvorkommen nicht achtlos vorüberzugehen. Nur die ersten Reihen waren von alten Weiblein gefüllt, die mit dünnen, hohen Stimmen einen beharrlichen Singsang aufführten. Dass man ständig aufstehen musste, fiel mir am katholischen Gottesdienst unangenehm auf. Meine Sitznachbarin, eine alte, sehr kleine Frau, sprach mich auf Deutsch an: Ob ich aus Deutschland sei? Sie nannte einen Männernamen, ob ich den kennen würde? Vielleicht suchte sie ihren Sohn, der auf der Flucht verschollen war?

Im Zug klärten mich Polen darüber auf, dass PEWEX der polnische Intershop sei, meine Tüte war keine sehr gute Tarnung für meinen Plattenschatz gewesen. Wie erleichtert war ich, als ich die Platten sicher über die Grenze gebracht hatte, der Zoll hatte sich nicht dafür interessiert. Erst Jahre später wurde *Unknown Pleasures* von Joy Division – eine der Platten, die ich in Danzig auf Verdacht gekauft und dann nie gehört hatte – zu einer musikalischen Offenbarung für mich.

Niemandsland

Nachts bekam ich manchmal Angst, weil ich nicht wusste, was ich nach der Schule werden sollte. Und konnte ich dann überhaupt noch Fußball spielen? Das taten auf dem Hof nur Kinder. Sonntags machte ab und zu ein Vater aus dem Parterre mit, im roten Trainingsanzug, er grüßte mich immer mit «Grüß dich» und verabschiedete sich mit «Ich wünsch dir was», so redeten anscheinend bei uns die Arbeiter. Was sollte ich werden? Im Fernsehen war mal ein Korbflechter zu sehen gewesen, der nach einem einleuchtenden Prinzip Weidenruten zu einem stabilen Gefäß verflocht, das sah nicht schwierig aus, und es war ein seltener Beruf, der aufhorchen ließ. Glasbläser wäre auch eine Möglichkeit. Da man sein Leben lang dasselbe machen würde, war es wichtig, sich für das Richtige zu entscheiden. Wie lange konnte ich das noch hinauszögern? Meine Leidenschaften flammten immer nur kurz auf. Meistens fand sich dann nicht das Material in der Wohnung, um eine Idee umzusetzen, kein Kokosmehl für die Makronen, die ich backen wollte, oder ich fand die Schere nicht, oder man brauchte einen Stechbeitel. Früher hatte ich Kranführer werden wollen. Da oben konnten sie einen lange suchen, und man musste nicht stehen.

In einem bestimmten Alter wurde jeder in eine Fabrik

gesteckt, viele wurden sogar von Stadt zu Stadt geschleppt, weil schon alle Fabriken voll waren. Erst als Rentner durfte man wieder nach Hause, und dann war es für die meisten zu spät, sie konnten nicht mehr ohne Arbeit leben. Deshalb arbeiteten viele Rentner noch härter als vorher, es zog sie in ihre alten Betriebe, wo sie ihren Nachfolgern auf die Finger schauten. Oder sie suchten sich ein Hobby, also eine Arbeit, für die sie nicht einmal bezahlt wurden. Wer sagte denn, dass es einen Beruf für mich gab? Die Liste der bekannten Berufe musste ja nicht vollständig sein. Im Wilden Westen vielleicht, da gab es in jeder Stadt einen Sheriff, einen Marshal, eine Wirtin, einen Doc, einen Spaßvogel und einen Reverend, auch wenn man nicht wusste, was dessen Aufgabe war. Marshal hätte ich mir vorstellen können. Auf langen Ritten den Hut abwechselnd in die Stirn oder in den Nacken schieben und mittags damit aus einer Quelle Wasser schöpfen.

Was meine Eltern genau machten, wusste ich nicht. Ihre Notizen füllten überall in der Wohnung Karteikästen oder lagen als Zettelhäufchen herum. Manchmal riefen Kollegen an, dann musste man die Eltern ans Telefon holen. Obwohl noch gerade eben über alle möglichen Missstände auf der Arbeit geschimpft worden war, ließen sie sich am Telefon nichts anmerken. Dass meine Mutter sich stets fröhlich meldete, obwohl sie Kopfschmerzen hatte, beruhigte mich immer. Diese Telefontherapie war eigentlich das Einzige, was bei ihr wirkte, alle anderen Methoden, ihre Migräne zu bekämpfen, waren gescheitert. Ein Nebeneffekt davon war, dass ich wegen ihrer migränebedingten Geruchsempfindlichkeit nie würde heimlich rauchen können.

Zum Fasching ging ich als Detektiv. Der sein, auf den am Tatort alle warteten, der die Leiche umdrehte: «Es war Mord.»

Seltsam, dass sich das Wort nicht «Dedektiv» schrieb. Als ich ihnen das sagte, machten sich meine Eltern eine Notiz. Kalle Blomquist, eine verschlafene Kleinstadt im Sommer, nur der Detektiv traut dem Frieden nicht, und plötzlich stellte sich heraus, dass man sich mitten in einem Abenteuer befand. Oder Detektiv Pinky, den keiner ernst nahm, bis er die Verbrecher hinter Schloss und Riegel brachte. Bei «Cluedo» wollte man Mr. Bloom sein, der jugendliche Typ mit der Pfeife, Hauptsache nicht Frau Weiß. Einmal war bei uns im Keller eingebrochen worden, ein paar Fahrräder waren verschwunden. Ich ging mit Lupe runter, um den Dieb zu finden. Aber man brauchte eine spezielle Paste, um Fußabdrücke abzunehmen, wie in *Die Suche nach dem wunderbunten Vögelchen*. An der Ausrüstung scheiterte es immer.

Steffen Mund hatte endlich mit einem 5.-Klasse-Abschluss von der Schule abgehen dürfen und arbeitete jetzt beim Tiefbau. Ich traf ihn einmal in der S-Bahn, er schwärmte davon, dass sie bei schlechtem Wetter immer freibekamen. Ob er auch in den Beton pinkelte? Zu seinem Geburtstag lud er meinen Bruder ein, der hinging, man musste ja «ein bisschen sozial» sein. Die Gäste schleppten aus Langeweile immer wieder einen schweren Stein in den vierten Stock und warfen ihn aus dem Fenster. Dazu hörten sie die Elvis-Kassetten von Steffen Munds großem Bruder. Schließlich wurde eine Schachtel mit Fotos geöffnet: ein Mädchen, das seinen behaarten Unterleib in die Kamera hielt. Steffen Munds Bruder stellte mit seiner Freundin pornographische Schwarz-Weiß-Fotos her, davon finanzierte er seine West-Jeans. Von meiner Schwester wollte er Chemikalien für Sprengsätze, sie gehe doch auf die EOS, und da hätten sie so etwas doch sicher im Labor.

Ich machte mir Sorgen, weil ich in der Rubrik «Professor

Borrmann antwortet zu Fragen der Sexualität» im *Neuen Leben* gelesen hatte, wann in der DDR Jugendliche im Durchschnitt zum ersten Mal Geschlechtsverkehr hatten. Offenbar war ich viel zu spät dran, und es war keine Lösung in Sicht. Meine älteren Geschwister hatten ja auch niemanden, wir waren schon so zu viele in der Wohnung. Im Ferienlager hatte ich eine Freundin gehabt, immerhin hatte ich dadurch wen für die Disko und zum Korrespondieren. Aber als sie in einem Brief voller Rechtschreibfehler vorschlug, dass ich sie zu Hause besuchen käme, war mir das zu abenteuerlich, und ich wurde krank. Sollte ich denn mein bisheriges Leben für sie aufgeben? Außerdem waren alle Beziehungen zum Scheitern verurteilt; es gab vielleicht nur ein einziges Beispiel für eine langjährige glückliche Ehe, und das war die von Christa und Gerhard Wolf.

Computerspieletester wäre vielleicht ein Beruf für mich? Ich kam einfach nicht von «Elite» los, einer Raumfahrtsimulation für den C64. Die Raumschiffe waren Vektormodelle vor dem schwarzen Hintergrund des Weltalls, das eine erhabene Einsamkeit ausstrahlte. Jeden Planeten konnte man ansteuern, auch wenn es Jahre gedauert hätte, weil das Spiel «in Echtzeit» lief. Um zu landen, musste man lernen, die Flugbahn des Raumschiffs mit der Rotation des Planeten zu koordinieren, sodass man den schmalen Spalt traf, der in die Station führte, langsam genug, um nicht zu zerschellen. Als mir das zum ersten Mal gelang, morgens vor der Schule, und überraschenderweise der *Donauwalzer* erklang, war ich erschöpft und stolz. Jetzt konnte ich mit Kupfer oder Fellen handeln, bis ich befördert wurde und irgendwann «Elite» war.

Mein Vater hatte in dem Jahr, als der Sputnik flog, noch

am Radio gesessen und versucht, auf der Skala das Funksignal einzufangen. Der Sputnik sah aus, als hätte die Erde ein winziges Baby bekommen, und er piepste wie ein verängstigtes Vögelchen. Das eigentliche Wunder war ja, dass die Russen zu einer derartigen Leistung in der Lage gewesen waren. Sowjetische Technologie kannten wir schließlich nur in Gestalt klobiger Armbanduhren, für die wir unsere Ruhla-Uhren an die Russen liefern mussten. So, wie sie aussahen, hätte es niemanden gewundert, wenn die russischen Uhren mit Atomkraft betrieben gewesen wären. In sowjetischen Filmen hatten die männlichen Helden geschminkte Augen, sowjetisches Schokoladenkonfekt schmeckte nach mir gänzlich unbekannten Ersatzstoffen. Produktgestaltung schien ihnen nicht wichtig zu sein, alles sah aus wie vergrößertes Kinderspielzeug, als würden die Menschen nicht mit zunehmendem Alter geschickter werden und kleinere Knöpfe zu bedienen lernen. Aber sie hatten es geschafft, vor den Amerikanern ins Weltall zu gelangen. Wobei es natürlich bezeichnend war, was sie als Erstes hochschickten: Kakerlaken!

Wir Jungs träumten davon, Kosmonaut zu werden, obwohl man im Weltall mit Sicherheit auf keine Mädchen treffen würde. Im Schulchor wäre man an der Quelle gewesen, man war aber zu dumm, das auszunutzen. Ich trat dem «Klub Technik-Naturwissenschaften» bei, wo wir aus Staubsaugerschläuchen, Thermoskannen und einem Motorradhelm einen Raumanzug bauten. Wir wetteiferten um die Ehre, am letzten Schultag in diesem Anzug am Fahnenappell teilnehmen zu dürfen, dazu musste man bei den verschiedenen Geschicklichkeits- und Denkaufgaben der Kosmonautenstraße die meisten Punkte sammeln. Kosmonauten hatten schließlich auch schlagfertig zu sein, die Erde wollte einen guten Eindruck machen, sollte es zur Begegnung mit außerirdischer Intelligenz kommen.

Ich liebte die ungarische Zeichentrickserie *Adolars phantastische Abenteuer*, in der ein Junge, der von seiner Familie unterschätzt wurde, nachts aus einem Geigenkasten ein aufblasbares Raumschiff holte und vom Dach des Hauses ins Weltall aufbrach, zu immer neuen Planeten mit exotischen Gesellschaftssystemen, die das uns bekannte Schema Kapitalismus/Sozialismus sprengten. Jede Nacht heimlich einen anderen Planeten zu erkunden und morgens wieder im Bett zu liegen, das war, ich wagte den Gedanken kaum auszusprechen, womöglich sogar noch besser als fernsehen. Aber dafür musste man im Altbau wohnen, wo man auf den Dachboden und von dort mit einer Leiter aufs Dach kam und damit praktisch schon außer Landes war. In Buch war Steffen Mund mal in der Hofpause aufs Dach eines Elfgeschossers gestiegen und hatte dort am Rand gesessen und die Beine baumeln lassen.

Ich fühlte mich zwar zum Kosmonauten berufen – schließlich fand ich die Vorstellung, nur noch Tubennahrung zu essen, durchaus reizvoll, ich mochte ja Tuben wie überhaupt alle Produkte, denen menschliches Ingenium ihre Natürlichkeit ausgetrieben hatte –, aber es gab ein großes Hindernis, ein noch größeres, als dass jeder Kosmonaut Russisch lernen musste: mein schwacher Magen. Das Schwindeltraining im Kosmonautenzentrum des Pionierpalastes hätte ich nicht überstanden. Mir wurde ja schon im Bus schlecht, wenn die Strecke nicht schnurgeradeaus verlief. Ich hätte nur Kosmonaut werden können, wenn man mir garantiert hätte, dass ich im Raumschiff am Fenster sitzen durfte, direkt hinter dem Piloten, man hätte mich nicht ansprechen dürfen, und ich hätte zur Sicherheit eine Kotzschüssel gebraucht.

Nach dem Abitur standen mir anderthalb Jahre Armee bevor, eine dunkle Zeit. Ich müsste mich zur Vorbereitung jemandem anschließen, der einen dieser halblegalen Karatekurse besuchte. Es war ja nicht erlaubt, auf eigene Faust asiatische Kampftechniken zu lernen, man sollte sich nicht gegen die Staatsorgane wehren können. Ich könnte uns auch einen Expander kaufen und beim Fernsehen Muskeln aufbauen. Für die Beine gab es Pedalen, die man, im Sessel sitzend, treten konnte. Und nach der Armee? Eine Wohnung im Prenzlauer Berg besetzen, Außenklo, Einfachfenster, Kohleheizung, das spielte keine Rolle, Hauptsache, näher an den Kinos und Theatern und Besuch empfangen können. Briketts konnte man sich aus Kellern von in den Westen Ausgereisten klauen. In einer eigenen Wohnung könnte ich einen Sandsack aufhängen, zum Boxenüben. Altbauwohnungen hatten «Spione», das Prinzip kannte ich von den *Erotisches zur Nacht*-Filmen, wo immer jemand durch ein Guckloch das Liebesspiel anderer beobachtete, oft sogar demonstrativ zurückbeobachtet von der aufreizend schamlosen Frau. Ich könnte mir meine Nachbarn durch den Spion ansehen, und vielleicht wäre ein Mädchen darunter, bei dem ich mir Mehl borgen könnte, um sie auf diesem Weg mit mir bekanntzumachen? Mathematik studieren, wenn ich das schaffte? Vielleicht würde ich dann eine Arbeit in Berlin finden, an einem Institut, wo alle so intelligent waren, dass sie es sich leisten konnten, gegen den Staat zu sein. Auf jeden Fall etwas, wofür man auf Kongresse in den Westen durfte. Das Gehalt wäre egal, es ginge nur darum, interessante Kollegen zu haben. Nicht jeden Tag dasselbe machen, irgendetwas Kreatives, forschen, einen «Satz von Schmidt» beweisen. Oder lieber ganz aussteigen und ein Handwerk lernen? Dann wäre man sein eigener Herr und hätte Zugang zu begehrten Materialien wie Leder oder Kupferdraht. Zur Not könnte ich Friedhofsgärtner werden, da fand man manchmal Goldstücke beim Graben, und man konnte Schädel an Medizinstudenten verkaufen. In Mecklenburg eine Kate renovieren, die wurden einem praktisch geschenkt von alten Frauen. Da könnte man einen Freundeskreis einladen im Sommer, Künstler und Aussteiger und vor allem Mädchen. Vielleicht hätte ich Glück und dürfte mal nach Finnland reisen? Das war doch nicht ganz so kapitalistisch. Und wenn ich mich irgendwie mit Computern befasste? Dann wäre ich so wichtig für die Wirtschaft, dass sie mir andere Dinge verzeihen würden. Aber eigentlich wollte ich doch viel lieber einen Film drehen oder am Theater arbeiten, da konnte man den Mund aufmachen. Aber wie wurde man Regisseur? Es war ja sicher kein schwerer Beruf, die Schauspieler hatten ja die eigentliche Arbeit. Ich versuchte immer, in Gedanken den «Sein oder Nichtsein»-Monolog auf irgendeine bisher noch nicht bekannte Weise zu betonen. Bei Christoph Heins Signierstunde von *Der Tangospieler* im «Internationalen Buch» hatte eine 200 Meter lange Schlange gestanden – Schriftsteller, zu denen sah man auf. Die kannten sich auch alle untereinander, und sie wurden vom Volk verehrt, weil sie so unbestechlich waren und orakelartige Gedichte schrieben, aus denen wir unsere Zukunft ablesen konnten, oft waren die Texte sogar klüger als ihr Autor. Künstlerfreundschaften pflegen, Originale von befreundeten Malern an den Wänden sammeln. Premierenkarten ergattern. Eine Freundin meiner Schwester kannte einen Avantgarde-Dichter, der legte sich mit ihr nachts auf die Straßenbahngleise und betrachtete die Sterne, das war besser, als nach Rom zu fahren. Man brauchte Ideen, man musste witzig sein. Und eine E-Gitarre haben, um eine Band zu gründen, mit einem Verzerrer klang es selbst dann gut, wenn man nicht spielen konnte. Im Sommer ans Schwarze Meer trampen oder sogar im Pamir wandern, das ging, wenn man sich mit einem Transitvisum von einer Reisegruppe abseilte. Aber man konnte auch mit 20 Mark nach Magdeburg fahren, das war dann automatisch ein Abenteuer, wenn man so wenig Geld mitnahm. Mineralien aus Rumänien schmuggeln und hier verkaufen? Als Wissenschaftler bekam man bestimmt viel Urlaub. Oder Theaterkritiker werden? Eine Meinung hatte man doch von ganz alleine, und man würde umsonst zu Premieren können. Es gab aber auch diese Künstler, die Performances machten, dazu brauchte man nichts zu können, man musste sich nur trauen und sein Lachen unterdrücken. Eine Gesprächsrunde auf einem Dachboden organisieren, und statt etwas zu sagen, lässt man einen Block Gefrierspinat auftauen und guckt böse. Zur Not könnte man auch Pförtner bei der Stadtbibliothek werden und den ganzen Tag lesen. Oder Theologie studieren, dazu *musste* man nämlich gar nicht an Gott glauben, man brauchte nur einen Vollbart, und man lernte Latein und Griechisch, und damit ließen sich sehr leicht die meisten anderen Sprachen lernen. Die Kirche würde mir immer bleiben, da konnte man unterschlüpfen. Die Zionskirche wurde seit Jahren zum Schein renoviert, um für Punks eine vorgetäuschte Arbeitsstelle zu schaffen, damit sie nicht wegen «asozialen Verhaltens» eingesperrt wurden. Aber erst einmal Mathematik, auch wenn ich lieber Germanistik studiert hätte, aber das ging sicher nicht wegen unserer Westverwandten. Genauso wenig wie EDV, an der TU Dresden hatten sie uns das bei einer Studienberatung gesagt. Aber einer aus der Jungen Gemeinde war so intelligent, dass er trotz Wehrdienstverweigerung und ohne Studium in einer Gärtnerei den Computer bedienen durfte und immer heimlich Spiele programmierte. Philosophie, Journalismus, Französisch, Germanistik, Geschichte, Jura, alles undenkbar, sich für so etwas zu bewerben, da zählte nur Ideologie. Außerdem wurde man in solchen Berufen nicht glücklich in diesem Land. Ein anderer aus der JG war schon seit Jahren Krankenpfleger und hoffte, irgendwann Medizin studieren zu dürfen, auch wenn er den Wehrdienst verweigerte – so sicher war er, Arzt werden zu wollen. Meine Mutter hatte sich ihr Studium auch nur ausgesucht, weil es dafür einen Platz gab, dann wurde man das eben und machte das Beste draus, lieber wäre sie Chemikerin geworden. Hauptsache, erst mal eine Wohnung, dann würde ich auch eine Freundin finden und vielleicht endlich die richtigen Leute kennenlernen. Dass man nicht immer erst hinterher erfuhr, wenn irgendetwas Verbotenes stattgefunden hatte. Wenn man nur mal Zeit hätte zum Nachdenken, es war immer so viel, was man mitbekommen musste, man konnte nicht überall gleichzeitig sein. Die Filme sehen, die Theaterstücke, zu den Kirchenveranstaltungen gehen, Punk-Konzerte, Blues-Treffen in der Provinz, Kellerpartys, Gitarre lernen, Import-Turnschuhe besorgen und nebenbei die Schule. Unsere alte Schreibmaschine hatte ich versprochen bekommen, vielleicht könnte ich damit ein Stück schreiben. Wenn man mit der Schreibmaschine schrieb, war das schon fast wie ein Buch zu veröffentlichen. Ich hatte mir in der 6. Klasse angewöhnt, «TGL-Mittelschrift» zu schreiben, also Druckschrift, weil ich immer für meine schlechte Schrift kritisiert worden war. Jetzt war sie noch unleserlicher geworden und auch nicht mehr flüssig, da war die Schreibmaschine eine Rettung. Ich musste mal rauskriegen, in wen ich eigentlich im Moment am meisten verliebt war. Saxana, das Mädchen auf dem Besenstiel – ihre Beine, wenn sie sich den Rock kürzer riss, damit er sie beim Fliegen nicht behinderte. Die Christin aus der Zwölften, die immer eine Kette mit Holzkreuzchen am Hals trug (*über* dem Pullover!), beim Sportfest hatte ich ihre Beine in kurzen Hosen gesehen. Das Mädchen aus der JG, das aussah wie Senta Berger und das ich morgens immer in der S-Bahn treffen wollte. Allerdings wollte ich mich auch in Irinas Nähe halten, und die stieg am anderen Ende ein, zudem war die eine von Hause aus staatsfreundlich geprägt und die andere viel kritischer als ich. Die Kassiererin in der Komischen Oper, bei der ich die Karten für unser Klassen-Theaterabonnement abgeholt hatte und die mir bei der Gelegenheit ein paar Pfennige erlassen hatte, weil mein Geld nicht reichte – ob sie mir damit sagen wollte, dass sie hoffte, mich wiederzusehen? Das schwarzhaarige Mädchen aus der Bibliothek der Synagoge in der Oranienburger Straße, war sie eine Jüdin? Das schmutzige Mädchen aus *Der Name der Rose*, das den jungen Mönch verführte, aber das passierte sicher den wenigsten Mönchen. Das Mädchen aus dem Französischkurs, das immer verschiedenfarbige, selbstlackierte Brillen trug. Die eine Friseuse aus dem Dienstleistungswürfel, leider war es immer ein Glücksfall, wenn man nach langem Warten bei ihr drankam und nicht zu einer anderen musste. Die fröhlich-biegsame Vorturnerin aus der *Enorm in Form*-Sendung. Wie konnte ich jemals eine Freundin haben, wenn ich dabei so viele andere betrügen würde?

9. November 1989

Am Morgen des 9. November wurde mein Name aufgerufen. Ich musste, wie wir es gelernt hatten, dem Vordermann auf die Schulter tippen, damit er Platz machte und ich «aus dem Glied treten» und mich geometrisch korrekt in rechten Winkeln dem Offizier nähern konnte. Ich wurde von der Kompanie mit einem dreifachen «Hurra» zu meinem Geburtstag beglückwünscht und erwiderte den Gruß vorschriftsgemäß mit: «Ich diene der Deutschen Demokratischen Republik.» Es war sehr windig und kalt, der Winterbefehl war endlich da. Wer seine Handschuhe jetzt vergaß oder bei einer Übung verlor, war schuld daran, wenn die ganze Kompanie seinetwegen keine anziehen durfte, denn wir mussten einheitlich gekleidet sein. Wir übten den ganzen Tag den Stechschritt für die feierliche Vereidigung ein, in diesen nazihaften Reithosen mit Schlaufen an den Füßen. Die Kompanie marschierte an der Tribüne vorbei, und alle hefteten den Blick auf den Oberst, der dort stehen würde. Beim Vorbeimarschieren mussten wir den Kopf langsam wenden und den Blick auf ihn gerichtet lassen, wobei eine «Ehrenbezeigung» zu entrichten und dem Vordermann nicht in die Hacken zu laufen war. Dann wieder ruckartig nach vorne blicken. Der dicke Grieß wurde vom Mitmarschieren befreit, weil er so kurze Beine hatte, dass er selbst im letzten Glied nicht hinterherkam.

Am Nachmittag wurde ich auf die Schreibstube gerufen, ein Paket von meiner Mutter war eingetroffen, das ich unter Aufsicht öffnen musste, zum Glück enthielt es Süßigkeiten und keine Strumpfhalter – Frau Wawrinka hatte ihrem Sohn welche zur Armee geschickt. Später kam noch ein Glückwunschtelegramm, für das ich zur Poststelle im Stab musste, für solche Gänge war die Ausgehuniform anzuziehen. Wenn ich allerdings Wesche begegnete und er verlangte, dass etwas weggekehrt werden musste, was er extra für mich dort verteilt hatte, ging das nur in Arbeitsuniform, und ich musste mich noch einmal umziehen. Abends kamen die Unteroffiziere und einige aus dem zweiten Diensthalbjahr aufs Zimmer und wollten ihren Anteil von der Schokolade. Weil ich Bücher im Spind hatte, fragte einer: «Hast du Abitur?» Schulze nahm *Auslöschung* von Thomas Bernhard in die Hand und empörte sich, weil das Buch keine Absätze hatte. Andererseits hatte er selbst Bücher im Spind, und ich glaubte an den einfachen Zusammenhang, dass man, je mehr Bücher man im Leben las, umso weniger zum Sadismus neigte.

In der Nacht wachte ich von Alkoholgeruch auf und blickte in das fette Gesicht von Schulze, der angetrunken an meinem Doppelstockbett stand, mich angrinste und behauchte. Die vom zweiten Diensthalbjahr waren der Meinung, dass wir es im Vergleich zu ihrer Zeit als «Frische» zu gut hätten. Sie freuten sich darauf, unsere Erziehung endlich selbst in die Hand nehmen zu dürfen, und zählten an der Tafel vom Pult die Tage mit, bis die EKs (Entlassungskandidaten), die wegen des zurzeit herrschenden Arbeitskräftemangels tagsüber in der Produktion eingesetzt wurden und abends zu müde waren, uns zu quälen, weg und sie an der Macht wären. Schulze rutschte mit den Füßen in zwei Schapkas davon, um mit den anderen nebenan weiterzusaufen, hoffentlich kam er nicht wieder. Ich hatte mir vorgenommen, so zu tun, als wäre ich wahnsinnig geworden, falls sie mich verprügeln wollten, man musste sie mit paradoxem Verhalten überraschen und aus dem Konzept bringen.

Unser Zug hatte Brandschutzdienst, deshalb wurde ich um zwei Uhr nachts ein zweites Mal geweckt. Im Dunkeln anziehen, um die anderen auf der Stube nicht zu stören, und eine Runde durch alle Gebäude der Kaserne drehen, ob es irgendwo brannte. Dazu trug man Helm und Gasmaske am Koppel, falls die NATO überraschend angreifen sollte. Normalerweise ließ man sich überall vom Diensthabenden in der untersten Etage eines Gebäudes quittieren, dass man es kontrolliert hatte, aber man konnte nie wissen, ob es nicht ratsamer war, doch bis zum obersten Stock zu gehen, es kam vor, dass jemand, um einen reinzulegen, eine Kerze aufgestellt hatte. Wir taumelten schweigend über das Kasernengelände, von Gebäude zu Gebäude, und ließen uns schriftlich bestätigen, dass es nicht brannte, die Augen hielten wir vor Müdigkeit halb geschlossen. Nach zwei Stunden waren wir zurück und weckten die nächste Patrouille.

Um fünf Uhr mussten wir schon wieder aufstehen, weil wir, wie seit Tagen schon, Küchendienst hatten – «Schlick kratzen». Irgendwann zwischen dem Schrubben der Küchenfliesen und dem Rausfahren der vielen Essensreste, ganze Wannen mit Nudelsalat, die in dick verkrustete Mülltonnen kamen – den Deckel schloss man vor Ekel mit Karatetritten («Wartet mal erst, wenn der Schlick im Sommer lebendig wird») –, sagte jemand: «Die Mauer ist auf.» Ein paar Stunden Schlaf wären mir lieber gewesen.

David Wagner   Drüben und drüben

Inhalt

Kinderzimmer

Ich stand auf dem Bett und hüpfte auf und ab. Mein Zimmer leuchtete gelb, die Wände waren frisch gestrichen, am Wandstück neben mir hingen meine Messer. Ich hüpfte auf der grünen Frotté-Tagesdecke, die Liegefläche federte, unter der Matratze war kein Lattenrost, sondern ein aus Draht geknüpftes Gewebe: ein Trampolin aus federnden Metallringen. Das Bett ächzte, es war weich. Lag ich in ihm, fühlte ich mich sicher, denn unter meiner Matratze spannte sich Kettenhemdstoff, den kein Pfeil durchdringen konnte. Kettenhemden kannte ich aus den Ritterburgen am Rhein – schwere, aus winzigen Metallringen gefertigte Schutzkleidung, die Schwerthieben standhielt. Von unter dem Bett hätte mich niemand erdolchen können.

Die Messer an der Wand hingen an Nägeln, die ich selbst eingeschlagen hatte, die meisten krumm. Unser Haus war nicht gemauert, sondern aus Beton gegossen und anschließend ausgehärtet. So stellte ich es mir vor, und so sah ich es auf den Baustellen im Neubaugebiet: Verschalungsbretter wurden zu Formen gezimmert und Hohlräume mit Flüssigbeton gefüllt. Auf den nackten Wänden, so war es auch in manchen Räumen unseres Hauses, blieb später die grobe Maserung der Verschalungsbretter zurück, eine Zeitlang dachte ich, Beton sei eine Art versteinertes Holz. Waren da nicht sogar Astlöcher zu sehen? Und, zweite Frage, wohnten wir in einem Bunker?

Ich schaute mich um. Links von mir lagen Bücher auf dem Boden, die ich aus der Stadtbücherei ausgeliehen hatte, auch eigene waren dabei, Lustige Taschenbücher etwa, Donald Duck las ich jeden Tag. Vielleicht lagen da auch *Die Insel der Abenteuer* von Enid Blyton oder *Die drei Fragezeichen und der tanzende Teufel*, das nicht Alfred Hitchcock geschrieben hatte, wie ich von meiner ältesten Schwester wusste, obwohl sein Name und ein stilisiertes Schwarz-Weiß-Porträt von ihm auf den Umschlag gedruckt waren. Das Fußende meines Bettes zeigte Richtung Schreibtisch, über ihm hingen Regale mit weiteren Büchern. Eigentlich hatte ich zwei Schreibtischplatten, das Zimmer war groß oder kam mir groß vor, lag voll von allen möglichen Dingen, die im Kinderzimmer eines Grundschülers herumliegen können: Stifte, Pinsel, Blöcke, Papiere, Schulbücher, Zettel, Munition für Spielzeugpistolen, Steine, Murmeln, eine kaputte Erbsenpistole, eine Zwille, Dartpfeile, andere Malutensilien, Süßigkeitenpapiere, eine aufgebrochene Sparbüchse, Taschenmesser, eine Uhr, noch eine Uhr, Bilder, eine Blockflöte, ein Springseil und so fort. Dahinter das Doppelfenster, das hinunter – mein Zimmer lag im ersten Stock – auf den Garten ging, auf den Rasen, den ich jede Woche mähen musste, und die Bäume. Dem Haus am nächsten stand der Kirschbaum, dessen Kirschen im Frühsommer gegen die Vögel verteidigt werden mussten, dann kamen der Apfel- und der Pfirsichbaum, dahinter der Walnussbaum, die große Blutbuche stand schon einen Garten weiter.

Ich wippte leicht hin und her und auf und ab, nicht wild, nein, ich hüpfte nicht ausgelassen, denn ich stand mit einem Messer in der Hand auf meinem Bett, wollte mir alles noch einmal ansehen, wollte mir mein Zimmer einprägen, den grauen Teppichboden und den weißen Schrank, der die meinem Bett gegenüberliegende Wand komplett ausfüllte, ein riesiger Kleiderschrank mit fünf oder sechs Türen – «der Interlübke», wie meine Mutter sagte, um ihn von dem anderen Kleiderschrank in ihrem Schlafzimmer zu unterscheiden. Meine Anziehsachen belegten dort nur ein Segment, Spielzeug ein zweites, hinter den anderen Türen hingen ältere Kleidungsstücke meiner Eltern, Mäntel, Pullover, Skianzüge, Wintersachen. Der Schrank, seine Türen waren mit Bildern von Burgen, Flugzeugträgern und Raubvögeln beklebt, zog sich bis zum Fenster, dort blieb ein schmaler Spalt zur Wand, zu schmal, um sich hineinzuzwängen. Hin und wieder warf ich Papiere und leere Süßigkeitenverpackungen dort hinein und baute einen Sichtschutz aus Büchern und Spielsachen davor, die Verpackungen der mitunter geklauten Süßigkeiten hätten im Papierkorb ja auffallen können, dachte ich mir – aber natürlich war das Problem, als diese private Müllhalde eines Tages entdeckt wurde, dann viel größer.

Auf der Fensterbank stand mein Fernglas, da lagen auch ein paar Holzstücke und Äste, an denen ich gerne herumschnitzte, und, wenn ich den nicht unten im Garten gelassen hatte, mein selbstgebauter Bogen und ein paar Pfeile.

Manchmal schoss ich durch das offene Fenster hinunter auf den Rasen, Richtung Spatzen.

Ich stand mit dem Dolch in der Hand auf dem Bett und wippte, die Klinge pikste mich auf Nabelhöhe durch den Stoff meines roten Cord-Hemds, ein Winterhemd, es war Februar. Ich war zehn, fast elf Jahre alt und wollte es wissen, wollte mich in den Dolch stürzen, den unsere Nachbarin mir aus Marokko mitgebracht hatte, wollte wissen, was es mit diesem Leben auf sich hatte. Müsste sich, dachte ich, doch herausfinden lassen.

Die Lustigen Taschenbücher neben meinem Bett gehörten fast alle meiner ältesten Schwester. Manchmal kam sie in mein Zimmer und forderte sie zurück.

«Die sind aber schon so lange bei mir», sagte ich dann. «Das sind jetzt meine.»

Wovon sie sich nicht beeindrucken ließ. Andere hatte ich von meinen Cousinen geliehen und bisher nicht zurückgegeben – es würde wohl auch nicht mehr passieren. Die restlichen stammten vom Flohmarkt, oder sie waren Freunden abgekauft.

Innen hatten sie abwechselnd eine kolorierte und eine schwarz-weiße Doppelseite, also war nur jede zweite Doppelseite farbig. Musste der Ehapa-Verlag Farbe sparen? Oder sollte ich diese Seiten ausmalen? Sobald ich in die Geschichte versunken war, fiel mir das gar nicht mehr auf, vielleicht mochte ich die schwarz-weißen Seiten sogar lieber. Gute Geschichten brauchten ja keine Farbe.

Lustige Taschenbücher waren teuer und wurden immer teurer. In Bahnhofsbuchhandlungen klebten nicht selten neue Preisaufkleber über den aufgedruckten Preisen. Ach, das war diese sogenannte Inflation! Das Gerede kannte ich ja: Alles wird immer teurer!

Nur zu besonderen Anlässen bekam ich ein neues, vor einer langen Bahnfahrt vielleicht – so lautete auch der Slogan der Reklame: Nicht nur auf langen Bahnfahrten. Den Preis eines Lustigen Taschenbuchs rechnete ich schon bald in Lesezeit um, die reine Lesezeit war bei einem neu gekauften teuer. Ich brauchte ja nie lange, um es durchzulesen. Eine Stunde? Zwei?

Es lagen auch Asterix-Hefte neben dem Bett. *Asterix bei den Schweizern* – wer sein Brotstückchen zum dritten Mal im Käsefondue verliert, wird mit Gewichten im See versenkt. *Asterix bei den Goten* fand ich nicht so lustig, ich hatte bereits verstanden, dass die Witze darin auf unsere, auf deutsche Kosten gingen.

Spielzeug lag nicht nur in meinem Zimmer, Spielzeug sammelte sich auch im Keller, Spielkeller genannt. Wir hatten viel gekauft, vererbt, geschenkt bekommen: Bauklötze, Lego, Spielzeugsoldaten, -cowboys und -indianer sowie ein Kasperletheater mit Handpuppen aus Kunststoff und älteren, holzgeschnitzten Puppen – wir besaßen zwei Krokodile und zwei Wachtmeister, die gegeneinander antreten konnten, einer der Wachtmeister hieß immer Dimpflmoser. Ich hatte Play-BIG-Figuren, die etwas größer waren als Playmobil-Figuren und ihre Füße bewegen konnten, außerdem frühe Playmobil-Figuren und ein Playmobil-Polizeiauto, die Playmobil-Welt war noch schlicht, sie war erst dabei, sich zu entwickeln, Playmobil gab es noch nicht lange, seit 1974 erst. Für meine älteste Schwester blieb Playmo, wie wir es schon bald abkürzten, «Spielen wir Playmo?», immer das neue Spielzeug, ihr gefiel Lego besser. Sie baute sich Lego-Puppenhäuser und ließ die batteriebetriebene Lego-Eisenbahn fahren, auf blauen Lego-Schienen, die mit Lego-Schwellen zusammengesetzt werden mussten.

Die Legosteine, alte und neue gemischt, steckten zusammen in großen Tonnen, sie verteilten sich in meinem Zimmer auf dem Boden, im Esszimmer und im Wohnzimmer, die Schiffe, Flugzeuge und Flugzeugträger, die ich konstruierte, mussten ja durchs ganze Haus. Es gab das Lego-Geräusch, das Lego-Rasseln, wenn wir in den Tonnen wühlten oder die Steine auskippten, in meinem Zimmer versuchte ich jedoch immer, einen Pfad von meinem Bett bis zur Tür freizuhalten, ich wusste ja, wie weh es tat, nachts barfuß auf dem Weg ins Bad auf einen Legostein zu treten.

Ich hatte viel und wünschte mir immer mehr, Spielzeug hatte ich nie genug. Ich wünschte mir mehr Piraten und das Wikingerschiff von Play-BIG, mehr Ritter für die Ritterburg und Weichen, Waggons, Signale und Lokomotiven für die LGB, meine Eisenbahn, Spurweite fünfundvierzig Millimeter. Die LGB war eine große Modellbahn, eine Groß-Bahn, zu Weihnachten und zum Geburtstag bekam ich Gleise und Waggons. Das erste Paket hatte ich ebenfalls zu Weihnachten bekommen, es war ein Starter-Paket und bestand aus einem Schienenkreis, einige Geraden gab es extra. Später kamen Weichen, Signale und eine Kreuzung hinzu.

Mir war schon damals klar, wie teuer diese Eisenbahn war, ein Waggon kostete über fünfzig Mark, aber anscheinend – waren wir so reich, war ich ein verwöhntes Kind? – konnten meine Eltern sich das leisten.

Mein Vater ließ mich mit meiner Eisenbahn allein, ich baute und baute, er baute nicht mit. Die größere der beiden Dampflokomotiven konnte aus dem Schornstein qualmen, ich musste bloß Dampföl einfüllen. Ich liebte den Kranwagen, die Kupplungen und die Rücklichter der Lokomotive. Die Eisenbahn auf-, um- und wieder abzubauen war das eigentliche Spiel, Gleisbauarbeiten, immer wieder neue Strecken planen und errichten. Das andere wichtige Eisenbahnspiel hieß «Zugunglück»: Die Lok und ihre Wagen entgleisen lassen, etwas auf die Schienen legen und den Unfall herbeispielen, die LGB hielt das aus, ich konnte sie im Garten über die Wiese fahren lassen, der Rasen wurde zur Prärie. Indianerüberfälle, ein Bandit entführt den Zug, er möchte das Gold aus dem Güterwagen rauben, das Gold hatte ich selbst hergestellt: kleine weiße Kieselsteine, mit Goldfarbe angepinselt. Es sollten Nuggets sein.

Die Westernstadt baute ich am einen, die Ritterburg am anderen Ende der Strecke auf. Später gefiel mir das nicht mehr, Ritterburgen und Ritter in Rüstungen passten nicht zu Eisenbahnen, in der Ritterzeit hatte es doch noch keine Eisenbahnen gegeben. Andererseits: Fuhr die Eisenbahn am Rhein nicht auch an Ritterburgen vorbei?

Die Westernstadt, die im Größenverhältnis so gut zur LGB passte, bestand aus fünf oder sechs Häusern, es gab ein zweistöckiges Hotel, einen Saloon mit Schwingtüren, eine Post und ein Gebäude, in dem der Sheriff sein Büro hatte und das gleichzeitig ein Gefängnis war. Die aus schmalen, dunkel gebeizten Rundhölzchen und Sperrholz zusammengeleimte Stadt wirkte nie echter und überzeugender als in dem Augenblick, als ich sie beim größten und zugleich letzten Indianerangriff im Garten Feuer fangen und vollständig abbrennen ließ. Die Plastikcowboys, die sich auf dem Flachdach des Gefängnisses verschanzt hatten, verteidigten sich bis zur letzten Patrone und schmolzen dahin. Von meiner Westernstadt blieb, fast wie im Film, nur Asche.

Rings um meine Ritterburg aus Hartplastik, die ich, hätte sie sich anzünden lassen, wohl ebenfalls verbrannt hätte, stellte ich Rittergeschichten nach: Angriff auf Burg Katz, der Kampf um die Feindlichen Brüder, die Eroberung der Burg Drachenfels, König Richard Löwenherz' Gefangenschaft und Ivanhoe. Die Ritterschlachten folgten mir bis in den Schlaf, ein oder zwei Lieblingsritter nahm ich mit ins Bett, aus der Bettdecke ließen sich felsige Burgen mit Verliesen und hohen Zinnen im Nu errichten und wieder zerstören.

Im Spielkeller fand die LGB schließlich einen festen Ort. Meine Mutter ließ vom Schreiner eine Pressholzkonstruktion errichten, die drei Viertel des Raumes ausfüllte, eine Modellbauplatte mit einer Öffnung in der Mitte, in der ich stehen konnte, sodass ich mich inmitten meiner Modellbaulandschaft aus Kaninchendraht und Pappmaché befand, Hügel, Berge und Tunnel hatte ich mir gebaut, dazu eine Rampe, die über ein schmales Brett an der Wand entlang in die Höhe führte. Die kleinere meiner beiden Lokomotiven schaffte es gerade so hinauf.

Im Spielkeller stand ein Radioapparat, der mir eine Antiquität aus der Radio-Vorzeit zu sein schien, ein Gerät mit elfenbeinfarbenen Tasten, Stoffbespannung und einer Skala, die, wenn eingeschaltet, honig-bernsteingolden leuchtete. Manchmal, wenn ich keine Lust mehr auf die Eisenbahn, Legobauarbeiten oder Fischer-Technik-Konstruktionen hatte, spielte ich an diesem Radio herum, drehte an dem großen, runden, am Rand geriffelten Senderknopf, und der rote Strich bewegte sich. Die mechanische Übertragung war zu spüren, über die Skala und ihre seltsamen Ortsnamen hinweg: Stuttgart, Hilversum, Beromünster, Monte Ceneri – wo lagen diese Orte? Und konnte ich mich mit diesem Gerät von Telefunken vielleicht dorthin transportieren lassen? Teleportieren? Ich drehte und hörte es rauschen, ich hörte es fiepen, hörte Stimmen und fremde Sprachen, war das Italienisch? Ich hörte Sphärengeräusche, redeten da die Toten? Waren sie in dem Wellendurcheinander zu hören? Sprach meine Großmutter zu mir, in deren Wohnzimmer das Radio einmal gestanden hatte? Schwebten längst gehaltene Reden, längst gesungene Lieder durch den Raum? Ließen sie sich mit diesem Empfänger wieder einfangen?

Es gab den Eisenbahn- und Puppenkeller und den Raum, in dem im Winter die Tischtennisplatte stand. Der Weg in den Vorrats- und Weinkeller führte am Schuhregal und dem Verschlag unter der Treppe vorbei, in dem alte Decken, Luftmatratzen, ein Schlauchboot und müffelnde Zelte lagerten. Aus dem Vorratskeller drang der Duft von Äpfeln und Kartoffeln, an denen oft noch ein wenig Erde klebte, sie kamen zentnerweise von einem Bauernhof. Ein Kühlschrank mit Tiefkühler und eine große Tiefkühltruhe standen dort, in ihr suchte ich zwischen tiefgefrorenen vorgekochten Mahlzeiten und Gefrierbeuteln mit Beeren nach Eis. Hatten wir nicht noch eine Zehn-Liter-Vorratspackung aus der Metro? Auf Metallregalen lagerten Konservendosen, etliche Packungen Haferflocken, Eingemachtes, Mehl, Reis und andere Grundnahrungsmittel, lange haltbare Vorräte stapelten sich, der Atomkrieg wurde ja erwartet, wer weiß, vielleicht müssten wir monatelang im Keller bleiben? Ich hätte dort immerhin die Eisenbahn gehabt, mir wäre sicher nicht langweilig geworden – oder vielleicht doch? Einige der Konservendosen auf den Regalen waren sehr alt, sie standen schon immer da, ich wusste, sie waren älter als ich. Ob wir auch die dann würden essen müssen? In einer, sie wirkte uralt, steckte ein ganzes Huhn.

Ganz oben im Haus, unter dem Dach, im Arbeitszimmer meines Vaters, gab es auf einem Tisch vor seinen Bücher-regalen eine weitere Modelleisenbahn, eine Minitrix, meine Mutter hatte sie ihm geschenkt. Er schien sich über das Geschenk zu freuen – aufbauen, einrichten und betreuen musste diese Anlage jedoch ich. Nun hatte ich die große Eisenbahn im Keller und eine viel kleinere, miniaturisierte unter dem Dach, eine Modelleisenbahn meiner Modell-eisenbahn gewissermaßen. Mein Vater spielte nie mit ihr, jedenfalls sah ich ihn nie damit spielen – hatte ich sie ihm nicht gut genug aufgebaut? Oder spielte er heimlich, spät-nachts, wenn ich schlief?

Während der Modelleisenbahn-Aufbauarbeiten stieß ich in seinem langgezogenen Arbeitszimmer mit Dach-schräge, die Sonne schien durch die Dachluken, zwischen langweiligster Fachliteratur auf zwei Sex-Bücher. Das eine war voller Schwarz-Weiß-Abbildungen, zwei Malermodell-puppen übten Stellungen, öde. Das andere jedoch, ich sah es mir immer wieder an, war ein Foto-Porno-Roman: Zwei

Paare spielen erst Karten und ziehen sich dann aus, treiben es wild miteinander und durcheinander, ficken, lecken, blasen, mit allem Pipapo. Nach dieser Entdeckung ging ich oft am frühen Nachmittag hinauf ins Arbeitszimmer meines Vaters, nicht um mit seiner Eisenbahn zu spielen, sondern weil ich mir wieder diesen Foto-Roman ansehen wollte. Eine Szene spielte in einem Buchenwald: Das Paar, das anfangs nicht zusammengehörte, fickt unter Bäumen, sie lehnt sich an den Stamm, sein Schwanz steckt in ihr. Ich wusste noch nicht, ich war elf Jahre alt, warum mich das so faszinierte – bemerkte allerdings, dass ich immer, wenn ich diese Bilder ansah, eine Erektion bekam.

Später, als ich mit einer meiner Schwestern das Zimmer getauscht hatte, stand ein Radiorekorder am Kopfende meines Bettes. Für mich hieß es Radiorekorder, ein Jahrzehnt zuvor noch Kofferradio. Von einem Kofferradio – in unserer Küche stand eines von Nordmende – unterschied mein Radiorekorder sich durch den eingebauten Kassettenrekorder, mit dem ich, war ich schnell genug, Lieder, die mir gefielen, oder den einen, langersehnten Song aus dem laufenden Radioprogramm mitschneiden konnte. Leider quatschte der Moderator nicht selten in den Schluss der Aufnahme hinein, sein Gerede, ein abgebrochener Satz, blieb dann für immer auf dem Band.

Ich erinnere mich an die so oft im Halbschlaf ausgeführte Bewegung, die nötig war, um meinen Radiorekorder an- oder auszuschalten: Den Arm im Liegen über den Kopf hinweg zu dem kleinen Schiebeschalter strecken, hinauf mit ihm, und das Radio ging an. Manchmal rutschte der Radiorekorder zwischen Bett und Wand nach unten, ich hatte ihn nur eingeklemmt. Heftige Bettbewegungen ließen ihn Richtung Teppichboden sacken.

Mir kommt es vor, als könnte ich diesen Radiorekorder, ein Modell von 1982 oder 1983, mit jener damals so oft ausgeführten Bewegung auch heute jederzeit wieder einschalten. Dabei gibt es diesen Sanyo-Radiorekorder schon lange nicht mehr. Auch das Bett nicht, in dem ich damals lag. Das Zimmer, ja selbst das Haus gibt es nicht mehr, es wurde abgerissen, ein Apartmenthaus steht nun an seiner Stelle, und von dem Garten, in dem ich gespielt habe, ist nicht viel übrig. Und ja, sogar das Land, in dem das Haus stand, gibt es so nicht mehr – es ist jetzt viel größer und hat seit vielen Jahren eine andere Hauptstadt.

Wir hatten reihum die Zimmer getauscht: Ich war nun in dem zur Straße, das meine jüngste Schwester bewohnt hatte, mein Bruder war ins ehemalige Arbeitszimmer meiner Mutter gezogen, meine zweitjüngste Schwester in mein altes Zimmer und meine jüngste Schwester ins frühere Schlafzimmer meiner Eltern. «Die Alten», wie wir sie inzwischen nannten, zogen hinauf in den zweiten Stock, meine älteste Schwester war bereits ausgezogen.

Hin und wieder hackte ich – offenbar war ich wütend? – mit dem Bajonett, das ein Onkel mir passender- oder unpassenderweise zur Konfirmation geschenkt hatte, auf meinem Bett herum. Ich malträtierte einen armen Bettpfosten, gegen Ende meiner Schulzeit spaltete ich ihn dann mit einem Hieb von oben nach unten. Gehen in Teenagergehirnen nicht häufig seltsame Sachen vor sich? Bringt die sich verändernde Biochemie sie nicht durcheinander? Den

Bettpfosten klebte ich mit Kreppband wieder zusammen, ich wickelte ihm einen Verband, verbrauchte eine halbe Rolle, das Klebeband hatte fast die Farbe des Holzes.

Ich kratzte Umrisse in den Putz der Wand neben meinem Bett, Seekarten unbekannter Inseln. Klopften die Heizungsrohre in der Mauer, schlug ich mit einem Messergriff dagegen. Nach ein paar Jahren, stetes Klopfen höhlt den Stein, hatte die Wand ein Loch. Ein ziemlich großes Loch. Ich klebte ein Bild davor, eine selbstgemalte Weltkarte.

Stand das Fenster in der Nacht offen, hörte ich vom Bett aus die Schiffe auf dem Rhein, hörte die Schiffsdiesel tuckern. Ich hörte auch die Güterzüge auf der anderen Rheinseite, eher selten ein Auto, wir wohnten in einer ruhigen Straße.

Das grüne Licht des Radioweckers leuchtete von meinem Nachttisch bis zu mir im Bett. Seine Digitalanzeige schimmerte mir zu, der Nachttisch war eigentlich ein Regal, in dem sich Bücher stapelten, die ich schon lange nicht mehr angerührt hatte. Die Leuchtziffern schauten mich bis kurz vor acht mit mir schon bekannten Jahreszahlen an: Zwölf vor sieben war 1848, Waterloo war da schon dreiunddreißig Minuten oder Jahre vorbei. Der Erste Weltkrieg begann um vierzehn nach sieben und dauerte bis achtzehn nach sieben, der Zweite tobte von neunzehn Uhr neunundreißig bis Viertel vor acht. 19:59 war die letzte vertraute Jahreszahl, dann kam die Zukunft, folgten die Jahreszahlen der Futurologen und der Science-Fiction. Um acht begann das ferne Jahr 2000. 20:02 mochte ich aus Liebe zur Symmetrie, 20:20 der Wiederholung wegen. Kurz danach schlief ich meist ein. Bis 21:21 kam ich erst im dritten Schuljahr, 22:22 sah ich nur zu besonderen Gelegenheiten, an Silvester (noch über anderthalb Stunden bis zum Jahreswechsel) oder wenn ich heimlich mit Taschenlampe unter der Bettdecke las. Wecken ließ ich mich von diesem Radio nie, ich wurde von selbst wach. Oder mein Vater weckte mich, «Freund, steh auf!» – so sein Ruf am Morgen.

Wohnzimmer

Ging ich am frühen Nachmittag ins Wohnzimmer, bildete ich mir ein, diesen Raum – eigentlich waren es zwei, die ineinander übergingen – zu überraschen. Ich bildete mir ein, spüren zu können, wie sehr dieses Zimmer den Vormittag über in Frieden gelassen worden war, die Luft schien sich beruhigt zu haben, die Teppiche hatten sich erholt. Meist ging ich ins Wohnzimmer, um herauszufinden, ob etwas im Fernsehen lief, zu besonderen Anlässen wurde ja auch nachmittags mal etwas im Fernsehen übertragen. Oder ich betrat es, um kurz, sehr kurz Klavier zu üben. Oder um auf die Terrasse zu gehen und nach dem Hund zu sehen, mit der Leine in der Hand, weil ich mit ihm hinausgehen sollte. Oder ich wollte bloß in den Garten, um Messer zu werfen.

Um ins Wohnzimmer zu gelangen, musste ich den Raum durchqueren, den meine Mutter Musikzimmer nannte, weil dort das Klavier stand und ein oval gerahmtes Porträtbild von Richard Wagner sowie Bilder von Beethovens und Chopins Totenmaske hingen. Ein paar Blockflöten, Sopran- und Altflöten, hingen ebenfalls an der Wand, auch eine Triangel. Die Triangel durfte mein Vater spielen, zu Weihnachten, meine Schwester gab ihm die Einsätze, sonst spielte er kein Instrument. Er konnte auch nicht richtig singen, «dein Vater ist leider unmusikalisch», sagte meine Mutter oft.

Das Zimmer hätte auch Bibliothek heißen können, denn die beiden langen Wände und die neben dem Fenster waren mit Bücherregalen zugebaut. Vor dem Fenster stand ein Biedermeiertisch mit zwei passenden Stühlen, meine Mutter hatte ihn von ihrer Großmutter geerbt, aufstützen sollte ich mich nicht darauf. Die glänzend polierte Tischplatte aus Kirschholz in Fast-Kleeblatt-Form schmückte ein Spitzendeckchen, auf dem eine geschliffene Glasschale stand, angeblich wertvoll, weshalb ich in der Umgebung dieses Ensembles nicht herumtoben durfte. In dieser Schale lagen oft einige Stückchen kandierter Ingwer, die Kristallzuckerschicht drum herum verführte mich immer wieder zu probieren, es schmeckte jedoch fürchterlich – das war die einzige Süßigkeit, die meine Streif- und Raubzüge durch das Haus überstand.

Durch einen breiten Wanddurchbruch ging es weiter ins eigentliche Wohnzimmer – «Durchbruch» war eine Zeitlang das Lieblingswort meiner Mutter. «Hier möchte ich noch einen Durchbruch haben, hier noch einen», und wieder musste eine Wand weg. Meine Mutter wollte große, weite, offene Räume schaffen, Wände und Mauern störten sie.

Meist versuchte ich, ohne den Boden zu berühren, bis ins Wohnzimmer zu gelangen, «Nicht den Boden berühren» war mein Lieblingsspiel. Vorher ein paar Stühle aufstellen, sodass ich vom einen zum anderen springen konnte. Zählen Teppiche als Inseln? Dann konnte es einfach sein, musste aber vorher abgemacht werden. Wer den Boden berührt, stirbt. Ich spielte es in meinem Zimmer, im Wohnzimmer und durchs ganze Haus, im Flur hinter dem Musikzimmer konnte ich mich jedoch nie lange auf der Fußleiste halten, ich fiel in die Teppichbodentiefe, stürzte ab.

Der Fernseher – erst der kleine Sony, er wanderte später nach oben, dann der große Sony Trinitron – und die Anlage standen auf einer Art Sideboard aus dunkel gebeiztem Holz. Um mit Ton fernzusehen, musste der Verstärker der Anlage eingeschaltet werden, der Fernsehton kam dann aus den Lautsprecherboxen, die unser Hund hin und wieder mit Bäumen verwechselte. Er hatte, my father was not pleased, schon öfter an einer Box sein Bein gehoben. Wollte er sein Revier markieren? Oder gefiel ihm bloß nicht, was aus ihnen an Geräuschen kam? Hunde können doch so viel besser hören als Menschen. Auf dem schwarzen Metallschutzgitter bildete sich jedenfalls ein weißlicher chromatographischer Urinrand. Mein Vater kaufte eine Spraydose mit schwarzer Farbe und besprühte seine Lautsprecherboxengitter neu, er machte das im Garten, auf dem Rasen. Nach dieser Aktion stellte er die Spraydose in die Garage, ins Werkzeug- und Farbendurcheinander – ein paar Jahre später fand ich sie dort und sprühte mit ihr mein erstes Schablonenbild auf die Schulmauer.

«Wo ist die Fernbedienung?» Manchmal rutschte sie zwischen die Polster. Wer die Fernbedienung hatte, hatte die Macht, weshalb die Fernbedienung in unserem Wohnzimmer «die Macht» hieß. Und nein, es stand keine Schrankwand im Wohnzimmer, kein Gelsenkirchener Barock. Es gab die Polstermöbellandschaft und einen Glastisch auf Couch-höhe mit einer sehr dicken Scheibe. «Ist das Panzerglas?», fragte ich meine Mutter. Sie hielt mich immerhin aus, diese Scheibe, wenn ich auf ihr saß, was ich natürlich nicht sollte.

Erst zwei oder drei Bilder, dann immer mehr hingen im Wohnzimmer, abstraktes Zeug, außerdem ein Wandteppich und zwei antike Uhren: der «Kindersarg», wie mein Vater die eine nannte, ein Regulator aus dunklem Holz, sowie eine Standuhr aus Schottland, ein Schiffschronometer, auf dem Zifferblatt stand «Edinburgh». Der Kindersarg schlug zu jeder vollen Stunde, es war durchs ganze Haus zu hören.

In den Phonomöbelelementen, später fand in ihnen auch der Videorekorder Platz, standen die Platten meiner Eltern, ihre Beatles-Alben, die Peter-Handke-Musik und die Klassik, darunter der gesamte Bach und die Opern in dicken, buchrückenbreiten Plattenkartons: *Rheingold, Walküre, Siegfried, Götterdämmerung, Die Meistersinger, Tristan und Isolde, Parsifal*, Beethovens Klavierkonzerte und Schuberts *Impromptus*. Mein Vater hörte sie eine Zeitlang jeden Sonntag bei offener Terrassentür, es schallte in den Garten hinaus bis zur hinteren Schaukel.

Auf oder zwischen diesen Platten war die Elternvergangenheit aufgehoben. Waren sie etwa auch mal jung gewesen? Manchmal hörte ich *Sergeant Pepper* oder *Abbey Road*, und auch wenn ich noch nicht verstand, was da gesungen wurde, sang ich mit. Die Beatles waren noch gar nicht lange auseinander – ihr letztes Album war nicht einmal zehn Jahre alt, also fast noch frisch –, und trotzdem waren sie für mich eine Band aus der Vorzeit. 1980 wurde John Lennon erschossen, ich erinnere mich, wie meine Schwester davon sprach und – war das nicht Getue? – sehr bestürzt tat. Sie führte sich auf, als wäre John Lennon ihr bester Freund gewesen.

Auf der Wohnzimmeranlage spielte ich meine ersten Singles, in meinem Zimmer hatte ich ja bloß einen Radiorekorder, die eigene Anlage kam später. Wo war das schwarze Ding, mit dem sich das größere Loch in der Mitte einer Single zu einem kleineren machen ließ? *Don't You Want Me* von The Human League hörte ich sicher hundertmal, *I Ran (So Far Away)* von A Flock of Seagulls nicht weniger oft. Warum hatte ich mir die gekauft? Wegen der Frisur des Sängers? War der nicht Friseur? So wollte ich aussehen! Immer wieder dieselben Platten auflegen, so viele hatte ich ja noch nicht, zusehen, wie der Tonarm sich automatisch hebt, Richtung Plattenteller wandert, über dem Plattenrand stehenbleibt und sich absenkt, die Platte hatte schon begonnen, sich zu drehen. Bei dem alten Plattenspieler, mit dem ich in meinem Zimmer Märchenplatten gehört hatte (*Hänsel und Gretel*, *König Drosselbart*, *Der kleine Däumling*), musste der Tonarm noch mit der Hand abgesetzt werden. Knallte fast immer.

«Kannst du mir die bitte überspielen?» Auf eine C90-Leerkassette passte auf jede Seite eine LP. Chromdioxid II, BASF, Maxell, TDK – wie hießen die anderen Fabrikate? War noch Platz, kamen ein oder zwei Bonuslieder hinzu, sie sollten aber zu dem davor aufgenommenen Album passen. Guten Freunden oder Freundinnen in spe wurden die Titel der Songs auf den gefalteten Karton geschrieben, der in der Kassettenhülle lag, vielleicht beschriftete ich sogar die beiliegenden Aufkleber für die Kassette. Mit vielen Kas-

settenhüllen gab ich mir mehr Mühe als mit meinen Hausaufgaben, von verschiedenen Freunden oder Freundinnen
gestaltete Kassettenhüllen ergaben eine Sammlung unter-
schiedlichster Schriften und Stiftfarben. Heute kommt es
mir seltsam vor, dass in einem Kästchen, ungefähr so groß
wie eine dieser Tonkassetten, nun Tausende Alben, Filme,
Bücher und das halbe Weltwissen stecken können.

Kam ich besonders früh aus der Schule zurück oder hatte
ich frei, half ich unserer Haushälterin Frau Seel beim Saugen. Staubsaugen gefiel mir, es machte Krach, ein Staub-
sauger war fast ein Presslufthammer, ich stellte mir vor,
ich wäre Bauarbeiter oder Astronaut auf dem Mond. Ich
fuhr die Teppichmuster nach und schob Streifen in den
Teppichboden, mochte das schlürfende Rasseln, das die
hinaufgesogenen Krümel und Steinchen im Saugrüssel des
Staubsaugers erzeugten.

Aus irgendeinem Grund war es unter uns Kindern sehr
beliebt, die Fransen des großen Perserteppichs zu kämmen,
oft stritt ich mich mit einer Schwester nach dem Staubsaugen darum, wer die Teppichfransen kämmen durfte. Was ja,
so gesehen, eine sinnlose Tätigkeit war, denn war der Hund
im Wohnzimmer – er bellte oft, jaulte, wollte hinein, wollte
zu uns, kratzte an der Tür, also ließen wir ihn herein –,
dann waren die Fransen bald wieder durcheinandergewir-
belt. Gekämmt wurden sie mit einem großen dunkelblauen
Kunststoffkamm, der Fransenkamm hieß. Nach und nach
verlor er immer mehr Zinken, einige standen schon einzeln, er sah aus wie ein Lückengebiss, ein Kammgebiss mit
Lücken.

Der Perserteppich, um dessen Fransen es ging, lag im Durchbruch, halb im einen, halb im anderen Raum, er bildete eine Brücke. Ein anderer, ein besonders schöner Teppich, hing über der Grastapete an der Wand.

Es gab Perser und Perser. Es dauerte, bis ich das verstanden hatte. Die Eltern eines Freundes waren Perser, die – Verwirrung! – auch mit Persern handelten. Zwei oder drei Teppiche hatte mein Vater bei ihnen gekauft, andere in Köln, über einen Kollegen, der eine Quelle hatte. Ein- oder zweimal wurde ein Teppich auch wieder verkauft, weil meine Mutter Geld für einen weiteren Umbau brauchte. Diese Teppiche waren also Wertanlagen, wir liefen auf Geld herum – deshalb sollten wir, wenn wir aus dem Garten kamen, die Schuhe ausziehen oder zumindest sorgfältig abstreifen.

Freitagmittags studierte meine älteste Schwester das Fernsehprogramm der kommenden Woche, denn freitags lag der Tageszeitung eine Programmzeitschrift bei. Sie studierte es ausgiebig, sie kreuzte Sendungen an, die sie interessierten, unterstrich die Namen mancher Schauspieler (den von Cary Grant immer, auch die von Grace Kelly, Marilyn Monroe und Rock Hudson) und schrieb kleine Kommentare neben die Programmspalten: Schon wieder! Kam erst letztes Jahr im März! Guter Film! Muss ich sehen! Sich mit dem Fernsehprogramm zu beschäftigen war eine Ersatzbeschäftigung, im Fernsehen kam ja nachmittags noch nichts, nur das Testbild. *IWZ* hieß diese Programmbeilage der Tageszeitung, «Hast du die *IWZ* gesehen?» Nie hatten wir eine eigene Fernsehzeitschrift, wie andere Familien sie kauften, nie den *Gong* oder die *Hörzu*. «So einen Quatsch brauchen wir nicht», sagte meine Mutter.

Freitagabends schaute ich *Väter der Klamotte*, später *Western von gestern*, manchmal auch *Schüler-Express*, wurde das nicht aus einem Studio in Berlin gesendet, im Wechsel mit *Pfiff*, der Jugendsportsendung? *Schüler-Express* gefiel mir besser, es gab da die Rubrik Wunschfilm – ich bilde mir ein, es hätte «Wunschvideo» geheißen, «Video» war jedoch noch kein gängiger Begriff für kurze Filme. Drei Ausschnitte wurden angespielt, dann wurde per Postkarte abgestimmt, welcher Film in der folgenden Sendung ganz zu sehen sein sollte. Einmal wurde ein Teil von *The Wall* gezeigt, Pink Floyds *Another Brick in the Wall* war daraufhin jahrelang mein Ohrwurm. Ohne den Text richtig zu können, sang ich das Lied, wenn ich mit dem Hund unterwegs war, ich mochte den Part mit dem Schülerchor, den satten, fetten Klang mit dem Bass darunter. Das hätten wir mit dem Unterstufenchor (montags, 6. Stunde) mal singen sollen, we don't need no thought control – der Fernseher hieß bei uns auch Glotzophon.

Wohnzimmer, Ort der Niederlagen, denn nach den Nachrichten musste ich ins Bett. Manchmal blieb ich einfach sitzen oder versteckte mich hinter dem Polster, gab keinen Laut von mir, unterdrückte jedes Husten oder Lachen. Manchmal merkte meine Mutter nichts, manchmal blieb ich so eine Viertelstunde oder länger unentdeckt. War ich doch entdeckt worden, versuchte ich zu diskutieren: «Jetzt will ich aber wissen, wie es ausgeht! Da lerne ich doch etwas, das machen wir in der Schule!» Nur wenn ein Feuer im Kamin brannte und der Fernseher nicht lief, durfte ich noch ein wenig aufbleiben, meist war ich ja fürs Feuerschüren zuständig. Auf der Wetterkarte war unser Deutschland, die Bundesrepublik, das große Schnitzel, die DDR war nur ein kleines Schnitzel. Das eigentliche Schnitzel-Land war jedoch Österreich – «Halbschuh-Österreich», wie mein Vater sagte. «Warum Halbschuh, Papa?» – «Schau dir den Umriss an», sagte der, «na, wie schaut's aus?»

Um 21:45 Uhr begannen *Die Profis*, eine Serie, die ich so gern gesehen hätte. Ich versuchte mir vorzustellen, was in der Folge wohl passierte, die Programmzeitschrift gab ein paar Hinweise. Manchmal schaute ich heimlich oben, auf dem anderen Fernseher in Mamas Arbeitszimmer. *Dallas* begann ebenfalls um 21:45 – das war die Serie, von der die älteren Mädchen in der Schule so oft sprachen. Ich merkte mir die Titelmelodie, die hatte ich schon gehört und pfiff sie in der Pause möglichst beiläufig vor mich hin, damit es den Anschein hatte, als hätte ich am Vortag eine Folge gesehen. Wurde ich dann gefragt, wie ich es gefunden hätte, antwortete ich unverbindlich, gab vielleicht wieder, was ich in der Programmzeitschrift gelesen hatte, oder wandelte ab, was ich einen anderen hatte sagen hören. Es gab ja noch kein Internet mit Foren, in denen der Inhalt jeder Folge jeder Serie haargenau nacherzählt wird.

An Samstagabenden waren meine älteste Schwester und ich dann und wann allein zu Hause. Ausnahmsweise durften wir vor dem Fernseher essen, auf großen Tellern lagen vorgeschmierte Brote. Wir sahen *Am laufenden Band* mit Rudi Carrell, später lief vielleicht *Über den Dächern von Nizza* oder, noch besser, mein Lieblingsfilm, *Der unsichtbare Dritte*.

In den Sommermonaten aßen wir meist unter der Überdachung auf der Terrasse, manchmal sogar bei Regen, wir blieben trocken. Morgens, mittags, abends draußen essen. «Essen wir draußen? Ja?» – dann musste alles hinausgetragen werden. Was auf den Teewagen passte, wurde aus der Küche über den Flur und durch beide Wohnzimmer auf die Terrasse geschoben, bugsiert, manövriert. Einmal verlor der Teewagen bei einem Manöver ein Rad, kippte und stürzte mit Geschirr und Aufschnittplatten um. Mein Vater schrie: «Diese Scheißkonstruktion», nahm das Gefährt, trug es in den Garten, hob es über die Schultern und zertrümmerte es auf den Waschbetonplatten, die von der Terrasse an den Heckenrosen vorbei zum Hundezwinger führten – das Splittern des Holzes hörte sich nach einer Saloon-Schlägerei in einem Western an. Er trampelte noch ein wenig darauf herum und warf das Teewagengerippe dann auf den Holzstapel hinter dem Komposthaufen.

«Hast du dich jetzt abreagiert?», fragte meine Mutter.

Als wir das nächste Mal ein Feuer machten, wurden die Teewagenreste verbrannt, die Räder hatte ich mir da schon gesichert – aber natürlich habe ich mir dann nie etwas aus ihnen gebaut.

Eines Abends fing der Hund auf der Terrasse eine Maus. «Da macht er doch glatt mal etwas Nützliches», sagte mein Vater. Plötzlich war er da, sein Killer-Instinkt war erwacht, angeblich waren Mittelschnauzer ja einst auf Burgen gehalten worden, um Ratten zu fangen. «Bravo.» Meine Mutter war stolz auf ihn.

Es war nicht üblich, jedenfalls nicht vorgeschrieben, im Haus die Schuhe auszuziehen. Wir sollten nicht mit den Gartenschuhen durchs Wohnzimmer latschen, klar, sondern sie entweder ausziehen oder außen herum gehen und das Haus durch die Haustür betreten, die an der Seite lag. Manchmal, weil sie halt herumstanden, zog ich Papas Lederschlappen an, die Papa-Pantoffeln. Sie waren mir zu groß, gefielen mir aber gut: vorne und hinten offen, mit flachem Absatz, bequem, sie klapperten so schön und waren weich. Nach und nach eignete ich sie mir an. Der Absatz des linken Pantoffels löste sich, ich nagelte ihn wieder fest, unten in der Garage, an der Werkbank, die keine war, sondern nur ein breites Regalbrett. Hielt aber nicht besonders gut, mein Schusterversuch, außerdem scheuerten die leicht herausstehenden Nagelköpfe den Stoff meiner Socken auf, an den Fersen hatten sie bald alle Löcher.

Küche

Ich ging so gern an den Kühlschrank in der Küche. Er war das heimlich leuchtende Zentrum des Hauses, sein Mittelpunkt, die Energiequelle, und in ihm befand sich mein Gral, die heilige Nachtischschüssel, an der ich immer wieder naschte, möglichst unbemerkt. Die Stelle, an der ich meinen Finger in die Quarkspeise oder Creme steckte, musste wieder glattgestrichen werden, was ich ebenfalls mit dem Finger erledigte. Naschte ich zu viel, blieb rings eine Spur am Rand, die weggewischt werden musste – mit dem Finger. Ich keimte alles ein.

Einbauküchen waren, das hatte ich schon verstanden, ein Statussymbol. «Wir bekommen eine neue Küche», hörte ich die Mutter eines Klassenkameraden zu einer anderen Mutter sagen. «Mit Umluftherd und Glaskeramikkochfeld ohne Platten. Lässt sich viel leichter reinigen.» Dass etwas sich einfacher sauber machen und sauber halten ließ, war ein wichtiges Kriterium. Abwaschbar war praktisch.

Unser erstes Cerankochfeld, ja, auch wir hatten so einen Herd, zerbrach, als mir ein heißer Topf aus der Hand rutschte. «Eine Herdplatte hätte das ausgehalten», sagte Frau Seel, ein gewöhnlicher Herd wäre nicht kaputtgegangen.

Schon einige Zeit zuvor hatte mein Vater einen Mikrowellenherd mitgebracht. Zuerst wussten wir nicht viel mit ihm anzufangen, dann lernten wir: Darin wurde alles sehr schnell heiß. Tiefgefrorenes ließ sich problemlos auftauen (auf Defrost stellen!), anderes rasch erhitzen. Der Mikrowellenherd war von Sharp wie einer von Papas Computern. Was bauten die noch? Kam eigentlich alles Neue aus Japan? Ein paar Jahre darauf fuhr meine Mutter einen Mitsubishi Pajero, einen Jeep, dessen Verdeck sich abnehmen ließ. Mitsubishi hieß, das wusste ich bald, «drei Diamanten».

«Stell's doch in die Mikro», sagte meine Mutter nicht selten, oder sie schrieb: «Bitte im Mikrowellenherd aufwärmen!», auf kleine Zettel, die mittags neben den mit Klarsichtfolie überzogenen Essenstellern lagen. Manchmal machte ich mir ein überbackenes Käsebrot, der Käse brutzelte so herrlich, schien zu leben, zu atmen durch die heißen Blasen, eine Art Raclette-Brot, ich aß es mit schön viel Ketchup. Unser Ketchup war immer das von Heinz, aus der Glasflasche, uns kam kein anderes ins Haus.

Für mich war es ein großes Geheimnis, wie dieser Mikrowellenherd funktionierte. Die Teller mit Goldrand durften wir nicht hineinstellen, überhaupt nichts aus Metall, aber natürlich machte ich es dann doch, um herauszufinden, was passieren würde: Es funkelte und blitzte erstaunlich hell, es bildete sich ein Funkenring. Einige Experimente später war der Mikrowellenherd kaputt, ich tat, als hätte ich nichts damit zu tun. Wir bekamen einen neuen von Sanyo. Japaner waren einfach besser.

Unsere Einbauküche hatte viele Fronten, alle in demselben grellgrünen Farbton, meine Mutter hatte ihn 1976 ausgesucht. Sieben Jahre später hatte sie ihn über, sie ließ alle Fronten abmontieren und cremeweiß umspritzen, es war, als hätten wir eine neue Küche. Von all den vielen Kästen, Schränken, Schubladen und Schubfächern war die Corn-flakes-Schublade mir die liebste. In ihr standen neben den Cornflakes von Kellogg's auch Frosties und Smacks, Müsli-packungen sowie Haferflocken: Billighaferflocken, No-Name-Flocken von Aldi, für den Hund und die Markenha-ferflocken von Kölln. Nie im Leben wäre es mir eingefallen, von den Hundehaferflocken zu essen.

Manchmal war ich es, der dem Hund das Futter machte: Haferflocken in den alten Topf, der sein Fressnapf war, hinzu kamen Chappi, Wasser, Ei und Aufschnittreste, die vielleicht schon nicht mehr so gut rochen, manchmal gab ich ihm auch Pansen, der sehr seltsam roch und wie gekochte Bienenwaben aussah. Ich wollte nicht glauben, dass das Fleisch sein sollte, der Konsistenz nach hätte es auch ein Kunststoff sein können. Pansen ist, hatte ich gelernt, der siebente Magen der Kuh, der Wiederkäuerma-gen. Manchmal bereitete mein Vater einen kleinen Teil des Pansens, den er für den Hund kochte, für sich selbst zu. Der Geruch zog durchs ganze Haus, ich verstand nicht, dass er das aß.

In der Schublade unter den Cornflakes lagen Bundes-wehrpakete mit Tagesverpflegungen, so genannte Nato-Notrationen, die mein Vater von Reserve-Wehrübungen mitbrachte. Darin befanden sich, tarngrün verpackt und schlicht serifenlos beschriftet, Margarine in der Tube, Dosenfleisch und Hering in Tomatensauce. Wenn es gar keine anderen Süßigkeiten im Haus gab, wenn überhaupt

nirgendwo etwas aufzutreiben war, dann aß ich die Bundes-
wehrkekse, die es in diesen Notrationen ebenfalls gab, weit-
gehend geschmacksneutrale Dinger, bröckelig, hart, oder
ich machte mich über die Schokoladentäfelchen her, die
zwar nicht gut schmeckten, immerhin aber war es Schokolade. Meine älteste Schwester, obwohl schon früh sehr
antimilitaristisch eingestellt, freute sich immer besonders
über diese Pakete. Sie mochte Bundeswehrschokolade. Für
sie war das Papa-Schokolade.

In den Schränken der Küche befanden sich die Geräte:
der elektrische Eierkocher, der nur sonntags benutzt wurde,
die Küchenmaschine, die in immer wieder neuen Variatio-
nen zusammengebaut werden konnte – mit Rührschüssel
und Knethaken oder als Häckselmaschine oder als Mixer
zur Milchshakeproduktion. Ein Handrührgerät nannte sich
ebenfalls Mixer, mit ihm schlug ich samstags und sonntags
die Sahne zum Kuchen. Sahneschlagen war meine Aufgabe,
mit einem Päckchen Vanillezucker und einer Prise Salz.
«Eine Prise Salz, aber bloß eine Prise», sagte meine Mutter.
Die Sahne, mein Vater sagte «Schlagobers», füllte ich in eine
Glasschüssel, zu ihr gehörte der Sahnelöffel, ein Silberlöffel,
der nur für diesen Zweck verwendet wurde.

Wir hatten einen elektrischen Dosenöffner, praktisch,
um die Ravioli- und Hundefutterdosen zu öffnen, ein
starker Magnet hielt die Konserven in der Schwebe. Mich
beeindruckte auch die mechanische Küchenwaage, meine
Mutter hatte mir das mit dem Tariergewicht, das hin und
her geschoben werden musste, mehrfach erklärt. Weitere
elektrische Geräte waren der Crêpe-Macher, der, tunkte
ich ihn kopfüber in den Teig, hauchdünne Crêpes backen

konnte, zwei Waffeleisen für runde, aus Herzen zusammengesetzte Waffeln, und der Sandwichtoaster, der Sandwich-Muscheln herstellte. Das Problem war, dass ich, hatte ich einmal angefangen, Schinken-Tomaten-Käse-Muscheln zu essen, nicht damit aufhören konnte.

Die Fritteuse und das Gerät, das angeblich Joghurt machen sollte, und viele andere elektrische Geräte, die selten oder nie benutzt wurden, landeten im Keller, im Museum der ausgemusterten Apparate.

So weit ich zurückdenken konnte, hatten wir eine Brotschneidemaschine mit Kurbel in der Küche stehen. «Schneidest du noch Brot?», lautete die Bitte jeden Abend vor dem Abendessen. Machte ich gerne – ich durfte den Brotlaib nur nicht zu fest gegen das Messerblatt drücken, «Drehen, nicht drücken, Freund!», die Stimme meines Vaters. Eines Tages begann die Diskussion: Brauchen wir eine neue, eine elektrische? Meine Schwester war dagegen. Die elektrische Brotschneidemaschine von Braun kaufte mein Vater dann doch. War allerdings gefährlich: «Schneid dir nicht die Finger ab!», hieß es von da an.

Einen elektrischen Wasserkocher gab es auch, aus England mitgebracht. Er stand fast immer draußen auf der braunen Arbeitsfläche, wurde ja ständig benutzt. Die Küchenarbeitsfläche war nicht ganz glatt, sie hatte kleine Vertiefungen, eine Mikrostruktur, Saugnäpfe hafteten nicht. Mit den Fingernägeln darüberzufahren verursachte ein raspelndes Geräusch, es kitzelte an den Fingerkuppen.

Mama war ein Kriegskind, weshalb es manchmal Kriegs-oder eher Nachkriegsessen gab, Mahlzeiten aus Resten, etwas ohne Fleisch, Mehlsuppe, Graupensuppe. Oft gab es Spinat, Kartoffeln, Spiegelei, Milchreis oder Kartoffelpuffer. Meine Mutter entdeckte irgendwann ein neues Gemüse, kam aus Italien, es hieß Zucchini. Auf einmal kochte sie sehr oft Zucchinipfanne oder mit Hackfleisch gefüllte Zucchini. Dann gab es Auberginen, dann nur noch Brokkoli statt Blumenkohl und zum Glück keinen Rosenkohl mehr, plötzlich lagen Kiwis in der Obstschale. Das sollten große Stachelbeeren sein? Ich erinnere mich an meine erste Artischocke: Um sie zu essen, durften wir die Blätter über die Zähne ziehen. Es gefiel mir, wie Artischocken gegessen wurden, herrliche Sauerei. Und sie schmeckten.

Aufläufe gab es oft. Nudelauflauf zum Beispiel. Wurde ich im Jahrzehnt der Aufläufe groß? Spiralnudeln, Schinken, Sahne, Ei – es ging auch raffinierter. Fleisch kaufte mein Vater nur beim Metzger, dort bestellte er außer Pansen viel zu oft Suppenfleisch, Rindfleisch, das dann in Stücken, meist mit weißem oder elfenbeinfarbenem Fettrand, in einer Brühe schwamm. Ich kaute darauf herum, es war zäh, ich kaute weiter darauf herum und ekelte mich vor der faserigen Konsistenz. So oft es ging, täuschte ich einen Hustenanfall vor und spuckte den Brocken heimlich in die vor den Mund gehaltene Serviette. Der Hund freute sich später über meine angekauten Klumpen.

Ein Mitschüler, der in den Sommerferien zu Verwandten in die DDR fahren musste, erzählte, er habe dort einige Male Wildschwein gegessen. Wildschwein, sagte er, schmecke fabelhaft. War die DDR so eine Art Gallien der Asterix-Hefte? Wurden da Wildschweine gejagt? War die Versorgungslage drüben wirklich so schlecht?

Oft hatte ich nicht lange nach dem Mittagessen schon wieder Hunger. Ich ging an die Cornflakes-Schublade oder öffnete die größere Backschublade, suchte überall im Haus nach Schokolade, ich kannte ja alle Verstecke. Ich ging in den Keller oder zu dem Schrank ganz oben im Treppenhaus, in dem Ersatzglühbirnen und Sicherungen lagen, auch dort hatte meine Mutter schon Kekse versteckt. Langweilte ich mich bei meinen Hausaufgaben oder beim Nicht-Anfertigen meiner Hausaufgaben, lief ich hinunter zum Kühlschrank, um nachzusehen, ob der sich seit dem Mittagessen nicht auf magische Weise mit neuen essbaren Dingen gefüllt hatte, ich wollte an den Zauberkühlschrank glauben, ich träumte von der Tischlein-deck-dich-Kühlung.

Fand ich weder in der Küche noch unten im Vorrats-keller etwas – hatten wir nicht noch Eis? –, begann ich, Zutaten aus der Backschublade miteinander zu vermen-gen, ganze Mandeln, geriebene Nüsse, Rosinen, Brocken von Kuvertüre, und versuchte, einen neuen Nachtisch, eine neue Süßspeise zu erfinden. Zitronat sah gut aus, schmeckte nur leider nicht.

Oder ich fing an, Kuchen zu backen, um möglichst viel Kuchenteig naschen zu können, manchmal aß ich so viel davon, dass der gebackene Kuchen eher klein ausfiel und ich mich wunderte, wie schlecht mir war. Kam Mama nach Hause und fand einen angeschnittenen Apfelkuchen in der Küche, probierte sie immer, das war ihr Spiel, ganz vorsich-tig davon, ein kleines Stückchen nur, kaute prüfend, dann erst hellte ihr Gesicht sich auf, und sie schaute erfreut und sagte: «Oh, der ist gut! Jetzt müssen wir sonntags ja keinen Kuchen mehr kaufen.» Von der ungespülten Rührschüssel, den verklebten Knethaken der Küchenmaschine und den Teigschabern im Backofen sagte ich nichts.

Und natürlich griff ich, wenn ich Durst hatte, einfach nach einer Sprudelflasche, trank daraus und stellte sie in die Kühlschranktür zurück – obwohl es doch immer hieß: «Trink nicht aus der Flasche! Nimm dir ein Glas!» Ein Glas aber hätte ich ja aus dem Schrank nehmen und danach in die Spülmaschine stellen müssen, wie anstrengend, und außerdem: War das nicht Wasser- und Energieverschwendung, ein Glas spülen zu lassen, nur weil ich ein wenig Wasser, drei oder vier Schluck, daraus getrunken hatte? Aus aufgeschnittenen Apfelsaftpackungen zu trinken, ohne sich zu bekleckern, war schwieriger.

Einmal entdeckte ich in einem Fach der Kühlschranktür ein Gläschen mit grünen, seltsam geformten Kügelchen in Flüssigkeit. Was war das? «Sind das Tiere?», fragte ich meine Mutter. «Sind das kleine tote Krebse?»

«Nein», sagte sie, «das sind Kapern.»

Als ich aufs Gymnasium ging, aß ich mittags in der Schule oder kochte mir zu Hause selbst etwas, meine älteste Schwester war schon ausgezogen, die jüngeren Geschwister aßen bei einer Nachbarin oder bei einer Tante. Am liebsten kochte ich Reis, dauerte im Dampfkochtopf nur acht Minuten – öffnete sich das Druckventil, war der Reis fertig. Bis zu dem Tag, an dem der Dampfkochtopf auseinanderflog: Sein Inhalt verteilte sich überall in der Küche, einzelne Reiskörner klebten noch Wochen später an der Decke.

Lag noch etwas im Gemüsefach? Ich könnte ja mal eine Tomate essen. Unten im Keller gab es einen zweiten Kühlschrank, den größeren, den Vorratskühlschrank im Vorrats-keller, meist stand dort eine Palette Joghurtbecher. Lange blieb die nicht voll, leergekratzt und mit dem Finger aus-geleckt, wanderten die Becher in den Mülleimer.

Oder ich aß doch wieder einen Teller Cornflakes. Den Suppenteller oder die Müslischale bis zum Rand mit Milch gefüllt, balancierte ich verbotenerweise ins Wohnzimmer, in der Nähe der Polstermöbel sollte eigentlich nicht gegessen werden. Gern hätte ich ferngesehen, aber es kam ja nichts. Oder es liefen, falls es schon etwas später war, die langweiligsten Sendungen der Welt. Bei den Cousinen in Amerika war alles besser, die hatten Fernsehen rund um die Uhr.

Manchmal hörte ich dann eine Platte, eine der frühen Schallplatten meiner Eltern, *Abbey Road*, die Beatles über-queren eine Straße. Oder eine, die *Blonde on Blonde* hieß. Oder ich übte doch mal Klavier. Der Videorekorder, mit dem mein Vater eines Tages nach Hause kam, brachte die Erlö-sung: Nun konnte ich nachmittags die Filme ansehen, die ich in den Nächten zuvor aufgenommen hatte – eine Revolu-tion, etwas sehen können, wann *ich* es wollte, etwas einfach anfangen zu lassen, ohne von der Uhrzeit und dem Fern-sehprogramm abhängig zu sein. Bald wurde es sehr beliebt, nachmittags bei uns zu Hause abzuhängen. Freunde kamen nach der Schule mit zu mir, wir schauten Action- und Hor-rorfilme, gelegentlich auch einen Softporno, bevor wir dann brav, wie wir waren, zum Konfirmandenunterricht gingen.

«Bring doch bitte den Müll hinunter!», hörte ich meine Mutter sagen, wenn sie abends wieder da war. «Kannst du nicht selbst mal daran denken?» Die große schwarze Mülltonne stand in der Garage, sie hatte zwei Räder, ließ sich leicht ankippen und auf diesen Rädern fahren, montagmorgens musste sie auf dem Bürgersteig stehen, montags kam die Müllabfuhr. Ich erinnerte mich noch an die viel kleinere Mülltonne davor, rund und mit einem eigenartig geformten Griff auf dem Deckel, der wie ein Entenschnabel aussah. Auf diesem Vorgängermodell hatte ein orangefarbenes Schild mit der Aufschrift *Keine heiße Asche einfüllen* geklebt. Ich verstand nicht, wieso jemand die einfüllen sollte. Wer hatte denn heiße Asche? Kalte Asche aus dem Kamin oder dem Gartengrill kam bei uns auf den Komposthaufen. Dass heiße Asche auch aus Öfen kommen konnte, dass Menschen anderswo noch immer mit Kohleöfen heizten, davon wusste ich nichts. Unser Haus hatte eine Zentralheizung.

Ja, ich musste helfen. «Deck schon mal den Tisch», hieß es fast jeden Abend.

«Wieso ich?»

«Weil du dran bist!»

Den Tisch decken und nach dem Essen abräumen. Die Spülmaschine einräumen, die Spülmaschine ausräumen. Sonntagabends sah der Dienst so aus: Der eine spült, der andere trocknet ab, die Jüngeren sind noch zu klein. Ein Trick: die großen Töpfe und Pfannen, die nicht in die Spülmaschine passen, einfach schmutzig in den Herd stellen und darauf vertrauen, dass Frau Seel die Sachen am nächsten Vormittag schon abwaschen wird. Klappte leider nicht immer. Entdeckte mein Vater dieses Depot, holte er mich später am Abend noch einmal aus dem Bett. Während des Spülens oder Abtrocknens spielten wir Spülspiele, meistens

Berühmte-Persönlichkeiten-Raten. Die erste Frage lautete immer: Schon tot?

Fiel mir ein Teller hinunter, verpackte ich die Scherben in einer Tüte und entsorgte sie heimlich in der Hausmülltonne, später habe ich absichtlich Dinge kaputtgemacht. Da, wo keiner es sehen konnte, malte ich die Tapete an, kratzte Raufaserhügel mit dem Fingernagel ab, weil sie sich wie dicke Mückenstiche anfühlten, oder probierte eine neue scharfe Schere am Rand einer bestickten Tischdecke aus. Wie leicht sich viele Dinge kaputtmachen ließen, wie einfach es war. Die große Obstschale aus Glas, ich musste sie nur am Rand anheben, und schon brach sie auseinander.

Der Frühstückstisch musste immer am Vorabend gedeckt werden. Es gab einen Plan, wir Kinder wechselten uns reihum ab, es war in weniger als vier Minuten erledigt, man durfte es bloß nicht vergessen. Platzdeckchen austeilen, sie lagen gefaltet in einer Schublade der Kommode, Teller aus der Vitrine in der Küche nehmen, ins Esszimmer tragen, verteilen, Untertassen und Tassen dazu, Messer aus der Besteckschublade, Teelöffel auf die Untertassen und an die Servietten denken, jeder hatte einen eigenen Serviettenring, zuletzt das Tablett mit den Marmeladen in die Tischmitte stellen, zwei oder drei standen darauf, manche waren selbst gemacht, manche gekauft, und Honig, «Echter deutscher Honig». Wie oft fand sich das Wort «deutsch» auf dem Einheitsglas des Deutschen Imkerbunds? Achtmal? Neunmal? Wir mussten Deutsche sein, wir aßen deutschen Bienenhonig.

Bevor er ins Bett ging, füllte mein Vater die Kaffeemaschine, sie hing an einer Zeitschaltuhr. Kamen wir morgens in die Küche, war der Kaffee schon fertig, roch immer gut.

Das Frühstücksgeschirr war das Gmundener, aus Österreich mitgebracht. Weiß, unter der Glasur breite grüne Streifen und Schleifen, jeder Teller sah ein wenig anders aus, sie waren alle handbemalt, aber so, wie auch ich es hätte hinbekommen können, jedenfalls dachte ich mir das, breiter Pinselstrich, hatten Kinder diese Teller verziert? Auf manchen war der Schleifenkranz verrutscht, an meinen Platz stellte ich mir immer einen Teller, der mir gefiel, einen, der mich nicht sonderbar ansah. Hatten meine Geschwister den Tisch gedeckt, tauschte ich vor dem Essen manchmal schnell die Teller.

Während der Mahlzeiten überlegte ich, wie oft ich genau diese Gabel unseres Bestecks schon im Mund und genau dieses Messer schon in der Hand gehabt hatte. Wir hatten viele Messer, Gabeln und Suppenlöffel, über dreißig, von WMF, schlicht, spülmaschinenfest, schwerer Schaft. Die Teelöffel wurden mit der Zeit immer weniger, hin und wieder wurde wohl einer zusammen mit einem leergegessenen Joghurtbecher weggeworfen. Oder kam vom Zelten nicht mit zurück. Später regte meine Mutter sich auf, als sie an der Unterseite rußgeschwärzte Teelöffel in unseren Zimmern fand und glaubte, wir wären heroinsüchtig. Dabei hatten wir bloß ein wenig Haschisch für einen Tee mit Extra aufgekocht.

Beim Essen konnte ich zu den Fischen schauen, auf der Anrichte stand ein Aquarium, es blubberte vor sich hin. Die kleinen, halbtransparenten Fische hießen Guppys, mir gefiel das Wort. Später schwamm in dem Aquarium ein

Skalar, der nach und nach alle anderen Fische auffraß. Zum Schluss waren nur noch er und zwei Leuchtfische übrig, die mochte er wohl. Oder er mochte sie nicht, weshalb er sie nicht auffraß. Die Fische hatten, im Gegensatz zu den Spatzen, die uns auf der Terrasse besuchten, keine Namen. Ich sah gern zu, wenn das Fischfutter aus der gelben Dose mit dem braunen Deckel herausrieselte, wie Schneeflocken, es war ganz leicht. Kurz blieb es auf der Wasseroberfläche, dann sank es langsam, die Fische öffneten ihre Mäulchen und saugten die Flocken ein, ihr Manna-Erlebnis, jeden Tag, immer wieder fiel Speise vom Himmel, wobei ihr Himmel das Aquariumwasser war. Ich wunderte mich: Konnten diese Fische von so wenig leben? Reichten die dünnen Futterflocken aus? Dem Skalar anscheinend nicht.

Hin und wieder mussten die Scheiben gereinigt werden, dazu gab es einen kleinen Magnetschrubber. Theoretisch ließ sich die Innenseite des Aquariums mit diesem, von einem starken Doppelmagneten an der Scheibe gehaltenen Algenwischer von außen reinigen – in der Praxis funktionierte es nicht so gut. Der innere Wischer blieb oft hängen und ruckelte hinterher, manchmal fiel er ab, und mein Vater musste ihn mit der Hand vom Boden des Aquariums heraufholen, was dort unten Sand und Steinchen aufwirbelte und das Wasser eintrübte, wir hatten den Fischen ja eine Unterwasservulkanlandschaft aus Lavagestein erbaut. Sie waren irritiert: Eine große Hand kam von oben in ihre Welt?

Später, das leere Aquarium hatte schon eine Zeitlang eingestaubt im Keller gestanden, baute ich aus ihm eine Vitrine für meine Sammlung. Taschenmesser, Kristalle, schöne Steine, einige Ammoniten und meine Coca-Cola-Knibbel-

bilder lagen nun unter Glas geschützt. Dass solche Samm-
lungen früher Wunderkammern genannt wurden, wusste
ich noch nicht.

Knibbelbilder waren kleine runde Dichtungsplättchen,
die sich aus der Innenseite der Drehverschlüsse von Cola-
und Fantaflaschen knibbeln ließen. Auf ihrer Innenseite
waren sie mit Bildern von Bands und Rockstars bedruckt.
Ich kannte die meisten nicht, aber durch die Knibbelbilder
lernte ich schon mal ihre Namen. Das hatte zur Folge, dass
ich später, wenn ich beispielsweise *The Look of Love* von
ABC hörte, immer an das dazugehörige Knibbelbild in meiner Aquariumsvitrine denken musste.

Zwischen den Mahlzeiten ging ich an die Obstschale im
Esszimmer, die, war der Tisch nicht gedeckt, in der Mitte
des Esstischs auf einer Decke stand. Ich nahm mir einen
Apfel oder eine Banane, im Winter gab es vielleicht auch
Mandarinen, Mandarinen konnte ich vier oder fünf am
Tag essen. Oder Trauben lagen da – die mussten allerdings
immer mit Stiel abgebrochen werden, denn meine Mutter
bekam Zustände, wenn sie in der Obstschale Rebengerippe
vorfand, an denen winzige, hellgrüne Fruchtreste von einfach abgezupften Weintrauben hingen.

Mit ein oder zwei Trauben im Mund dachte ich gelegentlich daran, die Comtoise an der Esszimmerwand aufzuziehen, ich machte das gern. Sie schlug zu jeder vollen
Stunde hell und laut, auch sie war durchs ganze Haus zu
hören. Eine kleine Kurbel lag oben auf dem Uhrenkasten,
mit ihr drehte ich die dicken gusseisernen Gewichte herauf.
Es war eine schöne Uhr, leider ging sie meistens falsch.

Waren wir reich? Im Rückblick sieht es so aus, und wenn ich von damals erzähle, hört es sich für mich ganz danach an. Unser Haus hatte viele Zimmer und einen großen Garten. Wir hatten zwei Autos, aber nur eine Garage, in der sieben oder acht Fahrräder standen. Einmal, ich war in der zwölften Klasse, zählte ich alle Kassettenrekorder unseres Haushalts. Inklusive der Doppelkassettendecks, Radiorekorder, Diktiergeräte, einfachen Kassettenspieler, der Autoradios, aller Walkmen aller Geschwister und der Datasetten genannten Rekorder, auf denen Computerprogramme abgespeichert werden konnten, kam ich auf dreiundzwanzig. Die Idee, sie zu zählen, war mir nach der Klassenfahrt in die DDR gekommen – die Jugendlichen, die wir bei einer zähen, da offiziellen, von einem geschulten Politfunktionär geleiteten Begegnung trafen, hatten uns nach einem Kassettenrekorder gefragt. Ob wir ihnen nicht einen dalassen könnten? Oder wenigstens ein paar Leerkassetten?

Andererseits, richtig reich waren wir natürlich nicht. Wir lebten in westdeutschem Wohlstand, der erarbeitet war, meine Eltern hatten noch nicht geerbt und bis dahin eher wenig von ihren Eltern oder Erbtanten bekommen. Sie hatten sich das alles selbst aufgebaut – was jedoch nie herausgestellt wurde. Großzügig waren sie, jedes Kind hatte ein Zimmer, das Haus war geräumig genug. Sie hatten es gekauft, aber eigentlich gehöre es, so sagte mein Vater, der Bank.

Nein, so richtig reich waren wir nicht. Wir hatten zum Beispiel kein Schwimmbad im Haus. Nicht im Keller wie unsere Nachbarn, nicht im Anbau wie unsere Tante und nicht im Garten wie Johns und Schaufelbergers. Wir waren wohlhabend und zugleich ein wenig asozial, denn wer hatte schon fünf Kinder? Wir hatten Frau Seel, unsere Haushälterin, die jeden Wochentag bei uns arbeitete und bis zum frühen Nachmittag blieb. Eine Ersatzmutter, die immer mit dem Fahrrad kam, immer im T-Shirt, kalt war ihr nie. Nur bei sehr schlechtem Wetter fuhr sie in ihrem Mercedes vor, einer meiner Freunde machte sich darüber gern lustig, er sagte: «Ihr seid so reich, bei euch fährt sogar die Putzfrau im Mercedes vor.»

Von meiner ältesten Schwester kannte ich die Wendung «die oberen Zehntausend». Einmal ergab sich eine Diskussion, ob wir dazugehörten. Wir waren nicht im Tennisclub, das sprach dagegen, waren jedoch Mitglied im Segel- und im Skiclub, das sprach vielleicht dafür. Schließlich ging es darum, ob wir überhaupt in einer Klassengesellschaft lebten. Mir kam das nicht so vor, ich sagte: «Nein, fast allen geht es doch so wie uns.» Ich sagte das wohl, weil wir uns ja immer nur innerhalb unserer eigenen Schicht bewegten, innerhalb unseres nivellierten Mittelklasseparadieses, in dem Kultur und Bildung für die feinen Unterschiede sorgten. Ach ja, deshalb wurden meine Schwestern ins Ballett geschickt und wir alle in die Musikschule, jeder musste mindestens ein Instrument lernen, deshalb gab es das Abonnement für Schauspiel, Oper und Ballett, und deshalb all die Reisen.

Manchmal fragte ich mich: Hatten wir diesen Wohlstand überhaupt verdient? Wir hatten doch fast alle Juden umgebracht – wieso ging es uns dann so gut? Wir hatten den Krieg angeblich verloren, wieso aber sah es hier in unserem Deutschland so viel besser aus als in Nordengland beispielsweise? Wieso sah England an vielen Orten so aus, als hätte

Großbritannien den Krieg verloren? Wie ein Empire wirkte es in den frühen achtziger Jahren längst nicht mehr. So viele Industrieruinen! War unser westdeutscher Wohlstand eventuell auf Leichenbergen erbaut?

Badezimmer

Es gab einen inneren und einen äußeren Duschvorhang, aber nach dem Duschen war trotzdem alles nass. Mein Vater duschte immer, duschen war für Große. «Warum gehst du eigentlich nie in die Wanne, Papa?» Dauerte ihm das Baden zu lange? Er musste sich ja auch rasieren. Wie ging das eigentlich? Der Rasierschaum kam aus der Dose, er sprühte ihn sich in die Hand oder gleich ins Gesicht und verteilte ihn mit einem Rasierpinsel auf den Wangen und um den Mund. «Sind das wirklich die Haare eines Dachses, Papa? Ist das nicht eklig? Und der arme Dachs, lebt der jetzt nicht mehr? Oder war der bloß beim Friseur? Und wenn dieser Rasierpinsel aus England kommt, war es dann ein englischer Dachs?» Das Gesicht wurde gründlich eingeschäumt und anschließend abgeschabt, zwischendurch wurde die Rasierklinge, Doppelklinge von Wilkinson oder Gillette (damals genügten noch zwei Klingen, heute müssen es, Klingeninflation, vier oder fünf oder noch mehr sein), im Wasser ausgespült, der Abfluss des Waschbeckens war zugestöpselt, ich erinnere mich an das Geräusch. Ich wollte mich auch rasieren müssen. War mein Vater nicht da, probierte ich seine Rasierer aus, fuhr mir damit übers Gesicht, versuchte mich zu rasieren, auch um den Bartwuchs, auf den ich wartete, anzuregen. Einmal abgeschnitten, wuchsen Haare doch kräftiger nach – war das beim Rasen nicht auch so? Na ja, eigentlich war da noch nichts, nur der im Seitenlicht sichtbare blonde Flaum. Wie gut so ein Rasierer rasieren konnte, zeigte sich auf meinem Unterarm, da zog die Doppelklinge sichtbare Schneisen. Ließ mein Vater das Wasser ab, blieben die abrasierten Haare im Waschbecken, das sah dann aus, als wäre der Keramik ein Bart gewachsen.

Interessant auch, was meine Mutter mit einem Lippenstift in der Hand vor dem Spiegel machte. In ihrem Badezimmerschrank standen sie aufgereiht nebeneinander, ich erinnere mich an den Geruch ihrer Lippen, wenn sie einen frisch aufgetragen hatte. Rochen nicht alle ihre Küsse nach Lippenstift? Daneben standen Töpfchen, Stifte und Fläschchen, ihre Parfüms, an denen ich gerne roch, die dufteten ja wie sie. Oder umgekehrt? Probierte ich die Düfte an mir aus, konnte sie das später riechen, deshalb machte ich es nur, wenn sie nicht da war. Es genügte, an den Zerstäuberdüsen zu schnüffeln. Der Duft des Rasierwassers meines Vaters verflog viel schneller.

Wärmflaschen hingen im Bad, mit der Öffnung nach unten – wie Tiere, die ausbluten müssen. All die Handtücher, welches war noch mal meins? Egal, irgendeins nehmen. Meine waren gelb, jedes Kind hatte eine Farbe, aber später funktionierte das System nicht mehr. Nimm ja nicht meine Zahnbürste! So nah war man seinen Geschwistern nun auch wieder nicht, dass man ihre Zahnbürsten hätte benutzen wollen.

Die Toilette war nebenan und hatte ein eigenes kleines

Waschbecken. Herrschte viel Betrieb im Bad, konnte ich mir auch dort die Zähne putzen, sonst saß ich beim Zähneputzen auf dem Rand des Doppelwaschbeckens, die Füße auf dem Badewannenrand, und spielte Schaumspiele mit dem Zahnpastaschaum, drückte ihn durch die Zahnlücken, drehte mich zum Spiegel und versuchte, mir vorzustellen, wie ich in zehn, zwanzig oder dreißig Jahren aussehen würde, falls ich dann noch leben sollte. Sicher war das ja nicht bei all den Atomraketen.

Die Zähne putzte ich morgens nach dem Aufstehen, dann gab es Marmeladen-, Honig- und Nutellabrötchenhälften zum Frühstück, und ich schmierte mir ein Brot oder (wenn ausnahmsweise eines übrig war, sie waren ja abgezählt) ein Brötchen für die Schule, ebenfalls mit Marmelade, Honig oder Nutella. Bevor ich aus dem Haus ging, putzte ich die Zähne nicht noch einmal, ich putzte sie nicht in der Schule und auch nicht mittags oder nachmittags zu Hause, obwohl ich zwischendurch immer schön Süßigkeiten aß, Kekse, Schokolade, Nachtisch oder Eis in mich hineinstopfte. Eigentlich war es kaum verwunderlich, dass auch meine zweiten Zähne schon bald Löcher hatten. Viele Löcher. Große Löcher. Dumm, dumm, dumm. Wie dumm bin ich gewesen.

Im Sommer, am Abend eines Barfußtages, reichte es manchmal, die Füße im Bidet zu waschen. Dafür war es doch da, oder? Lange dachte ich, das Wort sei ein Akronym und laute BD, so sagte ich es, Bede, «Ich wasche mir die Füße im Bede». Wofür aber sollte BD die Abkürzung sein? Für «Bade dich»?

Sonst hieß es: «Ab in die Wanne», wenn ich vom Spielen

kam, das Badewasser war nachher grau. Bevor ich in die Schule ging, saß ich ab und zu mit einer meiner Schwestern in der Wanne. Oder sie badete in dem Wasser, in dem schon ich gebadet hatte. Oder umgekehrt, dann durfte ich natürlich auch hineinmachen. War ja mein Wasser. Machte ich sowieso.

Meine älteste Schwester liebte Badetabletten, ich aber liebte sie auch, wir stritten uns darum, wer sie aus ihrer Goldfolie wickeln und ins Badewasser werfen durfte. «Ich will sie hineinwerfen!» – «Nein, ich!» Es sprudelte so schön.

Einmal saß ich in der Wanne und warf einen Waschlappen immer wieder nach oben und fing ihn wieder auf, bis er oben auf der Gastherme landete und innen herunterfiel, er war nicht mehr zu sehen. Brennt unser Haus jetzt ab?, sorgte ich mich, der Boiler hatte an der Vorderseite ja eine kleine Öffnung, in der eine blaue Gasflamme flackerte, der Waschlappen musste sicherlich verbrennen. Jeden Abend vor dem Einschlafen dachte ich nun an ihn und hoffte, dass nichts passieren werde. Schließlich fragte ich meine Mutter, sie war gerade gut gelaunt, was passieren könnte, wenn ein Waschlappen von oben in die Gastherme fallen würde. Ich versuchte, die Frage so theoretisch wie möglich klingen zu lassen, war mir aber nicht sicher, ob mir das gelang. Meine Mutter konnte sehr wahrscheinlich, ich hatte diesen Verdacht, meine Gedanken lesen.

«Wahrscheinlich passiert nichts», sagte sie.

Und sie hatte recht, das Haus ist nicht abgebrannt, mein Vater hat es Jahre, Jahrzehnte später, meine Mutter war lange tot, verkauft. Zuvor aber zogen meine Eltern hinauf in das neu ausgebaute Dachgeschoss, in dem vorher meine älteste Schwester ihre beiden Zimmer gehabt hatte. Ein neues Bad mit größerer Badewanne und eine separate Dusche wurden eingebaut, meine Mutter baute ja sehr gerne um, nach und nach das ganze Haus. Zuletzt waren fast alle nichttragenden Wände verschwunden, der vorhersehbare Handwerkerwitz lautete: «Nicht dass wir hier eine tragende Wand erwischen.»

Anfangs hatte es auch unten neben der Küche ein Badezimmer gegeben, meine Mutter ließ Waschbecken, Wanne und Wände herausreißen und Parkett verlegen, aus dem Badezimmer wurde ein offener Raum, den sie Panama nannte. Weil es ein schöner Ort sein sollte? Ein Durchstich, benannt nach dem Kanal? Nach und nach füllte diese Flurerweiterung sich mit Antiquitäten, ihr Sekretär stand dort, gesessen hat meine Mutter dort dann allerdings nie.

Nachts stand ich immer wieder auf, ging ins Bad und hielt den Mund unter den laufenden Wasserhahn, «Trink nicht den Wasserhahn leer», sagte meine Mutter, «hast du nicht schon einen Wasserbauch?» Später, nachdem ich das Zimmer mit meiner jüngsten Schwester getauscht hatte, ließ meine Mutter ein Waschbecken bei mir einbauen, zum Zähneputzen musste ich nun nicht mehr ins Bad. Ich konnte aus meinem eigenen Wasserhahn trinken.

Irgendwann habe auch ich nur noch geduscht, eher abends, meist legte ich mich mit nassen oder bloß flüchtig frottierten Haaren ins Bett, morgens standen sie dann in alle Richtungen, und ich sagte: «Diese Frisur hat der Schlaf gemacht.» Morgens duschte ich nie, morgens war ich viel zu faul, lieber ging ich verschlafen in die Schule. Das Bad im ersten Stock war schon erneuert worden, meine Mutter hatte Badewanne und Bidet entfernen und durch eine größere Dusche mit gekacheltem Boden ersetzen lassen, statt eines blickdichten Duschvorhangs bildeten jetzt großflächige Glasscheiben eine Duschkabine – wer duschte, stand im Schaufenster. Eigentlich sollten wir die Scheiben der Kabine nach dem Duschen trocken wischen, mit einem Wischer, wie es sie an Tankstellen zum Scheibenwischen gibt, nur machte das keiner von uns. Die Scheiben waren meist verschmiert und voller Wasserflecken, Frau Seel musste sie putzen. Eine Arbeit, die ein Duschvorhang ihr nicht gemacht hätte.

Die schmutzige Wäsche, um die sie sich ebenfalls kümmerte, kam in den Wäschecontainer. Oder gleich hinunter in die Waschküche, dort standen die Waschmaschine und der Schrank mit dem Schuhputzzeug. «Bring doch mal die schmutzige Wäsche hinunter», höre ich noch meine Mutter sagen. Auf den Schuhputzschrank in der Waschküche hatte mein Vater eine seiner bunten Moderationskarten geklebt, mit dickem Filzstift beschrieben, in seiner Schrift: «Achtung, hier keinen Lederspray verwenden!» Das, entnahm ich der Warnung, musste mindestens lebensgefährlich sein.

Neben der Waschküche lag der Heizungskeller mit dem Brenner der Ölheizung, im Winter trocknete dort die Wäsche, der Raum war ja warm, dort standen auch die Mangel, das Bügelbrett und der Trockner. Dahinter, hinter einer mir lange geheimnisvollen halbhohen Metalltür, die auf Brusthöhe montiert war, befand sich der Öltank. Dass unsere Heizung Öl verfeuerte, Öl, von dessen Krise in den Nachrichten immer die Rede war, schien mir verrückt. War es nicht viel zu wertvoll? Gab es nicht kaum noch Öl? Wie lange würde unsere Tankfüllung noch reichen? Und woher war unseres eigentlich gekommen? Aus Persien oder Saudi-Arabien? Weite Wege war es transportiert worden, in Supertankern war es übers Meer gefahren, es war durch Pipelines geflossen und in Tankwagen angeliefert und schließlich durch einen Schlauch in unseren Öltank gepumpt worden. Seltsam.

Im Winter schlief der Hund im Heizungskeller, in einem großen Korb, in den er gerade so hineinpasste. Die schwere Metalltür, eine feuerfeste Brandschutztür, war die gleiche wie die zur Garage, morgens durften wir nicht vergessen, ihn herauszulassen. Kam ich hinunter, kratzte er schon an der Tür.

Garten

Der Sandkasten lag hinten im Garten, hinter dem Spielhäuschen, von der Terrasse aus nicht zu sehen. Unbeobachtet konnte ich den Graben meiner Sandburg mit Brennspiritus füllen und den dann anzünden – hatten die Verteidiger einer Ritterburg nicht siedendes Pech und brennendes Öl auf die Angreifer herabgegossen? Das hatte ich in *Es stand einst eine Burg* gelesen, damals ein Lieblingsbuch. Mein Vater wunderte sich später, wenn er die Holzkohle im Grill anzünden wollte: War die Spiritusflasche schon wieder leer? Manchmal verbrannte einer meiner Plastikritter bei diesen Schlachten, sie schmolzen dahin.

Die perfekte Burg blieb ein Traum. Ich baute ausdauernd an ihr, nie aber wurde sie fertig. Sie blieb eine Baustelle, mein ganzes Sandkastenleben lang. Während ich am einen Ende noch grub und aufschüttete und modellierte, war der Sand am anderen Ende schon wieder trocken und rieselte herab. Oder eine kleine Schwester wollte mitspielen, hielt sich nicht an den Bauplan und machte die Burg kaputt. Oder es wurde dunkel, und ich musste rein. Oder der Hund pisste ausgerechnet in den Sandkasten. Die vollendete feste Burg blieb ein Luftschloss, blieb Sandburg Morgana. Und wenn ich einmal fast fertig geworden war, dann war am nächsten Morgen nach einem Regenguss nur noch ein sanfter, konturloser Sandhügel zu sehen. Wie bei einer echten Burg, nach tausend Jahren.

In unserem Garten gab es eine Wiese, Sträucher und einen kleinen Brunnen, der in einem Basaltbecken sprudelte. Und es gab Bäume: einen Pfirsichbaum, an dem kleine, schrumpelige, in den meisten Jahren ungenießbare, da holzige Pfirsiche wuchsen, einen Apfel- und einen Birnbaum. Und einen Walnussbaum. Im Herbst sammelte ich die Nüsse ein, die Schalen verfärbten meine Finger, ließ sich nur schwer abwaschen, diese Walnussfarbe. Könnte ich mir damit nicht die Gesichtshaut färben und Indianer werden? Auf meinen Armen probierte ich es aus.

Das Spielhäuschen aus Holz stand am Ende des Gartens, mit Fenstern, einem Tisch, Bänken und sehr viel Spielzeug darin. Es war ein Ohrenpitscher-Paradies und roch ein wenig muffig. Im Sommer schliefen wir manchmal im Häuschen, in Schlafsäcken auf den weiß-rot karierten Müffelpolstern oder auf Luftmatratzen. Den anderen nachts die Stöpsel herausziehen war auch ein Spiel.

Wir hatten eine Rutsche, die nicht fest montiert war, deshalb konnte ich sie im Sommer in ein gefülltes Planschbecken stellen: Gartenschlauch auf die Rutsche, Wasser lief über die Metallfläche, die Rutsche wurde schnell, es platschte, es spritzte, fast wie im Freibad, stundenlang.

Eine Schaukel hing auf der Terrasse, von einem der dicken, mit Holzschutzmittel gestrichenen, später weiß lackierten Balken der Überdachung. Die Sitzfläche war ein altes ledergepolstertes Ochsenjoch. «Da, wo du jetzt sitzt, hatte der Ochse seine Stirn», sagte mein Vater. Aha, aber ich konnte mir das nicht so richtig vorstellen. Was unterschied noch mal einen Ochsen von einem Stier?

Es gab noch eine zweite Schaukel, weiter hinten im Garten, eine größere, sie hing in einem drahtverspannten Gestänge, auf einem Boot hätten die Sicherungsseile Wanten heißen müssen. Eine Nachbarin beschwerte sich, dass diese Schaukel so laut quietsche, sie wache morgens davon auf. Tatsächlich lief ich morgens oft noch im Schlafanzug hinaus in den Garten, um zu schaukeln. Mein Vater hätte sie mal ölen müssen. Machte er aber nie.

Die Schaukel hatte auch eine Reckstange, an der ich Klimmzüge übte, anfangs schaffte ich höchstens zwei. Riesenfelge? Nur im Traum. Den Felgaufschwung übte ich so lange, bis ich ihn konnte, beim Schweinebaumeln lief mir das Blut in den Kopf, aber so herum betrachtet sah alles ganz anders aus. Nach dem Turnen an der Stange rochen die Hände nach Schaukel. Rieben die Handinnenflächen Eisen ab?

Während meine Eltern kochten, schickte meine Mutter oder mein Vater mich in den Garten, «Hol mal Petersilie!», das Kräuterbeet lag gleich neben der Schaukel. Schnittlauch, Sauerampfer und Salbei wuchsen dort auch. Hatte ich Halsweh, musste ich Tee aus Salbeiblättern trinken, der mir überhaupt nicht schmeckte. Nudeln mit Salbeibutter und Saltimbocca alla romana aß ich hingegen gern.

Als die Fußballweltmeisterschaft in Spanien stattfand, durfte ich Fußball schauen, während meine Mutter den Rasen mähte und meine älteste Schwester das geschnittene Gras zusammenrechen musste, denn nie landete alles im

Auffangsack des Rasenmähers. In der Halbzeitpause schaltete ich um, meine Schwester bemerkte das durch die große Wohnzimmerfensterscheibe, sie hatte sich mit dem Rechen extranah herangearbeitet und petzte: «Er schaut gar kein Fußball!»

«Es ist bloß Pause», sagte ich.

Meine Mutter sagte: «Dann kannst du ja den Rasen weitermähen.»

Den Rasen mähen, im Sommer jede Woche: Immer versuchte ich, ein schönes Muster auf die Wiese zu zeichnen, dabei gab ich mir Mühe, nicht über das Elektrokabel zu fahren. Es zu zerschneiden, so die Warnung meiner Mutter, hätte den sicheren Tod bedeutet, elektrischer Rasen statt Elektrischer Stuhl, Elektrokution, schneller Tod.

Oft grub ich Löcher im Garten, ich wollte weitere kleine Teiche, Sumpftümpel und Kleinbiotope anlegen, wollte Lebensraum für noch mehr Frösche schaffen, und brauchten die Schwalben, das hatte ich im *Kleinen Tierfreund* gelesen, nicht Schlamm als Baumaterial für ihre Nester? Auch für Insektenbrutplätze wollte ich sorgen, die Vögel benötigten doch Nahrung und Wasser, unser Teich mit dem kleinen Brunnen reichte sicher nicht. Ich grub aber auch, um Überreste zu finden, Knochen, Pfeilspitzen und Faustkeile von Rentierjägern, die, davon wusste ich ja, hier vor Urzeiten im Bims- und Ascheregen erstickt waren.

Lag im Winter Schnee, versuchte ich, im Garten ein Iglu zu bauen. Leider pinkelte der Hund oft gegen meine Schneekonstruktionen, er pinkelte gelbe Löcher in die Igluwand. Meine Hände steckten in außen steifgefrorenen, innen feuchten Handschuhen, und manchmal aß ich die kleinen

Schneeklümpchen, die am Schal klebten, sie schmeckten gar nicht übel, Schnee löschte auch den Durst.

War es sehr kalt, musste ich Strumpfhosen unter den Hosen tragen, was fast so schlimm und demütigend war, wie eine Mütze aufsetzen zu müssen, Mützen waren doch für Kleinkinder. Es war mir peinlich, mit meiner Mütze auf dem Kopf von Mädchen gesehen zu werden, jede Mütze entstellte, weshalb ich die Mütze (ich erinnere mich an eine braune, schottische Wollmütze, sie kratzte) auf dem Weg zur Schule sofort auszog und in die Tasche steckte. Ein paar Jahre später, ich ging in die achte oder neunte Klasse, setzte ich freiwillig einen Hut auf, einen altmodischen Herrenhut meines Großvaters, was mir damals gar nicht peinlich war, im Gegenteil. Ich war überzeugt, es sei cool, mit einem alten Filzhut herumzulaufen – und wahrscheinlich verwendete ich damals schon dieses Wort, die Wörter *cool* und *uncool* sind mir geblieben, ich habe sie nie abgelegt, den Hut hingegen schon. Über Hüte muss ich heute oft lachen.

Einmal, wir gingen zum Karnevalszug, musste ich eine Wollmütze unter meinem Cowboyhut anziehen. Meine Mutter bestand darauf, weil ich gerade eine Mittelohrentzündung hinter mir hatte. Wie peinlich war das denn! Ich schämte mich und hoffte darauf, dass niemand aus meiner Klasse mich so sah, mit einer Mütze! Unter einem Cowboyhut! Ich hoffte vergebens – die als Zigeunerin verkleidete Judith begegnete mir, auch Tina Nuppeney als Indianerin und Birte als Prinzessin, sie alle sahen mich mit Mütze unter dem Cowboyhut. Später, Jahrzehnte später, fiel mir in einem Spätwestern ein Cowboy mit Mütze unter seinem

Cowboyhut auf. Den, zugegeben, sehr kalten Rosenmon-
tagsnachmittag konnte das im Nachhinein nicht retten.

«Nimm deinen Schlüssel mit», sagte meine Mutter häufig.
Sie hatte mir einen Schlüsselring mit einem Lederanhänger
und einem kleinen Karabiner geschenkt, «Du bist jetzt alt
genug», sagte sie, «verlier ihn nicht». Der Ring und sein
Anhänger, auf dem «Viva Argentina» stand, wurden meine
Begleiter. Von da an war ich Schlüsselkind und wollte mal
nach Argentinien.

Der Schlüssel hing mit dem Karabiner an einer meiner Gürtelschlaufen, es rasselte, klirrte, klingelte bei
jedem Schritt. Jeder konnte mich kommen hören, was bei
Anschleich- und Versteckspielen hinderlich war. Hatte die
Hose, die ich trug, keine Gürtelschlaufen, war das ein Problem, und ich musste ihn anderswo befestigen. Zur Not hing
er an einer Schnur um meinen Hals.

Eines Tages war der Karabiner kaputt, die Feder im
Inneren drückte den Stift nicht mehr hinauf. Ich löste ihn
vom Ring und steckte den Schlüsselbund von da an einfach
in die Hosentasche. Der Lederanhänger, der an eine für uns
nicht sehr erfolgreiche Fußballweltmeisterschaft erinnerte,
riss, mürbe geworden, bald ab, er war einige Male mitgewa-
schen worden. Jetzt hatte ich nur noch den Ring, an dem
der Haustürschlüssel, mein Fahrradschlüssel, später auch
ein Briefkastenschlüssel und Schlüssel anderer Wohnungen
hingen. Nach und nach blätterte die Verchromung ab, doch
ich hatte diesen Schlüsselring, den Ring, den meine Mutter
mir geschenkt hatte, immer bei mir, viele Jahre, bis er eines
Tages, meine Mutter war schon tot, zerbrach.

Hatte ich den Schlüssel mal vergessen, gab es trotzdem einen Weg ins Haus: Von der Holzeinfassung des Komposthaufens stieg ich auf das mit grüner, sehr grobkörniger Dachpappe gedeckte Hundezwingerdach, vom Hundezwingerdach auf den Schuppen der Nachbarn, von dort auf die Dachterrasse des Anbaus der Nachbarn und über eine nur hüfthohe Mauer weiter auf unsere Terrassenüberdachung, dann musste ich bloß noch an der Lichtkuppel vorbei – auf die durfte ich nicht treten, die hätte mich nicht getragen – und über unser Balkongitter steigen, die Balkontür stand meist offen. Und ich, wenn ich so einstieg in unser Haus, fühlte mich wie Cary Grant und Grace Kelly in *To Catch a Thief*, dem Film, der für mich damals *Über den Dächern von Nizza* hieß, unter diesem Titel lief er ja immer wieder im Fernsehen. Meiner Mutter gefiel diese Kletterei nicht, ich hätte hinunterfallen und mir alle Knochen brechen können, auf den Waschbetonplatten der Terrasse.

Viele Jahre nach meinem Auszug war ich noch einmal zu Besuch in unserem Haus, eine Kleinfamilie wohnte nun dort, sie hatten ein Kind und viele leere Zimmer. Ich staunte, wie vertraut und zugleich fremd mir alles vorkam. Und wie klein – in der Erinnerung war alles viel größer gewesen. Ich ging die Treppe hinauf und erinnerte mich, wie gern ich vom oberen auf den unteren Absatz gesprungen bin, dicker Teppichboden hatte dort gelegen, ich landete immer weich. Meine Finger strichen über den schwarzen Handlauf des Treppengeländers aus Hartgummi und ertasteten die Stelle, an der ich einmal ein Seil, mit dem ich eine Sperre – eine Schranke, ein Hindernis – hatte bauen wollen, zu schnell um den Handlauf gezogen hatte. Das Seil hatte sich erhitzt und eine Scharte, eine kleine Furche in den Gummi gefräst. Die Furche war noch immer da.

Wir spielten ständig Krieg, die Freunde Se, Priller, O., Krayer und ich. Wir hatten Pistolen, die Erbsen verschießen konnten, sie hießen Erbsenpistolen. Wir hatten Blasrohre, mit denen wir ebenfalls Erbsen verschossen – Erbsen rein in den Mund und dann durch das dünne Metallrohr blasen, die Zunge als Abzug –, manchmal wurde man feucht getroffen. Wir hatten Pfeil und Bogen und Schreckschuss-Colts, Spielzeugpistolen, die zu den Cowboy-Kostümen gehörten, in den Wochen vor Karneval war lautes Herumballern erlaubt. Dabei galt Kriegsspielzeug als böse. Meine älteste Schwester fand es schrecklich.

Ich besaß mehrere Revolver und ein Western-Gewehr. War es ein Henrystutzen oder ein Bärentöter, wie Old Shatterhand sie besaß? Leider weder noch. Mein Problem beim Schießen: Ich konnte nur das rechte Auge schließen. Um über Kimme und Korn zu zielen, musste ein Schütze jedoch, das hatte ich in vielen Filmen gesehen, das linke Auge schließen. Ich aber konnte das linke Auge nicht schließen, ohne dass das rechte mit zuging. Wie blöd sah das denn aus? Ich hoffte immer, niemand würde bemerken, dass ich beim Zielen das falsche Auge zudrückte. Abends im Bett vor dem Einschlafen, wenn meine Mutter sagte: «Mach deine Augen zu», versuchte ich, nur das linke zu schließen.

Eines meiner Spielzeuggewehre hatte vorne gar keine Öffnung im Lauf. Wie sollte da denn eine Kugel herauskommen, ja wie konnte der Hersteller die Illusion, die er verkaufte, gleich derart unterlaufen? Ich war enttäuscht.

Die Munition mussten wir uns gut einteilen. Es gab rote, manchmal auch blaue Sechser- und Achter-Ringe in transparenten Plastikdöschen. Die Ringe waren aus einem weichen Kunststoff und hatten Vertiefungen, in denen sich winzige Zündplättchen befanden. Sie passten auf die entsprechenden Stifte in der Trommel der Colts.

Munitionsringe waren Schätze, denn Munition war teuer. «Wie viel Schuss hast du noch?», lautete die existenzielle Frage, das Spiel hing davon ab. Mitten im Gefecht, während eines Überfalls, in einer Schlacht, verschoss man schon mal eine ganze Runde. Es gab auch Papiermunition auf Rollen, ein anderes System, nicht so zuverlässig und weniger laut, dafür preiswerter. Die Pistolen, in die sie passte, waren nicht mehr sehr verbreitet. Spaß machte es, die Zündplättchen auf dem Papier mit einem Stein aufzuschlagen oder, Mutprobe, mit dem Fingernagel aufzukratzen. Es brannte ein wenig an den Fingerkuppen.

Ich besaß auch eine Piratenpistole mit zwei Hähnen, die einzeln zu spannen waren, aus Metall. Bei allen Cowboy-, Indianer-, Spion- oder Weltkriegsspielen passte sie nicht, nur bei den Piraten- und Schatzinselspielen (ich als David Balfour) war sie richtig. Sie lag in meinem Zimmer neben den Messern und Säbeln, eine Zeitlang hing sie sogar an der Wand über meinem Bett an einem weiteren krummen Nagel, sie sah ja aus wie eine Duellpistole. Hätte Napoleon nicht so eine haben können? Wollte ich in meinem Zimmer etwas hämmern und war zu faul, in den Keller zum Werkzeugkasten zu gehen, benutzte ich sie als Hammer.

Einmal schoss ich mit meinem Bogen, den ich aus einem dicken Haselnussast gebaut hatte, knapp an einem Spatzen vorbei. Der Pfeil steckte, ich hatte ihm eine Nagelspitze gebastelt, im Stamm des Baums, vor dem der Spatz herumgeflattert war. Er steckte und zitterte, wie ich es aus Filmen kannte – Robin Hood schoss so, dass die Pfeile zitterten, er traf allerdings immer. Ich war ein wenig erschrocken, dass ich den Armen beinahe erschossen hätte, ich mochte die Vögel doch, ich wollte keinen von ihnen töten.

Den Spatzen, die jeden Tag herbeiflogen, wenn wir draußen auf der Terrasse aßen, gab meine Mutter Namen, und wir warfen ihnen Krümel und Brotstückchen hin. Einer von ihnen, der sich besonders nah herantraute, hieß Jimmy. Heute, sechsunddreißig oder siebenunddreißig Jahre später, frage ich mich, was aus Jimmy geworden ist. Wie lange lebt ein Spatz? Wo ist er gestorben? In einer Regenrinne? Auf einem Baum? Auf einem Hochspannungsmast? Und wie? Wo fliegen tote Vögel weiter?

Tote Vögel beerdigte ich im Garten, in kleinen Schachteln oder Kinderschuhkartons. Mit der Zeit wurde die Stelle unter dem Walnussbaum zu einem Massengrab. Wir hatten bodentiefe Panoramafensterscheiben, und die Raubvögel-Silhouetten, die auf ihnen klebten, schienen nicht viel zu bewirken, sie hielten nicht jeden Vogel davon ab, gegen die Scheibe zu fliegen und so sein Leben auszuhauchen. Ich hatte auch zwei Kanarienvögel und einen Wellensittich in dieser Vogelhekatombe begraben. Die ersten beiden Kanarienvögel hatte unser Hund gekillt, erst der dritte überlebte.

Ich wollte Messer werfen können, wie ich es in den Karl-May-Filmen gesehen hatte, wollte sie so werfen können, dass sie im Holz stecken blieben. Ich übte draußen im

Garten, immer wieder landeten sie in der Wiese – auch eine Art, den Rasen zu belüften und sich damit das Vertikutieren zu sparen. Mal hielt ich sie an der Klinge, mal am Knauf, schleuderte sie aus dem Handgelenk oder aus dem vorschnellenden, sich streckenden Arm. Vor dem Wurf lag das Messer auf dem Schulterblatt. Der Versuch einer Serie, dreimal, viermal hintereinander in den Balken oder das Brett treffen, im Winter im Spielkeller, dort hatte ich einen Karton an die holzvertäfelte Wand gelehnt, die Konturen eines Opfers aufgemalt.

Immer hatte ich ein Messer in der Hosentasche, hätte ja sein können, dass ich eine Notamputation oder einen Luftröhrenschnitt hätte durchführen müssen. Mit einem Messer konnte ich viel anfangen oder zu Ende bringen, zum Beispiel einen Autoreifen zerstechen, das ging ganz leicht: Die Messerspitze aufsetzen, den Mantel anritzen, den Druck auf die Wand des Reifens erhöhen, die Klinge hineinstoßen, einmal drehen und wieder herausziehen, ein Wagen senkt sich rasch unter seinem Gewicht. Sehr gut ging das mit dem kleinen silbernen Taschenmesser meiner Mutter, ich hatte es aus ihrer Handtasche genommen, mit ihm schnitzte ich Spitzen an die Haselstöcke, Kerben in die Kanten der Schulbänke oder bohrte Löcher durch Tischplatten, Löcher zur besseren Bodensicht.

Am besten funktionierte das Messerwerfen mit dem billigsten Küchenmesser. Mit meinem Wurfmesser – in einem Waffengeschäft hatte ich mir ein spezielles Wurfmesser kaufen lassen, Minderjährige durften solche Waffen ja nicht erwerben – ging es weniger gut. Warf ich das Küchenmesser richtig, steckte es, meine Mutter suchte es vergeblich, tief im Holz oder bis zum schwarzen Plastikheft in den Pappkartons, die ich zu Feindfiguren gestapelt hatte. Leider brach seine Klinge eines Tages ab.

Einmal schraubte ich in der Einfahrt unserer Garage an meinem Kettcar herum. Ich löste jede Schraube und jede Mutter, baute es völlig auseinander – und konnte es dann nicht wieder zusammensetzen. Damit angefangen hatte ich, weil die Kette abgesprungen war. Um an die Kette zu gelangen, musste ich die schwarze Kettenverkleidung aus Kunststoff abschrauben, die Gangschaltung demontieren und so weiter, eins führte zum anderen, außerdem interessierte mich, aus wie vielen Teilen mein Kettcar sich zusammensetzte. Meinen Vater hatte ich davor schon mal gefragt, aus wie vielen Einzelteilen sein Auto bestehe, eine genaue Antwort hatte er mir nicht geben können. «Weiß ich nicht», hatte er gesagt und Vermutungen angestellt. Sonst wusste er doch immer alles.

Mein von mir in alle Einzelteile zerlegtes Kettcar wieder zusammenzubauen hat ihn dann leider völlig überfordert. Immerhin, er versuchte es, gab zuletzt aber mit ölverschmierten Händen und mich beschimpfend auf. Was mir einfalle, das Scheißding auseinanderzuschrauben! Frau Seels Mann, er war Automechaniker, setzte es dann wieder zusammen. Er hatte kein Problem damit.

Papa konnte keine Ordnung halten, in der Garage herrschte immer ein Durcheinander. Oder war ich daran schuld? Weil ich immer mit all diesem Werkzeug herumspielte? Mama sagte: «Hol mir bitte mal einen Hammer, eine Zange, hol doch mal den Werkzeugkasten aus der Garage.»

Sie war praktischer veranlagt als er, «Dein Vater», sagte sie, «kann noch nicht mal ein Bild aufhängen». Das sagte sie, weil es Wochen dauerte, bis er sich daranmachte, die Bohrmaschine zu suchen, das Bild probehalber anzuhalten, Markierungen mit Bleistift anzuzeichnen, ein oder zwei Löcher zu bohren, nebenbei zu fluchen und Dübel in die Wand zu klopfen, nicht selten hämmerte er sie platt.

Eines Abends, noch nicht sehr spät, ich lag im Bett und las, hörte ich plötzlich ein Krachen, dann ein Klirren. Ich, erschrocken: Was war das? Hatte ein Einbrecher ein Fenster eingeschlagen? Die Glastür zum Treppenhaus eingetreten? Ich stand auf, griff nach dem HJ-Fahrtendolch meines gefallenen Großonkels, zog ihn aus der Scheide und ging auf den Flur. Die Tür zum Treppenhaus war heil, dahinter aber, neben der Standuhr, war ein großer, glasgerahmter Stich, eine historische Karte Oberösterreichs, zu Boden gefallen. Hatte mein Vater sie nicht gut aufgehängt?

Im Treppenhaus hingen auch Warhol-Blumen, immer mehr Bilder hingen in unserem Haus, meine Mutter kaufte und kaufte, im Wohnzimmer hatten wir schließlich eine Petersburger Hängung. Was mir nicht so gefiel: die Porträts, die meine Eltern von uns Kindern hatten malen lassen. «So sehe ich doch gar nicht aus, das bin doch nicht ich!», sagte ich. Meine älteste Schwester sah auf ihrem Bild noch bescheuerter aus als ich, ihre Hand wirkte verkrüppelt – Hände zu malen ist nicht leicht. Später lernte ich, dass der Preis eines Gemäldes einst auch von der Zahl der gemalten Hände abhing. Das leuchtete mir sofort ein. Meine jüngeren Geschwister, alle wurden im Alter von fünf Jahren gemalt, sahen besser aus.

Wer kann am längsten freihändig fahren? Auf dem Gepäckträger sitzend? Auf dem Sattel stehend? Mit geschlossenen Augen? Freihändig die Roonstraße, den Martinsberg und den Kirchberg hinunter? Alexander Beck verlor diesen Wettbewerb, er stürzte in der Kurve, brach sich den Kiefer und hatte eine Gehirnerschütterung, er kam ins Krankenhaus. Drei Wochen konnte er sich nur per Strohhalm ernähren. Sein neues Rennrad, zehn Gänge, war Schrott. Fahrradhelme trugen wir nicht, Fahrradhelme waren unbekannt. Ein Wunder, dass wir unsere Kindheit überlebt haben, ohne Helm, Rückbankgurt und Rauchmelder in unserem Kinderzimmer.

Mein zweites oder drittes Fahrrad war ein rotes Rennrad mit Drei-Gang-Kettenschaltung, meine Großmutter hatte es eines Tages in ihrem Vorgarten gefunden. Sie hatte es im Fundbüro gemeldet, niemand hatte es abgeholt. Nach einem halben Jahr durfte ich es haben. War es gestohlen? Hatte der Dieb es im Vorgarten meiner Großmutter hinter der Buchenhecke versteckt, um es später abzuholen? Das Geheimnis fuhr mit, begleitete mich, wann immer ich auf diesem Rad fuhr. Vielleicht, dachte ich, werde ich eines Tages von jemandem angehalten, der dann sagen wird: «Halt, das ist doch mein Fahrrad!» Oder ein anderer wird mir hinterherrufen: «Das ist doch das Rad, das ich gestohlen habe.» Zum Glück lag der Vorgarten meiner Großmutter weit entfernt, weit weg in Österreich. Es war also nicht sehr wahrscheinlich.

Nicht nur einmal stürzte ich, weil die Hose in die Kette gekommen war, das Rennrad hatte natürlich keinen Kettenschutz. Und es gab Ärger, wenn die Hose unten am Saum (seltsames Wort, über das ich mich immer wieder wunderte, das kleine *m* machte aus der Sau den Saum) wieder ölverschmiert oder kaputt war. Fahrradklammern hätten helfen können, aber Fahrradklammern sahen dämlich aus, ich hatte keine Lust, welche zu verwenden. Die Hose in die Socken zu stopfen war dann die Lösung, eine kurze Hose ließ das Problem gar nicht erst aufkommen.

Zum siebten oder achten Geburtstag bekam ich einen Tachometer mit Kilometerzähler geschenkt. Bei den Wettrennen mit meinem Vater den Kirchberg hinunter zitterte die Nadel zwischen fünfunddreißig und vierzig Stundenkilometern hin und her. Mein Vater fuhr auf dem Kettler-Alu-Rad, das eigentlich das Rad meiner Mutter war und einige Jahre später von mir gefahren werden sollte, bevor ich mir von meinem Konfirmationsgeld ein neues rotes Peugeot-Herrenrad kaufte. Ein Klassenkamerad fragte mich eines Tages, warum ich mit dem Rad meiner Mutter führe. Ich antwortete ihm: «Weil die bald stirbt. Sie braucht ihr Fahrrad nicht mehr, weil sie bald stirbt.» Ach, wunderte ich mich, als er mir das Jahre später erzählte, ich wusste also, dass meine Mutter sterben würde? Das hatte ich vergessen.

Die ganze Bande, Krayer, Se, Priller und O., hatte Kilometerzähler an den Rädern. Wir verglichen und rechneten ständig aus: Wie viele Kilometer sind wir gefahren, heute, diese Woche, insgesamt? Wie weit sind wir alle zusammen gefahren an diesem Sommerferientag? Anhalten, bevor der Zähler von 99 auf 100 umsprang, anhalten und sich die Anzeige einprägen bei 111, 222 und 333 Kilometern. Am liebsten überhaupt nur schöne Zahlen auf der Anzeige haben. Manchmal drehten wir die Räder um, stellten sie auf Lenker und Sattel und kurbelten die Pedale mit der Hand weiter, um ein paar Kilometer mehr auf den Kilometerzähler zu bekommen. Von meinem Onkel wusste ich, dass manche Gebrauchtwagenhändler die Kilometerzähler ihrer Autos mit Bohrmaschinen zurückdrehten. Das hatte ich mir gemerkt und versuchte mich an einer Konstruktion: Ich wollte die Bohrmaschine über Nacht laufen lassen und am nächsten Morgen zwei- oder dreitausend Kilometer auf dem Zähler haben. Oder mehr. In der Nacht, im Traum, einmal nach Spanien und zurück. Ich versuchte es mit einem der Motoren aus meinen Fischer-Technik-Baukästen, es klappte allerdings nicht so, wie ich es mir vorgestellt hatte.

Sehr schlimm, großes Drama – wenn der Kilometerzähler gestohlen, einfach abmontiert wurde. Meist geschah das an der Schule, selbst im Fahrradkeller unter der Turnhalle kam das vor. Dann hatte man alle gefahrenen Kilometer verloren. Und konnte wieder von vorne, wieder bei 0000 anfangen.

Das Fahrrad meiner Mutter hatte einen Rückspiegel. Während ich es benutzte, bemerkte ich, wie praktisch das war. Schob ich das Rad an einer Mitschülerin vorbei, ließ die sich, sobald ich sie überholt hatte, im Spiegel weiterbetrachten. Alle waren auf ihre Art schön.

In unserer Straße gab es Vor- und Nachkriegshäuser. Unseres war ein Nachkriegshaus, es stand da, wo schon einmal ein Haus gestanden hatte, sein Vorgänger war zerbombt worden, Volltreffer. Eines Sommers, ich war nicht dabei gewesen, begegneten meine Eltern in Biarritz einem älteren deutschen Ehepaar. Sie unterhielten sich, fanden sich sympathisch, sprachen länger, fragten einander, wo man wohne beziehungsweise herkomme – und da stellte sich heraus: Die Frau hatte als Kind in unserer Hausnummer Zwölf gewohnt, in dem im Krieg kaputtgebombten Haus, es habe etwas weiter hinten im Garten gestanden, ihre Tante und ihr Onkel seien darin umgekommen. Da, wo ich, wenn ich Löcher grub, manchmal auf Schutt und Steinbrocken stieß. Ich grub ja gerne Löcher.

Das auffälligste Haus in unserer Straße war ein modernistischer Bau mit breiter Einfahrt und Doppelstellplatz, es ruhte teilweise auf blauen Stahlstützen und zeigte der Straße nur schmale Fensterschlitze. Ein Architektenhaus, International Style, ein Mies van der Rohe der Rheinprovinz, umgeben von einem riesigen, vom Gehweg aus einsehbaren, parkähnlichen Garten. Ein angestellter Gärtner arbeitete dort, jeden Nachmittag. Für Kinder hatte er nichts übrig, er blickte immer böse in unsere Richtung, sagte nie ein Wort. War er stumm?

Einige der Häuser schauten wie Gesichter auf die Straße, ein halb herabgelassener Rollladen konnte ein blinzelndes Auge sein. Schräg gegenüber von uns wohnte der Frauenarzt, neben dem Frauenarzt der Sohn des Frauenarztes, auch Frauenarzt, drei Häuser weiter der Pfarrer, daneben der Apotheker, der Richter um die Ecke.

Ein älteres – meine Mutter sagte: «kleines» – Haus am Hang, ein Stück die Straße hinauf, stand einige Zeit leer – meine Eltern hatten sich einmal dafür interessiert. Es wurde schließlich verkauft und aufwendig umgebaut, die gläserne Front des neu errichteten Anbaus zierte danach, die Nachbarn staunten, das lebensgroße Bild eines sich aufbäumenden rotbraunen Pferdes, das bei Dunkelheit vom Licht im dahinterliegenden Wohnraum zum Leuchten gebracht werden konnte. Wieher. Meine Mutter nannte es eine Geschmacklosigkeit, mein Vater sagte: «Kitsch.» Mir gefiel es eigentlich ganz gut, mir fehlte bloß ein Indianer auf dem Pferd, aber ich war parteiisch, denn Angela war dort eingezogen, Angela, die bald meine Freundin war. Ich traf sie morgens am Ende der Hohl, zusammen gingen wir die Straße hinunter und durchs Gässchen Richtung Schule. In den Pausen sahen wir uns nicht, sie hatte ihre Freundinnen, ich spielte Fußball, aber mittags gingen wir dann zusammen auf Umwegen nach Hause. «Verliebt, verlobt, verheiratet!» wurde uns im Singsang hinterhergerufen, was mich nicht weiter störte, ja im Grunde freute, ich wollte ja bald heiraten, unbedingt, am liebsten sie.

Ein paar Straßen weiter fing das Neubaugebiet an, das ich noch als freies Feld gekannt hatte. Wir spielten in den Rohbauten, erkundeten die Baustellen, obwohl überall die kleinen gelben Schilder angenagelt waren, auf denen zu lesen war: «Betreten der Baustelle verboten! Eltern haften für ihre Kinder.» Den zweiten Satz verstand ich lange nicht. Sollte das bedeuten, dass meine Mutter oder mein Vater oder beide verhaftet wurden und ins Gefängnis mussten, wenn ich diese Baustellen betrat?

Die Schilder hielten uns jedenfalls nicht ab. In einem der Rohbauten, in dem O. und ich einmal spielten, er war fast fertig, die Fensterrahmen waren schon eingesetzt, wurden wir erwischt. Zwei Männer in grauen Anzügen fragten uns, was wir hier verloren hätten. «Wir schauen uns nur um», sagte O., wovon der eine der beiden sich wohl provoziert fühlte. Er sagte, wir hätten fremden Grund und Boden betreten, er müsse uns nun, das sei die Strafe, die Ohren abschneiden – und hatte schon ein Taschenmesser aus der Hosentasche gezogen und aufgeklappt, er kam auf uns zu. «Das dürfen Sie gar nicht!», rief ich noch, dann rannten wir hinaus auf den Bürgersteig, sprangen auf unsere Kettcars und rasten, so schnell es ging, so schnell wie nie zuvor, den Hang hinunter, aus dem Neubauviertel hinaus, zurück in unsere Straße.

Meine Mutter wollte die Geschichte mit dem Messer und den beinahe abgeschnittenen Ohren dann nicht glauben, sie meinte, der Mann habe sicher nur gescherzt, außerdem seien unsere Ohren ja noch da, wo sie immer gewesen seien, links und rechts am Kopf. Sie zog ein wenig an ihnen und sagte: «Sitzen fest.»

Wir fuhren natürlich trotzdem immer wieder ins Neubaugebiet, mit dem Kettcar, auf Fahrrädern oder mit Rollschuhen, auf den frischasphaltierten Straßen fuhr es sich so gut. Manchmal kam mein Vater mit, auch er hatte sich Discoroller gekauft, einmal, das war großartig, warfen wir kurz nach Silvester die übrig gebliebenen Kanonenschläge in frischbetonierte Rohbauten und durch Lüftungsschlitze in eine Tiefgarage, es knallte mit Hall. In einem der schon bewohnten Häuser öffnete sich ein Fenster, ein älterer, weißhaariger Herr streckte seinen Kopf heraus und brüllte: Brüll, brüll, brüll, was uns einfalle, Polizei, brüll, brüll! Wir fingen an zu lachen und rollten davon, die Discoroller ratterten über die Fugen des Verbundsteinpflasters der Gehwege. Mein Vater sagte, die Kanonenschläge und das Rattern, das sich ein wenig wie Panzerkettenrattern anhörte, hätten den Herrn bestimmt an die Ostfront erinnert.

Ich trug meine Rüstung beim Rollschuhfahren, mir konnte nichts passieren: gepolsterte Wildlederhandschuhe, Knieschoner, Ellbogenschoner und einen Helm. Mein Vater trug bloß Handschuhe und Helm. Samstags fuhren wir, so verkleidet, am späten Vormittag oft zusammen in die Stadt. Auf dem Markt kaufte mein Vater Gemüse, Obst, Blumen und die Zeitungen, samstags immer zwei, die Zeitungen wurden eingerollt, ein, oft auch zwei rote Gummibänder hielten sie zusammen, weshalb wir zu Hause, sie sammelten sich in einer der Küchenschubladen zwischen den Korken, immer genügend Gummibänder hatten. Manchmal baute ich mir aus ihnen Zwillen oder kleine Katapulte.

«Mach die Garage zu», sagte meine Mutter jeden Abend. «Stell die Räder rein, und mach die Garage zu.» Das Auto meiner Mutter parkte in der Einfahrt, das meines Vaters meist auf der Straße, mein Vater war nicht sehr autopingelig.

Das Garagentor quietschte beim Öffnen und Schließen, es machte Lärm, es machte richtig Krach. Stand das Auto meiner Mutter zu dicht am Haus, schrammte das Tor, es klappte ja nach oben, nur knapp an der vorderen Stoßstange vorbei, oder es blieb hängen, dann ließ die Garage sich nicht öffnen, bis das Auto zurückgesetzt worden war. Das Tor musste erst angehoben und dann geschoben und gedrückt werden, es hatte kaum Gegengewichte. Solange ich noch nicht groß genug war, half ich mir mit den ausklappenden Hebelarmen an der Seite. Um es zu schließen, brauchte ich nur die Schnur an der Rückseite zu ziehen. Stand ich dabei in der Garage, kippte das Schwingtor über mich hinweg und fiel donnernd ins Schloss, Klappe zu. Ein elektrisches Tor bekamen wir erst später.

Eines späten Abends, O. übernachtete bei mir, schlichen wir uns heimlich durch die Garage hinaus. Wir hatten so getan, als wären wir sehr müde, hatten auffällig gegähnt und gesagt: «Wir gehen nun ins Bett.» Unsere Bettdecken hatten wir mit Kissen ausgestopft, es sollte so aussehen, als ob wir darunter schliefen. Zuvor hatten wir einen Rucksack mit Taschenmessern, Taschenlampen, zwei Seilen und Proviant gepackt, wir wollten die Nacht auf einem Baum verbringen. Vom Dach eines Heiligenhäuschens, aus dem zwei immerbrennende Lichter rot leuchteten, kletterten wir auf den untersten dicken Ast einer Birke, von dort ging es sehr leicht ganz hoch hinauf. Weit genug oben, sicherten wir uns mit den Seilen, banden uns fest, wir wollten ja nicht im Schlaf hinunterfallen. Dann aßen wir beide ein Snickers und warteten. Wir wollten die Geister sehen, die angeblich auf dem leeren Grundstück unter uns tanzen würden, vor dem Krieg hatte dort ja ein Haus gestanden, lange davor, hieß es, sei an der Stelle ein keltischer Friedhof und noch viel früher ein Lagerplatz der durch den Vulkanausbruch verschütteten Eiszeitjäger gewesen: viele Tote, viele Geister. Wir warteten, hielten Ausschau, sahen nichts. Nach einer halben Stunde ungefähr, mein linkes Bein war eingeschlafen, bemerkten wir meinen Vater, er führte den Hund aus, hatte ihn von der Leine gelassen und stand genau unter unserem Baum, weit unten. Vielleicht war es noch gar nicht spät? Er pfiff nach dem Hund. Ich antwortete mit einem Pfiff, er pfiff wieder, O. pfiff ebenfalls. Irritiert schaute mein Vater sich um, sah niemanden, schaute nach oben und entdeckte uns im Baum. Wir sind dann hinabgeklettert und mit ihm nach Hause zurückgegangen. Ich glaube, ein Nachbar hatte uns gesehen.

Ich habe diese Kindheit immer dabei, aus ihr komme ich nicht heraus. Alles, was war, schleppe ich mit mir herum, die Erinnerungen an Neubauten, an den Wunsch, im Zelt zu übernachten, an Trafokästen, Kaugummiautomaten und Zäune, an ausziehbare, blassgrau gemusterte Küchentische, Verbundsteinpflaster, Waschbetonplatten und eine blau-rote Kinderbadehose, auf der ich ein Freischwimmerabzeichen trug, meine Mutter hatte es mir aufgenäht. An den Chlorgeruch, das Hallenbad, den Schwimmverein, das Freibad – und meinen Betrug bei der Jugendschwimmerprüfung: Statt der vorgeschriebenen zwanzig Bahnen schwamm ich zwei weniger. Keiner hat's bemerkt, aber ich erinnere mich daran.

Wege

Im letzten Kindergartenjahr, ich war fünf, ging ich allein in den Kindergarten. Aus dem Haus, links den Berg hinauf, am Haus des Höhlenforschers vorbei, dann durchs Gässchen, diesen schmalen Verbindungsweg, der zwischen Gärten hindurch zur Parallelstraße führte, und an der Schule entlang, in die ich bald, das wusste ich schon, eingeschult werden würde, vorbei an der alten Kastanie, an der ein Kreuz mit einem lebensgroßen, aus einer seitlichen Wunde blutenden Christus hing – immer versuchte ich, ihn nicht anzusehen, und schaute dann doch hin und stellte mir vor, wie weh es wohl tat, solche riesigen Nägel durch die Handflächen und die übereinandergeschlagenen Füße gehämmert zu bekommen –, über die Straße und am Metallzaun entlang, dessen Spitzen sich im Kriegsfall, überlegte ich mir, zu Speeren umschmieden ließen, über eine Ampel, durch die Fußgängerunterführung unter den Eisenbahngleisen und die Lücke in der Stadtmauer hindurch, ein Stück eine Gasse hinunter, am Dom nach links, und schon war ich da. Ganz schön weit.

Einmal fiel ich beim Spielen im Garten des Kindergartens in ein Loch. So erzählte ich es jedenfalls zu Hause, um die Verletzung, einen ordentlichen, verschorften Kratzer unterhalb meines rechten Rippenbogens, zu erklären. «Bin in ein Loch gefallen», sagte ich.

«Was für ein Loch?», fragte meine Mutter.

«Da lag eine Eisenplatte drauf, die halb zur Seite geschoben war.»

Was ich nicht erzählte, war, dass ich selbst mit drei Spielkameraden, O. war dabei, diese Eisenplatte zur Seite geschoben hatte. Mit zwei Stöcken hatten wir sie im Schutz einiger Büsche, die Erzieherinnen konnten uns nicht sehen, aus ihrer Verankerung gehebelt. Ich war dann durch den Spalt hinuntergeklettert in dieses Loch, in dem sich, große Enttäuschung, kein Schatz, sondern ein Wasseranschluss befand. Beim Herausklettern rutschte ich ab und schrammte mit einer Rippe über die Kante der Eisenplatte, es tat ein bisschen weh.

Meine Mutter rief sofort im Kindergarten an, von wegen Loch und ihr Sohn und so weiter. Zwei Tage später, wir waren wieder durch die Büsche zu dem Loch gekrochen, lagen fünf übereinandergestapelte Gehwegplatten auf der Eisenplatte. Nun ließ sie sich nicht mehr bewegen.

Die Grundschule lag in der Parallelstraße. Es gab die Möglichkeit, mit Krayer außen herum oder mit Priller durchs Gässchen zu gehen. Das Gässchen war so schmal, dass zwei Fußgänger gerade eben so aneinander vorbeikamen. Krayer durfte aus irgendeinem Grund nicht durchs Gässchen gehen – hielten seine Eltern den Weg für gefährlich? Wir machten uns darüber lustig, aber eines Tages – hatten sie vielleicht recht? – begegneten wir dort einem Mann, der uns unbedingt seinen Pimmel zeigen wollte. Er hatte ihn schon in der Hand.

Irgendwo, das galt für alle Wege, gibt es eine Platte, die gar keine Gehwegplatte, sondern eine hauchdünne, passend eingefärbte und zur Tarnung mit künstlichem Schmutz bemalte Folie ist, unter der eine Fallgrube direkt in die Unterwelt führt. Diese eine falsche Platte hieß es nicht zu betreten.

Das Bürgersteigpflaster war das große Spielfeld: die Schrittlänge variieren, einem komplizierten Algorithmus folgen und nur auf jede dritte Platte, nie auf eine Ritze, nie auf einen Gas- oder Wasseranschlussdeckel treten, verdächtige Platten meiden, auf Treppen immer versetzt zu den Fugen der Stufen hinauf- oder hinuntergehen und, wenn es sein muss, die Schrittfolge wechseln, den linken Fuß aufsetzen, falls die Fuge sich rechts befindet, und umgekehrt. Ich versuchte, auch den Hund, den ich spazieren führte, zu dressieren, wünschte mir, dass auch er nie auf eine Ritze trat. Oder nur auf jede zweite und dann auf jede dritte. Der Hund sollte mich bei einem Fehltritt, hielt ich die Leine nur fest genug, wieder herausziehen aus dem Schacht, der in die Hölle führen musste.

Der Weg zum Gymnasium führte in die andere Richtung. Manchmal ging ich morgens mit Papa bis zu der Ecke, an der ich rechts abbiegen musste und er Richtung Bahnhof weiterging, er nahm den Zug ins Büro. Es kam auch vor, dass ich ihn fast bis zum Bahnhof begleitete, dieser Weg hieß «untenrum», an der Post vorbei, für mich eigentlich ein

Umweg – aber es bestand ja die Möglichkeit, dass ich einer von den Fahrschülerinnen begegnete, für die ich gerade schwärmte, Silvia K., Kirsten N. oder Sarah S., sie kamen morgens mit dem Zug aus ihren Dörfern.

Wir wohnten in einer Stadt, in der es fast alles gab: ein Hallenbad und ein Freibad, ein Krankenhaus und drei Kinos (dann zwei Kinos, dann nur noch ein Kino und schließlich, da wohnte ich schon nicht mehr dort, kein Kino mehr), eine Stadtbücherei, vier oder fünf italienische Eiscafés (drei davon gehörten einer Familie) und sieben oder acht Pizzerien, sie hießen Pizzeria Palette, La Puglia, Pizzeria Pampanin und so weiter. Es gab, sie wurde gebaut, als ich sechs oder sieben Jahre alt war, eine große Veranstaltungshalle, die sogenannte Stadthalle, in der auch Schulaufführungen stattfanden – einmal stand ich dort auf der Bühne und sang das Lied vom Fänger im Roggen in einem Musical, das unser Musiklehrer zu dem Text eines Deutschlehrers komponiert hatte, nach dem Buch von Salinger. Es gab zwei Gymnasien, eine Haupt- und eine Realschule sowie etliche Grundschulen. Es gab einen Hafen und einen Industriehafen, der, das lernte ich in der dritten Klasse, der zweitgrößte Industriehafen am Rhein sei, wollte ich so nicht glauben, aber bitte. Es gab einen Marktplatz, ein gotisches Rathaus mit einer historischen Mikwe, die sich weit unten in einem sehr tiefen Keller befand, und ein neues Rathaus mit Tiefgarage. Es gab ein Neubauviertel namens Südhöhe mit nicht so gutem Ruf und die Gegend, in der größere Einfamilienhäuser und Villen standen, es gab die uralte Altstadt, angeblich war diese Stadt ja die zweitälteste Deutschlands, 1988 wurde ihr zweitausendster Geburtstag gefeiert. Es gab einen bröckelnden romanischen Dom, eine gotische Stadtkirche und einige neuere Kirchen und Gemeindezentren aus Beton, in einem von ihnen benutzte ich das in einem Raum hinter dem Heizungskeller eingerichtete Fotolabor. Um dorthinzugelangen, musste ich jeden Montag an der nicht besonders einfallsreich versteckten Pornoheftsammlung des Küsters vorbei, selbstverständlich schaute ich mir immer einige an. Es gab einen Bahnhof – Neubau aus den frühen fünfziger Jahren nach Bombenvolltreffer auf den Vorgängerbau –, in dem nicht alle Züge hielten, der jedoch Ausgangsbahnhof für eine nicht elektrifizierte Nebenstrecke war, eine Stichbahn «in die Pampa», wie wir sagten.

Im Rückblick sieht sie wie eine Otfried-Preußler-Stadt aus, diese Stadt, wie die im *Kleinen Nachtgespenst*. Es gibt noch immer eine mittelalterliche Stadtmauer mit einigen nicht abgerissenen Toren, eine Schlossruine und den bekannten Runden Turm, Teil einer beeindruckenden Festungsanlage, Franzosen hatten im 17. Jahrhundert vergeblich versucht, ihn zu sprengen, ein riesiges Loch im Gemäuer zeugt davon. Es gibt Reste eines merowingischen Königshofs, römische Ruinen und freigelegte Kaimauern eines römischen Rheinhafens, schon die Römer haben hier Mühlsteine verladen. Es gibt keltische Grabfelder, und nur ein paar Meter von unserem Garten entfernt wurde über Jahre hinweg der Lagerplatz von Rentierjägern der Eiszeit ausgegraben, Pfeilspitzen, Feuersteinklingen und andere Habseligkeiten wurden gefunden, alles, wie es vor dem Vulkanausbruch gewesen war, ein Steinzeitpompeji.

Es gab fast alles in der kleinen Stadt, bloß kein Internet. Wir lebten offline und wussten es nicht einmal. Es gab Bücher, Zeitungen, Radio, Fernsehen und den Tratsch. In dieser Stadt erzählte jeder jedem alles, alles wurde weitergetragen.

Englische Stadtansichten zeigen diese Stadt in romantischer Rheinlandschaft mit der Schlossruine, der Stadtmauer, dem Runden Turm und dem Alten Krahn – nur der Kühlturm des damals noch nicht gebauten Atomkraftwerks fehlt auf ihnen. Mein Vater sammelte solche Stiche, er kaufte sie, wann immer er in England einen sah.

Wir sagten «in die Stadt», wenn wir in die Altstadt wollten, die innerhalb der mittelalterlichen Mauern lag: mit dem Fahrrad, mit den Rollerskates oder zu Fuß auf den Markt, in die Stadtbücherei, sich ein Teilchen kaufen, das waren kleinere Gebäckstücke. Nach und nach hatte ich alle Bäcker der Stadt ausprobiert und mir überall Streuselplunder, Rosinenschnecken oder Apfeltaschen gekauft, das Geld vorher abgezählt, fünfzig Pfennig und ein paar Groschen, nach der Stadtbücherei hatte ich das verdient. Oder ein Eis, drei Bällchen, manchmal vier, mit Schokoladenüberzug, «Eis-Mohr-Astronaut» hieß das oder so ähnlich. Einmal aß ich zweiundzwanzig Bällchen Malaga, danach war ich von den Rumrosinen leicht betrunken, die dreiundzwanzigste Kugel schaffte ich nur noch halb. Ich glaube, da war ich schon in die blonde Eisdielentochter verliebt, sehr italienisch sah sie nicht aus, sie stammte aus einer dolomitischen Eis-Dynastie.

Oder ich wollte in die Stadt, in den Plattenladen, in eine der Buchhandlungen, ins Kaufhaus. Der Vater einer Mitschülerin, an deren Fenster ich sehr gerne mit dem Hund vorbeispazierte, manchmal sah sie mich und winkte, war der Direktor des Kaufhauses. In einem Winter engagierte er mich während der Vorweihnachtszeit, um in der Heimorgelabteilung Weihnachtslieder zu spielen, drei Stunden lang, jeden Langen Samstag im Dezember. Zwanzig Mark bekam ich pro Stunde, damals ein Vermögen, meine Mutter meinte, von dem Geld sollte ich doch die Klavierstunden bezahlen. Weihnachtslieder konnte ich dann allerdings nicht mehr hören. An Heiligabend musste ich sie trotzdem wieder spielen und singen, sonst hätte es keine Geschenke gegeben.

Auch in die Direktorentochter war ich verliebt, ich schrieb ihr Briefe. Jahre später war sie mit meinem Bruder zusammen – wenn auch nicht besonders lange.

Schule

Meine Grundschullehrerinnen hießen Frau Ott, Frau Böse, Frau Trierweiler und Frau Wenzel. Der einzige Mann, der uns unterrichtete, hieß Herr Krämer, trug immer einen Hut, hatte einen Schnauzbart, rauchte im Klassenzimmer und zog ein Bein nach, er hatte eine Prothese. «Mein Bein ist noch in Russland», sagte er – was machte es dort, so allein, sein Bein? Ging es spazieren? Quatsch, ich wusste, dass es ihm während des Krieges amputiert worden war, ich kannte das ja, ich hatte einen Onkel, dessen linke Hand seit dem Krieg keine richtige Hand, sondern ein sehr fest ausgestopfter schwarzer Lederhandschuh war. Unpraktischerweise war Onkel Rudi Linkshänder gewesen.

Frau Böse war sehr nett, Frau Ott eher streng und daher gefürchtet. Sie hieß eigentlich Fräulein Ott, aber war sie nicht zu alt, um ein Fräulein zu sein? Alle anderen Fräuleins, die ich kannte, waren jünger und schön. Eines Tages fiel die Anrede Fräulein weg, Fräulein Ott hieß jetzt Frau Ott, dabei hatte sie nicht geheiratet. Oder doch?

Im Grundschul-Klassenzimmer gab es einige ältere Pulte, in denen sich kleine Metallklappen über Vertiefungen befanden. Es dauerte, bis ich verstand, dass diese Vertiefun-

gen, in denen immer Müll steckte, ursprünglich für Tinten-
fässchen gedacht waren, diese Schulbänke stammten aus
einer Zeit, in der es noch keine Tintenpatronen, keine Geha-
und Pelikano-Füller gegeben hatte. Wie lange war das denn
her? Hundert Jahre? Diese Pulte waren viel bekritzelter als
die neueren ohne Tintenfassgarage, Schülergenerationen
hatten auf ihnen ihre Initialen, Schimpfwörter, Herzen und
stilisierte Pimmel hinterlassen, leider ohne Jahreszahlen.

Manche der Pulte und Stühle in unserer Klasse stammten aus der in Konkurs gegangenen Schulmöbelfabrik
meines Onkels. In Deutschland hergestellte Schulmöbel
aus Holz waren zu teuer, die letzten Produktionsabfälle,
schönes Buchenholz, verfeuerten wir über Jahre hinweg in
unserem Kamin. Brannten gut, die Kufen, «hurra, hurra, die
Schule brennt».

In den großen Pausen spielten wir auf dem Schulhof Fußball, meist mit Tennisbällen. Hatten wir keinen, wurde mit
leeren Fanta-, Pepsi-, Cola- oder Mirinda-Büchsen gekickt.
Anfangs kullerten sie, dann, flachgetreten, schlitterten sie
über das rote Verbundsteinpflaster, schepperten und wurden zu gefährlichen, eishockeypuckartigen Geschossen. Ein
dicker Junge namens Tristan – war er mit diesem Namen
nicht bestraft genug? – bekam einmal eine dieser Getränkedosen an den Kopf, er blutete sein weißes T-Shirt rot. Hin
und wieder machten ein paar Mädchen mit, die meisten
spielten jedoch Gummitwist oder Himmel und Hölle, Käst-
chenhüpfen. Die Spielfelder markierten sie auf dem Schul-
hofpflaster mit Kreidestückchen, die sie aus dem Klassenzimmer mitgenommen hatten. Manchmal malten wir mit

aus den Beeten der Vorgärten geklaubten Bimssteinen, Se konnte gut Elefanten zeichnen. Am nächsten, auch am übernächsten Tag waren die verwischten Bims- oder Kreidereste noch zu sehen, später wusch der Regen sie ab.

Aus den Hagebutten der Wildrosen, die rings um den Schulhof wuchsen, ließ sich Juckpulver herstellen. Die mit Widerhaken bestückten Härchen auf den kleinen Nüsschen, die aus den zerquetschten Früchten quollen, lösten bei Hautkontakt Juckreiz aus – also machte es mir großen Spaß, einem Mädchen, das ich eigentlich mochte, Juckpulverknospen in den Nacken und unter den Pullover zu reiben. Natürlich schrie diejenige dann laut auf und versuchte sich zu wehren, aber sie hatte das Juckpulver schon auf der Haut. Tini Baltes rächte sich eines Tages, indem sie mir Weincreme in den Kragen goss. Im Unterricht, mein Hemd war weincremenass, trug ich an diesem Tag das Turnhemd mit dem Schulwappen auf der Brust.

Die Verschlussringe der Getränkedosen konnten fliegen, sie ließen sich wegschnipsen, mit der abgezogenen Blechlasche wegkatapultieren, manchmal sammelten wir sie auch. Ich erinnere mich an eine Film- oder Fernsehfilmszene, in der ein Paar sich bei seiner Hochzeit Getränkedosenringe über die Finger schiebt: Mit ihnen ließ sich «Verliebt, verlobt, verheiratet» spielen. Später wurden die Verschlüsse geändert, Stay-on-tab-Verschlüsse wurden eingeführt, die Ringe rissen nicht mehr ab, von da an lagen sie nicht mehr überall in der Landschaft.

Ein anderes beliebtes Spiel: Leergetrunkene Dosen hinstellen und draufspringen, Boden und Deckel sollten genau aufeinander zu liegen kommen. Klappte nur selten. Später, mit vierzehn, fünfzehn, fingen das Biertrinken und die Bierdosenspiele an. Dosenschießen oder -stechen, so ließ Bier sich noch schneller trinken, schön kalt schoss es in die Mundhöhle. Nach und nach verschwanden der bittere Beigeschmack, der Alkoholschauer, das leichte Unbehagen beim Trinken, es schmeckte immer besser. Damals erzählte ein Freund, der seine Sommerferien in der DDR verbracht hatte, dass es dort überhaupt keine Getränkedosen gebe, ja dass dort selbst leere Coladosen wertvolle Sammlerstücke seien und als Trophäen des Westkontakts gehandelt würden. Ich wollte das nicht glauben. Wie arm waren die denn? Und wie transportierten sie Getränke, wenn sie keine Dosen hatten? Etwa in Glasflaschen wie die Bauarbeiter?

Während der großen Pause verkaufte der Hausmeister Süßigkeiten, Getränke, Joghurt und Weincreme. Zu Joghurt und Weincreme der Firma Eifelperle gab es Strohhalme. Machte Weincreme nicht betrunken? Wir sogen zwei, oft drei Becher schnell hintereinander leer, dann wurde mit dem Plastiktrinkhalm der Rest von den Seitenwänden des Bechers geschabt und der Aluminiumfoliendeckel an der Unterseite abgeleckt, obwohl es immer hieß: «Nicht lecken, du schneidest dir die Zunge auf.» Was aber nie passierte. Den Weincremerausch haben wir geschauspielert – wer konnte den besten Besoffenen geben?

Waldmeistersaft wurde auch verkauft, in halbtransparenten Kunststoffbechern, die mit Alufolie versiegelt waren. Die leeren Becher wurden im Kunstunterricht gern als Wasserbehälter beim Malen mit Wasserfarben verwendet. Manchmal fielen sie um, dann war das Bild hin. Später wurde Waldmeister verboten, schädigte angeblich die Leber.

An manchen Tagen hatte ich Äpfel mit in der Schule, Äpfel aus dem Keller oder direkt aus dem Garten, im September morgens vor der Schule schnell vom Baum gepflückt. Nie hatte ich etwas zu trinken dabei. Zu trinken gab es Wasser, wir hatten ja ein Waschbecken im Klassenraum. «Trink Wasser!», habe ich oft zu hören bekommen, «Trink Wasser!», lautete die Antwort auf ein gequengeltes «Ich habe Durst».

Mein selbstgeschmiertes Schulbrot bestand aus einer mit Butter und Honig oder Marmelade bestrichenen Brötchenhälfte, die ich auf eine Brotscheibe geklappt hatte. In der großen Pause war diese Brotkonstruktion herrlich durchgeweicht, das Innere des Brötchens hatte den Honig aufgesogen, aufgeklappt sah es aus wie ein klebriger Kristall.

Am Pausenkiosk des Gymnasiums gab es Kartoffelchips, kleine Tüten von Chio für fünfzig Pfennig das Stück. Chips galten als verpönt, gekauft und gegessen wurden sie trotzdem. Es gab auch Mohrenkopfbrötchen, manchmal kaufte ich mir eines, meist klebten die Finger und der Mund, nachdem ich es in mich hineingestopft hatte. Sonderbarerweise hieß es in der Schule «Mohrenkopfbrötchen», auf Kindergeburtstagen aber wurden beim Schokokopfwettessen «Negerküsse» gegessen: Ein Negerkuss auf dem Teller, die hinter dem Rücken verschränkten Arme durften nicht zu Hilfe genommen werden, schöne Sauerei. So rassistisch war die Sprache meiner Kindheit.

In der Unterstufe beschossen wir uns mit mehrfach gefalteten und in der Mitte geknickten Papierstreifen – Munition, die sich während langweiliger Schulstunden vorproduzieren ließ, Projektile, die mit zwischen Daumen und Zeigefinger gespannten Einmachgummis abgefeuert wurden. Das konnte im Sommer auf nackten Beinen unter kurzen Hosen ziemlich weh tun. In einer Parallelklasse wollte jemand mit so einem Papiergeschoss eine offene Verteilerdose getroffen haben, angeblich war eine Stichflamme aus der Wand gekommen. Ich wollte das nicht glauben.

Während der Fünf-Minuten-Pause zwischen den Schulstunden spielten wir auf dem Lehrerpult Tischtennis, das Tafellineal bildete das Netz, Rundlauf, zwei Runden gingen immer. In den Stunden war mir dann wieder langweilig. Furchtbar langweilig, also schrieb ich Zettelchen mit Botschaften an ein Mädchen, das ich gut fand, und schickte sie auf Wanderschaft durch den Klassenraum. Manchmal aber war mir so langweilig, dass kein Zettelschreiben mehr half und ich Nasenbluten bekam. Oder auslöste, ich konnte das, es war ganz leicht, ich musste nur ein wenig in der Nase bohren. Mein Nasenbluten verschaffte mir dann die Möglichkeit, das Klassenzimmer und den öden Unterricht zu verlassen und mich draußen auf dem Schulhof aufzuhalten, vielleicht hatte jemand anderes ja eine Freistunde. Ein blutiges Taschentuch, theatralisch unter die Nase gehalten, war immer eine gute Entschuldigung.

Einmal fing, ausgerechnet während der Erdkundestunde, das Schulgebäude an zu wackeln. Das Klassenzimmer vibrierte, die Bänke begannen zu wandern, wir schauten uns verunsichert an: War das der Atomkrieg? Rollten gerade die Panzer der Roten Armee auf den Schulhof? Es wackelte weiter, der Erdkundelehrer rief: «Unter die Tische!», und wir folgsamen Schüler taten, wie uns geheißen wurde. Im nächsten Augenblick löste sich eine Deckenlampe – einer der Glaskästen, unter denen Leuchtstoffröhren steckten – aus der Befestigung und knallte knapp neben dem Lehrerpult auf den Boden, seltsamerweise zerbrach sie nicht. Sie hätte unseren Erdkundelehrer, sehr beliebt war er nicht, beinahe erschlagen.

Ein bisschen war es gewesen, wie wir es in *The Day After* gesehen hatten, diesem Film, der mit alten Propagandafilmausschnitten vor dem Atomkrieg warnte. In den fünfziger Jahren wurde offenbar behauptet, dass auch eine Schulbank vor Atombombenexplosionen schütze. Wir wussten aber, dass das nicht stimmte. Von uns würde nichts übrigbleiben, gar nichts, nur ein bisschen radioaktive Asche. Die aber bitte nicht in Mülleimer füllen. So gingen unsere Witze.

Oft redeten wir über Fußball und Fußballer. Wer war der beste Spieler aller Zeiten? Maradona, keine Frage. Oder doch Pelé? Niemand hatte ihn spielen sehen, es gab ja kein YouTube, das ihn hätte zeigen können, es gab kein Internet, in dem alles verfügbar war. Ich träumte davon, bewegte Bilder der Mondlandung zu sehen, mit der meine älteste Schwester immer so angab, sie behauptete, sich daran erinnern zu können, an das, wie sie sagte, «wichtigste Fernsehereignis überhaupt». Ich sei halt zu spät geboren worden, sie aber habe es gesehen und sei gewissermaßen mit dabei gewesen, quasi mit auf dem Mond, ich hingegen noch nicht einmal auf der Welt.

War Pelé, auch so eine Schulhoffrage, besser als Beckenbauer, der große Franz? Der Kaiser überstrahlte alle, obwohl ich mich an die WM 74 gar nicht erinnern konnte. Meine erste Fußballerinnerung war die an die deutsche Niederlage gegen Österreich, die Schmach von Córdoba – über die mein Vater sich 1978 so sehr freute. Er jubelte geradezu. Ich war mir nicht sicher, ob ich mitjubeln sollte. Sollte auch ich mich für Österreich freuen?

Franz Beckenbauer, Paul Breitner, Sepp Maier und der FC Bayern, Bernd Schuster beim FC Barcelona, der 1. FC Köln, Karl-Heinz Rummenigge, ein Lied über sein Knie, viele Spieler mit seltsamen Frisuren. Irgendwann auf der IAA, der Internationalen Automobil-Ausstellung in Frankfurt, bekamen mein Bruder und ich je ein Autogramm von Felix Magath, damals noch Spieler beim HSV, er hatte im Endspiel gegen Juventus Turin getroffen, der HSV gewann den Europapokal der Landesmeister. Er schrieb uns seinen Namen auf zwei Autogrammkarten, die ihn auf dem Rasen zeigten, er schrieb mit einem schwarzen Filzstift, schaute uns an und lächelte. Seither habe ich das Gefühl, dass wir uns kennen, Felix Magath und ich, und fand ihn immer sympathisch, ja ich freute mich, als er Jahrzehnte später mit Wolfsburg Deutscher Meister und Trainer des FC Bayern wurde, freute mich auch, als er zu Schalke wechselte und später zum FC Fulham.

Ich selbst konnte nicht gut Fußball spielen. Mitunter gelangen mir ungewollt Kunstschüsse, das sind die, an die ich mich erinnere. An all die anderen Bälle, die irgendwohin ins Nirgendwo flogen, erinnere ich mich nicht.

Im Schwimmen war ich besser, weil ich ein paar Jahre

im Schwimmverein gewesen war, deshalb mochte ich den Schwimmunterricht in der Schule, ich durfte nur nicht vergessen, an die Badesachen und an ein Handtuch zu denken. Und an Geld für die Süßigkeiten danach. Ich mochte das Schulschwimmen, weil die Mädchen in ihren Badeanzügen zu sehen waren, wie wunderbar, sie zeigten alles, was sie hatten, Schamhaare schimmerten durch den Stoff der nassen Badeanzüge, Schamlippen zeichneten sich ab, Brustwarzen waren zu sehen, Paradies.

Nachher kauften wir uns Süßigkeiten am Schwimmbadkiosk, Schaumerdbeeren und kleine Gummi-Colafläschchen zu fünf Pfennig das Stück, Lakritzschnecken – all das Zeug, das so herrlich an den Zähnen klebte. Wer gab wem etwas ab und verriet so, wen er liebte? Abends im Bett vor dem Einschlafen dachte ich an Sarah, Judith und Birte in ihren Badeanzügen.

Es hieß zwar Wandertag, meist aber fuhren wir dann doch mit einem Reisebus, der uns vor der Schule abholte, irgendwohin. Ein oder zwei Schülern wurde immer schlecht, was aber vielleicht auch daran lag, dass wir schon vor der Abfahrt begannen, all die Süßigkeiten in uns hineinzustopfen, die wir für diesen Tag dabeihatten. Manchmal fuhren wir auch mit dem Zug – die ganze Klasse in einem Waggon – nach Köln (Römisch-Germanisches Museum), nach Koblenz (Deutsches Eck) oder nach Mainz (Gutenberg-Museum), immer besuchten wir irgendetwas am Rhein, nie aber etwas auf der anderen Rheinseite. Auf diese Grenze haben wir sehr geachtet.

Eine Klassenfahrt ging an die Nordsee, eine andere in

den Bayerischen Wald, dort sollten wir uns die Zonengrenze ansehen. «Das», so der Erdkundelehrer, der uns begleitete, «ist die innerdeutsche Grenze.» Großes Desinteresse, offensives Gähnen, was ging uns das an? Die letzte Klassenfahrt führte nach Südfrankreich, sie blieb mir in guter Erinnerung, weil ich nachts am Strand nicht weit von La Grand Motte eine Hand unter Heike Krupps T-Shirt hatte, dann eine in ihrer Hose, schließlich steckten wir ineinander, alles ging sehr schnell. Das war also dieser Sex.

Auf dem Weg von der Schule nach Hause verlor ich einen Turnschuh. Er musste mir aus dem Turnbeutel gefallen sein.

«Hast du deinen Turnbeutel dabei? Vergiss deinen Turnbeutel nicht!» Der Turnbeutel kam in Fragen und Ermahnungen immer wieder vor. Vielleicht hatte ich damals aber gar keinen Turnbeutel mehr, sondern bloß eine Tüte, eine Zeitlang fand ich es cool, mit Plastiktüten unterwegs zu sein. Plastiktüte statt Lederschulranzen und bloß keinen Jutebeutel. Meine älteste Schwester lief mit einer Jute-statt-Plastik-Tasche herum, davon musste ich mich abgrenzen. Jedenfalls verlor ich einen meiner Ivan-Lendl-Tennisschuhe, einer fehlte, als ich zu Hause war. Ich kehrte um, fuhr den Weg ab, fand ihn jedoch nicht wieder. Meine Mutter war begeistert: Musste sie mir schon wieder neue Schuhe kaufen.

Oder war ich an diesem Tag nicht aus der Schule, sondern vom Joggen mit Ursula gekommen? Ursula war fast achtzehn, ich noch fünfzehn. Ich kannte sie aus der Israel-Gruppe unserer Schule, die aus Schülern bestand, die für eine Versöhnungsreise nach Israel ausgewählt worden waren, sie war die Schönste und Interessanteste dieser Gruppe. In den großen Pausen ging ich immer wie zufällig bei ihr und ihren Freundinnen vorbei, wahrscheinlich machten sie sich über mich, ihren jungen Verehrer, lustig. Ihretwegen fing ich mit dem Laufen an, Joggen nannte sie das. «Hast du Lust, mit joggen zu kommen?», fragte sie mich eines Tages. Sie hatte eine Art Laufgruppe um sich geschart, wir trafen uns zu viert oder fünft und liefen am Rhein entlang oder durch den Wald, einer ihrer anderen Verehrer hatte ein Auto.

Manchmal ging es danach zu ihr, anfangs zu mehreren, später ich mit ihr allein. Wir saßen in ihrem Zimmer und tranken Tee. Sie legte Platten auf, Schallplatten aus schwarzem Vinyl, sie besaß einen Plattenspieler, aber das war damals nichts Besonderes. Wir unterhielten uns über Musik, und ich sagte Sätze, die ich in Musikzeitschriften gelesen und mir gemerkt hatte. Wir redeten über Bücher, die sie gelesen hatte und ich noch nicht, was wohl bedeutete, dass hauptsächlich sie über diese Bücher redete und ich ihr zuhörte.

Wann immer wir joggingverschwitzt da saßen, dachte ich: Jetzt, jetzt muss ich ihr doch sagen, dass ich sie liebe, dass ich sie unendlich liebe. Ich dachte, wenn ich mich nur trauen würde, es zu sagen, wenn ich mich nur überwinden könnte, ihr zu gestehen, wie sehr ich sie liebte, müsste das die ganze Spannung lösen, wer weiß, vielleicht würde sie ja sagen, dass auch sie mich liebte. Dieses *I love you*, dachte ich, sei eine Art Zauberspruch, der das große Glück, die Erfüllung, ja Erlösung nach sich ziehen müsse. Gleichzeitig fürchtete ich mich vor dem Nichtfunktionieren dieses Zauberspruchs – was, wenn es dann doch nicht so war wie im Film? Ich sagte nichts, ich schaute sie nur an, sie hatte so wahnsinnig leuchtende grüne Augen.

Ich erinnere mich nicht, dass sie, während ich in ihrem Zimmer auf dem Teppichboden saß, duschen gegangen wäre, aber habe ich mir in meiner unschuldigen Phantasie damals vorgestellt, wie es wäre, wenn wir beide ins Badezimmer und gemeinsam unter die Dusche gehen würden, wie es wäre, mit ihr zu schlafen? Eigentlich ist nie etwas passiert – bis auf den einen Abend, an dem sie mir, was mich furchtbar quälte, wieder einmal von ihrem Freund erzählte, den ich nie gesehen hatte, weil er schon studierte und in einer anderen Stadt lebte, und sie mich dann zum Abschied küsste. Sie küsste mich, wie um es auszuprobieren, auf den Mund, ein Kuss, der nicht gleich vorbei war, unsere Zungenspitzen berührten sich, es kitzelte wunderbar.

Bald darauf fragte ich sie, ob sie mit mir ins Theater gehen wolle, ich hatte die Abonnementkarten meiner Eltern. Sie sagte: «Warum nicht», und wir verabredeten uns eine Stunde vor Vorstellungsbeginn vor dem Theater in Godesberg. Sie trug Stiefel zu einem kurzen blauen Rock und hatte Lippenstift aufgelegt, war die schönste Frau der Welt. Kurioserweise, das aber verriet sie mir erst in der Pause, war ihre Mutter ebenfalls im Theater, sie hatte ein Abonnement im selben Zyklus wie meine Eltern. Erst als Ursula mich in der Pause auf eine ältere Dame am Buffet aufmerksam machte und sagte: «Schau mal, da ist meine Mutter», fiel mir auf, dass ich der in ihrem Haus, nach dem Laufen, auf dem Weg in ihr Zimmer, nie begegnet war. Nach der Vorstellung gingen wir (natürlich ohne ihre Mutter, die wir nach dem Ende des Stückes nicht mehr gesehen hatten) in eines dieser überteuerten Godesberger Lokale, bestellten Rotwein und sprachen über die Inszenierung. Dabei hoffte ich darauf, mit ihr so betrunken zu werden, dass sie mich wieder küssen würde.

Meine älteste Schwester, sie war schon in der 9. Klasse, las in der Schule *Wir Kinder vom Bahnhof Zoo*. Zur Abschreckung? Ich weiß es nicht. Ohne dieses Buch hätte ich, elf Jahre alt, sicher noch weitere fünf Jahre nichts von Heroin gewusst. So aber, weil alle Welt von Christiane F. und also von Heroin redete, klaute ich mir das berühmte Buch eines Tages aus dem Zimmer meiner Schwester und fing an, es zu lesen. Wow! Dieses Berlin! Der Bahnhof Zoo! Das Sound! Der Sex! Dass die es wirklich machten! Wow! Am allerbesten gefiel mir das Foto von Babette, vierzehn Jahre alt, der jüngsten Drogentoten Berlins. War sie nicht wunderschön, die Stieftochter eines bekannten Pianisten?

Eines Abends hieß es, mein Vater fliege am nächsten Tag frühmorgens nach Berlin, ich solle mich von ihm verabschieden. Ich tat, wie mir geheißen, und sagte zum Schluss: «Papa, hüte dich vor den Fickern vom Bahnhof Zoo!»

«Wie bitte?», fragte meine Mutter. «Wovor soll er sich hüten?»

«Na, vor den Fickern am Bahnhof Zoo. Die ficken doch Heroin!», erklärte ich meinen Eltern. Und dachte: Mann, die haben ja von gar nichts Ahnung.

Mein Vater sagte: «Die Fixer, Freund. Die Fixer vom Bahnhof Zoo.»

«Ja, meine ich ja», sagte ich dann und verstand nicht, warum sie so seltsam nachgefragt hatten. Das Wort *Ficker* hörte ich doch jeden Tag in der Schule, es kursierte, ey, du Ficker, ey!

Obwohl, wenn ich recht überlege, gab es damals sicher auch Ficker am Bahnhof Zoo. Also habe ich meinen Vater doch zu Recht gewarnt, oder? Ficker gibt es ja quasi überall.

Wir sollten doch einfach, lernte ich ein paar Jahre später auf einer Anti-Drogen-Veranstaltung an unserer Schule, wir sollten doch einfach über unsere Probleme springen, statt Trost oder Problemlösungen in Drogen zu suchen. So leicht war das also! Während der Veranstaltung bat der Moderator ein Mädchen auf die Bühne. Sie wurde nach ihrem Namen gefragt und sollte sich ausmalen, vor ihr auf der Bühne lägen alle ihre Probleme aufgetürmt, ein großer Haufen. Und dann sollte sie über diesen Haufen springen. Sie nahm Anlauf und hopste, vierhundert Schüler schauten zu. Sie hopste so hilflos über ihre offensichtlich überhaupt nicht vorhandenen Probleme – der Saal brüllte vor Lachen.

Das war so dämlich, wir mussten unbedingt mehr kiffen.

Einer unserer Lehrer, er unterrichtete unsere Klasse in der Zeit zwischen der WM in Spanien und der in Mexiko, redete immer wieder von der sogenannten Wiedervereinigung. Weil er irgendwo in Sachsen geboren war? Was hatten wir im Westen, links des Rheins, mit dem Osten zu tun? Und wozu sollte die Wiedervereinigung gut sein? Es war das Jahr 1985 oder 1986, und es wurde diskutiert. Ein Argument gegen die Wiedervereinigung lautete: Es hat die meiste Zeit über eigentlich immer mehrere, ja viele deutsche Staaten gegeben, und das Deutsche Reich nach 1871 mit Preußen als Hegemonialmacht hat uns kein Glück gebracht. Auf Preußen und den Osten können wir gut verzichten. Westdeutschland, die rheinische Republik, bleibt gern für sich.

Preußen war ohnehin nicht so beliebt im Rheinland, da brauchte ich mir nur einen Karnevalszug anzusehen. Oder waren die Kostüm-Uniformen der Karnevalsvereine und die Dreispitze der Funkemariechen etwa ein Zeichen von Bewunderung? Eine linksrheinische Gewissheit war: Zivilisation gibt es nur auf unserer Seite, links des Rheins, wo die richtigen, die römischen Städte liegen. Drüben aber, auf der anderen Seite – und damit war nur die andere Rheinseite gemeint –, ist Wildnis, Urwald, Germanien. Und was, bitte, haben wir mit diesen Wilden zu tun? Ausflüge auf die andere Rheinseite waren selten, wir fuhren nicht gern ins Feindesgebiet hinter den Limes. Wozu auch, es gab ja nichts dort. Ostelbien und die DDR lagen noch viel weiter weg, fast schon in Sibirien, jenseits von allem Vorstellbaren. Einfach im Jenseits.

Der Lehrer, der immer wieder von der sogenannten Wiedervereinigung redete, bestand darauf, dass wir die Bezeichnung *DDR* nur in Anführungszeichen schrieben. Wutanfälle bekam er, wenn jemand die Bundesrepublik *BRD* nannte. «Es gibt kein Land, das so heißt», brüllte er dann. «Diese Abkürzung ist eine Erfindung der DDR! Das Land, in dem wir leben, heißt Bundesrepublik Deutschland!» Konnte er die DDR eigentlich mit Anführungszeichen brüllen?

Auf seinem Auto hatte er einen Aufkleber, der aufforderte, immer nur «BR Deutschland» zu sagen, die Bezeichnung

«BRD» hingegen zu unterlassen. Zur Illustration waren die drei Großbuchstaben durchgestrichen.

War die deutsche Teilung, fragte ich mich, nicht der gerechte Preis für den Krieg? Der Preis, den Deutschland für all die verübten Grausamkeiten zahlen musste? Wenn dem so war, warum tat sie mir dann überhaupt nicht weh? Ich brauchte kein größeres Deutschland. Ostdeutschland war mir egal – bis auf den Umstand, dass ich hin und wieder ein schlechtes Gewissen hatte, auf der Seite zu wohnen, der es objektiv viel besser ging, auf der so viele alte Nazis so gut lebten und in Ruhe mitregieren, Bücher schreiben, unterrichten und ihre Pensionen genießen durften. Vielleicht, überlegte ich, hatte die andere Seite anfangs einen moralischen Vorsprung gehabt – den aber hatte sie doch schon lange verspielt, oder? Die Teilung war in Ordnung, mir fehlte nichts.

Im Mai 1989, kurz vor dem Fall der Mauer, kam es noch zu einer Klassenfahrt in die DDR. In einem Reisebus überquerten wir den Rhein, fuhren durchs westdeutsche Niemandsland bis zur Zonengrenze, Übergang Herleshausen, und passierten die Grenzkontrollen. Die zuvor auf der Bank zum Kurs von zehn zu eins getauschten Ostmark hatte ich in einer leeren Saftpackung versteckt, die Grenzbeamten fanden das Geld nicht. Und dann waren wir drüben, bei den Eingesperrten, wie meine Großmutter sagte, bei den Kommunisten.

Wir rollten durch eine Gegend, die ich nur als historische Landschaft aus dem Geschichtsbuch kannte: Johann Sebastian Bach, Goethe in Weimar, die großen Siege Napoleons bei Jena und Auerstedt, die Niederlage 1813 bei Leipzig, Richard Wagner, zur gleichen Zeit ebendort geboren, wirft 1848 Flugblätter von der Dresdener Kreuzkirche, Karl May in Radebeul und so weiter – wir fuhren an Wiesen und sehr großen Feldern vorbei. Dieser Landschaft, bildete ich mir ein, war anzusehen, dass es der traurige Osten war. Waren die Blätter an den Bäumen nicht grauer als bei uns? War das Gras nicht weniger grün? Und wussten die Vögel unter den Wolken eigentlich, dass sie durch einen Ostblock-Himmel flogen?

Die Idee einer Wiedervereinigung erschien mir utopisch. Der Satz von Honecker, die Mauer werde noch in fünfzig und auch in hundert Jahren noch bestehen, wurde, vermute ich, vor allem im Westen ernst genommen. Für den Westen war die Mauer ja sehr praktisch: Alle Probleme blieben drüben ein- und weggesperrt. Der Status quo war angenehm, die beiden deutschen Staaten hatten sich arrangiert. Der schlaue Franz Josef Strauß schien zu wissen, wie vorteilhaft die Mauer für uns war – er vermittelte Milliardenkredite an die marode, eigentlich zahlungsunfähige DDR, Kredite, welche die DDR am Leben erhielten. Nach dem Mauerfall kostete die Wiedervereinigung dann viel, viel mehr, Tausende Milliarden, eine Entenhausensumme.

Spielplätze

An dem Nachmittag, an dem ich mit dem Messer in der Hand auf dem Bett stand, bin ich nicht in den Dolch gesprungen. Ich sah auf die Armbanduhr, die ich zu meinem sechsten Geburtstag geschenkt bekommen hatte und die damals noch ging – ich war erst später mir ihr schwimmen gegangen, was sie, nur spritzwasserdicht, nicht überlebt hatte –, ich sah also auf meine Uhr und stellte fest, dass ich schon zwanzig Minuten zuvor im großen Gemeindesaal hätte sein sollen, eine Karnevalsveranstaltung der Nachbarschaft fand dort statt, meine Mutter hatte mich hinbestellt. Sollte ich ihr etwas bringen? Ich weiß es nicht mehr. Ich warf den Dolch auf mein Kopfkissen, zog Schuhe und Jacke an, lief aus dem Haus und den Kirchberg hinunter. Nur zehn Minuten später öffnete ich die Tür zum Gemeindesaal, eine Art Aula im ersten Stock eines Gebäudes aus den zwanziger Jahren. An langen, parallel aufgestellten Tischreihen mit weißen Tischdecken saßen Hunderte Frauen und einige Männer und tranken Kaffee, aßen Kuchen und rauchten. Ich entdeckte ein riesiges Kuchenbuffet, fast jeder der hier im Saal Anwesenden musste eine Torte gebacken haben.

Der Saal hatte eine Bühne, auf der das Festprogramm schon begonnen hatte. Eine Frau sang ein Lied, es wurde mitgeklatscht und ein wenig geschunkelt, Wein wurde getrunken, Römergläser standen zwischen den Kaffeetassen. Ich setzte mich an einen der Tische ganz hinten, an dem einige andere Kinder saßen, ich kannte sie vom Sehen, einige sogar mit Namen. Ich dachte daran, dass ich eben noch mit einem Dolch in der Hand auf meinem Bett gestanden hatte und das alles beinahe nicht mehr erlebt hätte, ich hätte nur ein bisschen unvorsichtiger auf und ab hüpfen müssen, und ich wäre in meinen Dolch gefallen, was mir nun, ich aß ein Stück Mandarinensahnetorte, eine unserer Nachbarinnen hatte es mir gebracht, äußerst seltsam erschien. Der Moderator kündigte einen neuen Programmpunkt an, es wurde geklatscht. Kurz darauf kamen fünf stark geschminkte Frauen in kurzen, verschiedenfarbigen Kleidern – rot, gelb, grün, blau und schwarz – auf die Bühne und begannen, zu einer Musik zu tanzen, die wie Stummfilmmusik klang. Sie bewegten sich ruckartig und schleuderten ihre Unterschenkel immer wieder halbhoch hinter sich – ach ja, sie tanzten Charleston. Eine von ihnen, die in dem glänzend giftgrünen Kleid mit schwarzer Boa und schwarzem Stirnband, in dem eine ebenso schwarze Feder steckte, war meine Mutter. Sie hatte eine lange Zigarettenspitze in der Hand.

Sonst lag ich nachmittags auf dem Bett und las zum hundertsten Mal *Donald in 1000 und einer Nacht* oder eines der Bücher, die ich mir aus der Stadtbücherei ausgeliehen hatte, die Nummer auf meiner Bibliothekskarte lautete 10218. Ich lag auf der grün gerippten Frottee-Tagesdecke oder auf meinem Federbett, verschlang Enid Blyton oder *Die drei Fragezeichen*.

Kam ich in mein Zimmer, warf ich mich aufs Bett und griff nach dem Buch vom Vorabend, Hausaufgaben konnten warten. Fing Dietrich Ingbert Carl Kronstein den Dieb? Löste Justus Jonas den Fall? Auf welcher Seite war ich? Ja richtig, S. 102, schnell aufschlagen und weiterlesen. Die Seitenzahl vom Abend zuvor fiel mir damals noch ein – später konnte ich sie mir nicht mehr merken, und ich brauchte ein Lesezeichen.

Während des Lesens musste ich mich oft dazu zwingen, beim Umblättern nicht auf die Seitenzahl zu achten, ich wollte nicht merken müssen, dass ich noch nicht sehr weit gekommen war, wollte mich andererseits jedoch darüber freuen, dass ich schon wieder zwölf oder zwanzig Seiten geschafft hatte. Über Seitenzahlen wie 88 oder 99 freute ich mich immer. Irritiert aber war ich davon, dass die ungeraden Zahlen in einem Buch rechts unten stehen, meinem Zahlen- und Symmetriegefühl nach hätten rechts unten die geraden Zahlen stehen müssen, sie gefielen mir besser als die ungeraden.

War meine Mutter zu Hause und sah mich auf dem Bett liegen, sagte sie: «Lies nicht die ganze Zeit! Nicht diesen Stuss! Mach deine Hausaufgaben! Geh mit dem Hund raus! Lies nicht immer diesen Schund!»

Meine älteste Schwester traf es schlimmer, sie las noch mehr als ich und vergaß darüber alles, manchmal sogar, Klavier zu üben. Meine Mutter machte das sehr wütend, sie nannte sie eine faule Nuss, es konnte vorkommen, dass sie eines der Bücher wegwarf.

Den Hund ausführen, immer hieß es: «Geh mit dem Hund raus», nie: «Geh mit ihm Gassi.» Zum Glück, wie hörte sich das denn an! Aus dem Haus und rechts, der Hund zog von selbst in diese Richtung, den Hügel hinauf, durch den Römerweg, den Keltenweg in die Mayener Hohl, durchs Rosental. Der Weg hing davon ab, in welches Mädchen ich gerade verliebt war, die Wohnorte der Mitschülerinnen bestimmten die Route, entweder ging ich an Judiths Haus oder bei Angela und Tina Nuppeney vorbei. Bis zu Birte schaffte ich es mit dem Hund nie, das war zu weit, in ihre Gegend kam ich nur mit dem Rad, drehte ein paar Runden um den Block und hielt nach ihr Ausschau, sie wohnte in einem Hochhaus. Im Hochhaus zu wohnen kam mir beneidenswert vor.

Mit dem Hund an der Leine ging ich am Kaugummiautomaten vorbei, warf ein paar Groschen ein und zog mir Kaugummikugeln oder glasierte Erdnüsse. Auf dem Weg zertrat ich Knallerbsen, so nannten wir die weißen Beeren, die an den Sträuchern neben Umspann- und Heiligenhäuschen wuchsen. Ich zählte die Güterwaggons der Güterzüge auf der anderen Rheinseite oder las mir zu Hause das Fernsehprogramm durch – obwohl nichts kam, mähte ich den Rasen wieder nicht und räumte auch nicht mein Zimmer auf. Stattdessen setzte ich mich auf mein Rad und fuhr in die Stadt, in die Stadtbücherei oder ins Freibad. Einmal wettete mein Vater mit mir um zwanzig Mark, ich würde es nicht schaffen, eine scharfe rote Chilischote aufzuessen. Ich aß sie und bekam die zwanzig Mark. Später experimentierte ich mit meinem Chemiekasten, ja, Kaliumpermanganat färbt das Wasser, wie aufregend, mein chaotisches Chemielabor neben dem Wäschetrockner im Heizungskeller sollte aber eher ein Sprengstofflabor sein. Eine saubere Laborecke, ein ordentlich geführtes Versuchs-Protokollheft? Im Traum. Ich wollte, dass es knallt, wollte ein neuartiges Dynamit erfinden, Hauptsache, es brannte und explodierte, Funken sollten sprühen. Mehr als ein paar alte Blumentöpfe sind aber nie in die Luft geflogen.

Machte ich Hausaufgaben, lief ich gern hinunter zu den Lexika, die in dem Teil des Wohnzimmers standen, den meine Mutter Musikzimmer nannte, ich schaute in den *Brockhaus* oder das neuere Fischer-Taschenbuch-Lexikon. Oft kam ich gar nicht bis zu dem Lemma, das ich hatte nachschlagen wollen, weil ich mich drum herum, davor oder danach festlas. Alles andere war auf einmal viel interessanter.

Wir lebten in der Heimcomputersteinzeit. Mein Vater kaufte zuerst einen ZX-81 mit Folientastatur, der ließ sich an den Fernseher anschließen. Na und, was sollten wir damit? Er kaufte einen Sharp PC-1500 mit Vier-Farben-Plotter, dann einen C64. Er las die Zeitschriften *Chip* und *Computer persönlich*, und ich las sie auch – sie zu lesen war eine Art meditative Tätigkeit, denn eigentlich verstand ich von all dem wenig. Manchmal tippte ich die in den Zeitschriften abgedruckten, ellenlangen Basic-Programme ab, um unserem Computer irgendwelche Spiele oder Graphiken zu entlocken. Einer der Höhepunkte war das Programm, das aus etlichen Plot-Befehlen bestand und am Ende eine Karikatur von Hans-Dietrich Genscher druckte.

Wozu das gut war? Keine Ahnung.

Anschließend hatten wir einen IBM-PC-Klon mit MS-

DOS, das Betriebssystem musste von Disketten geladen werden, 5¼-Zoll-Floppy-Disks ratterten im Laufwerk. Ich begann, Dateien anzulegen und mir Notizen zu machen. Das Schreibprogramm hieß WordStar.

Ein Nerd wurde nicht aus mir, richtig programmieren lernte ich nie. Jahre später die leisen Vorwürfe meiner Mutter, die an ihrer Privatuniversität einen der Samwer-Brüder unterrichtete. «Warum habt ihr denn nicht eine großartige Firma gegründet und seid Multimillionäre geworden? Wäre so schön, wenn ihr uns ein bisschen von euren zwei- oder dreihundert Millionen abgeben könntet.» Tja, wir waren wohl zu faul. Oder zu dumm.

Oft rief ich meine Freunde an oder wurde von ihnen angerufen. Die Telefonnummern der besten Freunde wusste ich auswendig, vier-vier-vier-drei-sechs der eine, vier-zwo-eins-eins-eins der andere. Die Nummern hatten nicht viele Ziffern, daran war zu erkennen, dass wir in keiner großen Stadt wohnten, fünfstellige Telefonnummern reichten. Später, mit Mädchen telefonierend, nahm ich das Telefon an seinem langen Kabel mit in mein Zimmer. Ein sehr langes Telefonkabel zu haben war ein Luxus. Das Telefon hatte noch einen festen Ort, es stand im Flur.

Wir hatten erst zwei, dann drei Telefonapparate im Haus, einen unten, einen oben, einen weiteren ganz oben, es waren Wählscheibentelefone. Nummern mit vielen Nullen zu wählen dauerte besonders lang, die Null lag ja hinter der Neun, sie hatte beim Rücklauf den weitesten Weg zurückzulegen. Lautete der Notruf deshalb 112? Nur 111 ließ sich noch schneller wählen.

Innerhalb des Hauses ließen Gespräche sich nach oben bzw. unten legen, dazu musste allerdings der zweite Hörer abgenommen werden, bevor der erste aufgelegt werden durfte, was meist auf Zuruf durchs Treppenhaus geschah, manchmal auch über unser Haustelefon. Haustelefon-Apparate hingen im Keller, im Erdgeschoss, im ersten Stock und im zweiten, ihr Klingelton war kein Klingeln, sondern ein tiefes elektronisches Brummen, allerdings funktionierten sie nicht immer, weshalb wir sie mit der Zeit kaum mehr benutzten.

Später bekamen wir eine neue Telefon- und Haustelefonanlage: Tastentelefone, bunte, postmoderne Designtelefone von Bang & Olufsen, regelrechte Angebertelefone, Gespräche zwischen den Stockwerken zu makeln sollte von da an möglich sein. Theoretisch ließ sich nun mit einem Familienmitglied im anderen Stockwerk sprechen, ohne dass ein Teilnehmer auf der Außenleitung zuhörte, er ließ sich dann zuschalten – in der Praxis klappte das aber selten wie gedacht. Immerhin hatten diese neuen Telefone Wahlwiederholung, es ließen sich auch Nummern einspeichern, aber die, die ich oft wählte, wusste ich sowieso auswendig.

Für den Fall, dass niemand zu Hause war und keiner das Telefon abnehmen konnte, gab es eines Tages einen Anrufbeantworter. Lange hatte ich mir einen Anrufbeantworter als einen Apparat vorgestellt, der mit Hilfe eines Greifarms den Hörer abnimmt, hineinspricht und eine Antwort aufzeichnet. Funktionierte das nicht so? Ich hatte einen C-3PO vor Augen, einen silber- oder goldglänzenden Protokollroboter, der würde sich um die in Abwesenheit eingehenden Anrufe kümmern.

Wir brauchten eigentlich keinen, wir waren ja so viele, irgendjemand war fast immer zu Hause. Meine Geschwister waren Anrufbeantworter, ich war Anrufbeantworter. Wir schrieben Zettel, auf denen stand: *Frieder hat angerufen*, oder: *Bitte Judith zurückrufen*. Der Block, der neben dem Telefon lag, war immer mit Telefonkritzeleien vollgekritzelt, ich bemalte gern auch das Tischchen und Gegenstände, die in der Nähe herumstanden. Obwohl es also gar nicht nötig war, kam mein Vater eines Tages mit einem Anrufbeantworter nach Hause. Es war aber bloß ein Kästchen, innen lag eine Tonkassette. Ein goldglänzender Protokollroboter? Nicht die Spur.

Einmal im Jahr, am Weltspartag, wurden Sparbüchsen und Sparschweine zur Bank getragen. Es gab Spardosen aus Metall, die bloß auf der Bank geöffnet werden konnten, nur der Mann am Schalter hatte einen Schlüssel. So eine gehörte mir, ich hebelte sie jedoch mit einem Fahrtenmesser auf, die Klinge verbog dabei, was mich sehr ärgerte. Von dem erbeuteten Geld kaufte ich mir ein neues.

Die Geldzähler faszinierten mich. Aus Maschinen, die oben mit gemischten Münzen gefüttert wurden, kam das Hartgeld unten sortiert heraus. Was aber, fragte ich mich, machte die Bank mit meinem Geld? Baute sie damit noch einen Bankpalast? Und was hatte ich vom Sparen? Immer hieß es: «Spar das doch lieber! Spar doch auf etwas!» Auf ein neues Fahrrad, eine Stereoanlage, ein Mofa, ein Auto, ja, eines Tages ein eigenes Auto? Wozu aber? War das Gehirnwäsche? Und warum gab es keinen Weltkonsumtag? Oder gab es einen, und der hieß Weihnachten?

Eines Tages hatte mein Vater keine Lust mehr, jeden Sonntag Taschengeld auszuzahlen. Zu meinem Sparbuch bekam ich ein Girokonto hinzu, mein Taschengeld wurde nun per Dauerauftrag überwiesen, ich sollte es mir einteilen. Was schwierig war. Brauchte ich Geld, ging ich zur Bank und ließ mir zehn oder zwanzig Mark auszahlen. Erst musste ich mit der Frau am Schalter, dann mit dem Mann an der Kasse reden, das dauerte. Zettel ausfüllen. Unterschreiben. Dann gab es auf einmal Geldautomaten. Und wie funktionierten die? Versteckte sich da ein Zwerg hinter Anzeige und Tastatur wie im ersten Schachautomaten und zählte die Scheine ab, bevor er sie mir durch den Geldschlitz zuschob?

Das Geld setzte ich in Süßigkeiten um. Süßigkeiten ließen sich aber auch zu Hause finden, im Zimmer meiner ältesten Schwester zum Beispiel. Sie hob ihre Süßigkeiten auf, teilte sie sich ein, wie meine Mutter immer sagte: «Teil dir das gut ein.» Ich konnte das nicht, ich wollte das nicht. Hatte ich eine Tafel Schokolade, dann musste ich sie aufessen. Sie in mich hineinstopfen. Bis zum letzten Schokoladenkrümel. Beim vorletzten Krümel kam mir dann immer der Gedanke: Ach, hätte ich dich doch, du gutschmeckende Schokolade, ein wenig langsamer gegessen. Ganz zuletzt versuchte ich doch noch zu genießen.

War meine Schwester nicht da, ging ich in ihr Zimmer und suchte nach Süßigkeiten. Immer wieder dachte sie sich neue Verstecke aus. Sie hatte sehr viele Bücher, meist lag die Schokolade hinter ihren *Dolly*-Sammelbänden. Oder unter ihrem Bett. Einmal fand ich eine Packung Kinderschokolade statt eines Buches unter einem Schutzumschlag, darin lagen noch sechs der einzeln verpackten Riegel. Fünf von ihnen aß ich sofort auf, achtete aber darauf, sie sehr vorsichtig auszuwickeln, denn ich hatte einen Plan: Mit einer Raspel und einer Rundfeile feilte ich die typischen Vertiefungen in kleine Holzleistenstücke, deren Querschnitt ziemlich genau dem der gegessenen, verschlungenen Kinderriegel entsprach, und wickelte diese Schokoladen-Avatare sorgfältig in die weiß-orangefarbenen Schokoladenpapiere ein. Ganz vorne in die Packung kam der letzte echte Riegel, den ich übriggelassen hatte. Ich wusste, es würden ein oder zwei Monate vergehen, bis meine Schwester, die nie einen ganzen Riegel auf einmal aß, sondern selbst den noch einteilte, zentimeterweise, den Betrug entdecken würde. Vielleicht, darauf hoffte ich, würde sie dieses Versteck vergessen. In diesem Fall, das beruhigte mein (in sehr geringem Maße vorhandenes) schlechtes Gewissen, rettete ich die Schokolade davor, eines Tages alt zu schmecken. Ich rettete sie vor dem Schlechtwerden. Und war das nicht fast schon eine gute Tat?

Es gab eine weitere Möglichkeit, an Süßigkeiten zu gelangen: Dazu musste ich das Haus unserer kinderlosen Nachbarin zeichnen, in deren Schwimmbad ich manchmal schwimmen durfte. Ich malte also ihr Haus, klingelte an ihrer Tür und überreichte ihr mein Bild, auf dem alles ein wenig größer aussah, als es war, darauf achtete ich. Für die Zeichnung, sie liebte ihr Architektenhaus, eine Beton-Giebel-Flachdach-Kombination mit integrierter Doppelgarage, bekam ich dann eine Tafel Schokolade, ab und an, das war mir sogar lieber, auch fünfzig Pfennig oder eine Mark: Geld, das ich gleich in Süßigkeiten umsetzen konnte.

Zu Allerheiligen, war ja ein Feiertag, fuhren wir zu den katholischen Tanten an der Mosel. Wir gingen mit ihnen auf den Friedhof und standen an den Gräbern lange vor meiner Zeit verstorbener Tanten und Onkel. Ein Priester, gekleidet wie eine durchgeknallte Frau, sprenkelte Weihrauch auf die Gräber. Was war das für ein Hokuspokus? Und musste der so herumlaufen? In Lila, Cremeweiß und Purpur?

Nach dem Friedhofs-Happening wurden Zimtwaffeln mit steif geschlagener Vanillesahne gereicht. Unglaubliche Zimtwaffeln gab es bei Tante Mia, ich war gern bei ihr, überall duftete es nach Waffeln und Wein. In meiner Erinnerung besteht das ganze verwinkelte Weindorf aus mit Vanillesahne gefüllten Zimtwaffeln.

Ich war nicht getauft. Der Grundschullehrer, dem ich das erzählte, meinte, das könne nicht sein – wäre ich nicht getauft, hätte ich ja keinen Namen. Aber ich hatte doch einen Namen, ich wusste, wie ich hieß. Getauft werden sollte ich erst kurz vor meiner Konfirmation, ich sollte selbst entscheiden dürfen, ob ich getauft werden wollte oder nicht. Dass ich in den Konfirmandenunterricht ging, war allerdings eine Selbstverständlichkeit, das stand für meine Mutter nicht zur Debatte.

Im Konfirmandenunterricht, so war das wohl gedacht, sollte der Sache mit dem Glauben ein kirchlicher, institutioneller Rahmen gegeben werden. Habe ich damals an Gott geglaubt? Ich vermute, darüber grübelte ich eher selten nach. Trotzdem ging ich nicht ungern, mir gefiel, dass wir uns jede Woche trafen und ab und zu auf Konfirmandenfreizeit fuhren, in Jugendherbergen auf Burgen, aus denen wir nachts ausbrechen konnten, um Bier zu trinken. Ja, auf den Konfirmandenfreizeiten habe ich Biertrinken gelernt, es war meist sehr lustig. Mädchen waren auch dabei.

Zu Beginn jeder Stunde fragte der Pfarrer: «Im Gottesdienst gewesen?» Es gab ja nur zwei evangelische Kirchen in der Stadt, ich konnte also nur in der Kreuzkirche (Neubau, Beton) oder in der Christuskirche (gotisch, Kreuzgewölbe, weiß ausgemalt) gewesen sein. Zu lügen war schwierig, ich hätte eine Wochenendfahrt und einen Kirchbesuch anderswo erfinden müssen – für mich war das allerdings besonders schwierig, denn der Pfarrer, der uns zukünftige Konfirmanden unterrichtete, war unser Nachbar. Und wenn jemand sagte, er sei anderswo in der Kirche gewesen, konnte es vorkommen, dass er nach der Predigt und der Bibelstelle fragte.

Einfach zu behaupten, im Gottesdienst gewesen zu sein, war auch deshalb problematisch, weil es die Kontrolle durch die Musterkonfirmanden gab, Dagmar zum Beispiel, die jeden Sonntag mit ihren Eltern in die Kirche ging, ihr blieb gar nichts anderes übrig, ihr Vater war Presbyter. Sie hätte jederzeit sagen können: Stimmt nicht, er war nicht da. Sie hätte mich erpressen und am Ende zwingen können, sie zu küssen oder mit ihr zu gehen, o Gott! Dann doch lieber alle zwei Wochen in der Kirche sitzen und sich während des Gottesdienstes überlegen, wen ich viel lieber küssen würde. Mir fielen einige ein. Meine Cousine Julia zum Beispiel, die zu meiner Konfirmation kommen würde, mit ihrer Schwester Andrea, die mir schon mal ihre Muschi gezeigt hatte, an einem Sommernachmittag in Österreich, in einer Scheune, im Heu. Wir waren zu viert gewesen, und jeder hatte gezeigt, wie es bei ihm so aussah: Julia war noch ganz blank gewesen und hatte keine Haare, mein Cousin hatte einen Ständer bekommen und begonnen, an seiner Vorhaut herumzuzupfen, er hatte sie vorgeschoben und dann weit zurückgezogen, hin und her. Und Andrea hatte gezeigt, dass sie Haare hatte, «einen Busch» hatte Julia das genannt, ein zartes Büschel dunkler Schamhaare bedeckte ihr Brötchen, ihre Sparbüchse, ihre Spalte, und sie hatte ihre flache Hand daraufgelegt, ein wenig herumgespielt, gerieben und zuletzt eine Zeigefingerspitze hineingeschoben.

In der Kirche, oft wurde schön gesungen, fiel das Licht an manchen Sonntagen schräg durch die Chorfenster, ungefähr so, wie es durch die Astlöcher in der Seitenwand der Scheune gefallen war. Vielleicht fiel der Lichtstrahl ja auf ein Mädchen in einer Bank weiter vorne. Ich saß selbstverständlich hinten.

Nach und nach wurden meine Cousins und Cousinen konfirmiert, das waren die aushaltbaren Familienfeste, ich sah alle Cousinen, was mich freute, denn ich war ja immer in mindestens zwei von ihnen verliebt: in Julia, Andrea, Theresia, Franziska, Hanna, Barbara, Gundula oder Verena. Oder in die amerikanische Andrea, die ich leider nicht so häufig sah. Nie konnte ich mich entscheiden, wer nun meine Lieblingscousine sein sollte – und natürlich hoffte ich immer darauf, dass eine von ihnen mir wieder etwas zeigen würde.

Getauft wurde ich dann kurz vor der Konfirmation, es ging in einem Aufwasch, mit wenig Wasser. Ich ließ es geschehen, während ich von einer revolutionären Geste träumte, malte mir eine Szene in der Kirche aus, in der ich vor dem Altar stehe und dann doch verzichte, sage: Lieber nicht. Dann fand ich es aber doch schön, dass so viele Cousinen gekommen waren, fast alle Tanten und Onkel und Andrea und Julia waren da, mir gefielen die Geschenke und das viele Geld, von dem ich mir ein neues Fahrrad kaufen konnte. Das schönste Geschenk allerdings war das Weltkriegs-Bajonett, das Seitengewehr, das der Bruder meiner Mutter mir schenkte, sehr spitz, blanker Stahl, der Griff mit eingelegtem Holz, schwarze Lederscheide, mit Messing beschlagen, die Klinge hatte eine Blutrinne.

Kurz nach meiner Konfirmation ruderte ich mit O. auf den Laacher See hinaus. Der Laacher See ist ein Maar, ein mit Wasser gefüllter Krater über dem Vulkan, der zuletzt vor ungefähr zwölftausend Jahre ausgebrochen war und alles Leben in der Umgebung unter einer meterdicken Ascheschicht begraben hatte. So einen Ausbruch wünschte ich mir herbei. Ich hatte das handtellergroße, flache Messingkreuz mit im Boot, das ich vom Pfarrer zu meiner späten Taufe geschenkt bekommen hatte, ich fand es so hässlich, ja es schaute mich so vorwurfsvoll und bedrohlich an, dass ich es unbedingt loswerden wollte, und zwar auf möglichst theatralische Art und Weise. Vielleicht hatte ich mal etwas vom Titicacasee gelesen, wie da geopfert wurde, jedenfalls warf ich das Messingkreuz, wir waren etwa auf der Mitte des Sees, einfach über Bord. Ich war erleichtert. Wir öffneten jeder eine Büchse Bier, stießen an, tranken sie leer, füllten sie mit Seewasser und ließen auch sie in den Kratersee sinken – obwohl wir wussten, dass das Umweltverschmutzung war.

Es gab eine Zeit, in der Bier mir nicht geschmeckt hatte, eines Tages jedoch lief mir kein kalter Schauer mehr über den Rücken, wenn ich während des Abendbrots einen Schluck aus dem Glas meiner Mutter oder dem Krug meines Vaters nippte. Mein Vater trank aus einem alten, angeblich wertvollen Glaskrug, dessen Klappdeckel aus Zinn er mit dem Daumen aufstellen musste. Hatte er ihn an seinen Lippen, bedeckte der Deckel seine rechte Wange und das halbe Ohr, es sah immer ein wenig so aus, als ob er mit seinem Bierkrug telefonieren würde.

Ich weiß nicht mehr, wann und wie es kam, dass mir Bier plötzlich schmeckte, erinnere mich jedoch, dass irgendwann weder meine Mutter noch mein Vater etwas dagegen hatte, wenn ich in einem Lokal zum Essen ein Bier bestellte, Kölsch durfte ich trinken, «Kölsch ist besser als Limo, besser als Zuckerwasser», sagte meine Mutter – da war die Phase des heimlichen Dosenbiertrinkens auf Klassenfahrten und der Nachmittage und Nächte mit Bier auf dem Steg am See fast vorbei. Meine Mutter war nicht nur der Meinung, dass Bier gesünder als Limo sei, ihr verdankte ich auch den ersten Rausch, an den ich mich erinnern kann. Ich hatte ihn am helllichten Tag in einem Café auf dem Bonner Münsterplatz, ich muss zwölf Jahre alt gewesen sein. Aus irgendeinem Grund, wahrscheinlich hatte ich das Getränk auf einem Nachbartisch verführerisch grün leuchten sehen, wollte ich, es war sehr heiß, unbedingt eine Berliner Weiße trinken. Meine Mutter erlaubte es. Den Pokal, den ich dann serviert bekam, leerte ich mit dem kurzen Strohhalm, der im Schaum steckte und immer wieder nach oben trieb. Das Angenehme dieses Getränks war, dass über dem bitterherben Geschmack des Bieres die schwere Süße des Waldmeistersirups lag. Als meine Mutter bezahlt hatte und aufgestanden war und auch ich aufstehen sollte, weil sie weitergehen und noch etwas besorgen wollte, merkte ich, dass alles anders war: Meine Beine befanden sich auf einmal über meinem Kopf und zeigten in den Himmel, und ich dachte, komisch, wie kann ich meine Füße so in der Luft halten, wieso falle ich nicht? Ich bewegte mich – flog – sehr langsam durch diesen Himmel, der sich unter oder über mir drehte, ich schwankte. Erstens wollte ich nicht abstürzen, und zweitens sollte meine Mutter nicht merken, dass ich, ich wusste es nun, betrunken war.

Nachmittags gab es nicht nur den Konfirmandenunterricht, nach der Schule war auch sonst viel los: montags sechste Stunde Chor, siebte Stunde Schulorchester, abends Fotolabor, dienstagnachmittags Klarinettenunterricht, dienstagabends Big Band, mittwochs Spielkreis und Chor, donnerstags Musikschulorchester, freitags siebte Stunde Schülerzeitung, später Klavierunterricht. Nach dem Klavierunterricht schaute ich gern Formel Eins, die Sendung mit den Musikvideos, *Lovecats* von The Cure und *Blue Monday* von New Order mochte ich am liebsten. *Thriller* von Michael Jackson dauerte fünfzehn Minuten, und einige der ARD-Rundfunkanstalten blendeten sich während der Übertragung aus, weil die Verantwortlichen der Meinung waren, was da gezeigt werde, sei für die Zuschauer zu gruselig. Mir gefiel, dass die Popmusik so wenig, ja so gar nicht zu dem *Album für die Jugend*, zur *Pathétique* und zu den *Kinderszenen* passte, mit denen ich mich in der Klavierstunde abgemüht hatte, wieder einmal hatte ich nicht geübt. Und mir gefiel, dass ich mit dieser harmlosen Musik allein dadurch, dass sie mir gefiel, meine älteste Schwester, meine Mutter und meine Klavierlehrerin provozieren konnte. Sie hielten Popmusik für trivialen, seichten Quatsch.

Meine Schwester übte jeden Tag stundenlang Klavier, unten, im Musikzimmer. Immer übte sie ihren Bach, damals wollte sie noch Pianistin werden. Hörte sich gut an, machte mir aber immer bewusst, wie faul ich war. Nicht dass ich mich ärgerte, ihretwegen nicht ans Klavier zu können, ich wollte ja gar nicht. Außerdem stand im Arbeitszimmer meiner Mutter noch ein zweites Klavier, das alte. Ihr ausdauerndes Klavierspiel sagte mir nur: Du könntest auch mal üben. Machte ich aber nicht.

Aufregend war es vor Musikschulkonzerten, alles flimmerte. Ich mochte es, unterwegs zu sein, obwohl wir zu den Auftritten schwarze, mit Sicherheitsnadeln befestigte Schleifen an unseren weißen Rollkragenpullovern oder Hemden tragen mussten. Schwarze Hose, weißes Hemd, so lautete die Parole. Derart verkleidet sangen wir den *Bolero* von Carl Orff, von Orff-Instrumenten begleitet, lalala lalalalalala lalalalalala laaaa lala lalalala la lalala ... Es gab keinen Text, wir sangen wirklich bloß «lalala». Wer Xylophon spielen durfte, war schon weiter als die, die nur sangen. Manchmal machten wir kleine Tourneen durch Orte im Landkreis, gaben Konzerte in anderen Städten am Rhein, einmal sogar in Mainz. Da war das Fernsehen dabei, und die damalige Kultusministerin Hanna-Renate Laurien sollte mitsingen, sie bekam ihre Zähne allerdings nicht auseinander. So wollte meine Mutter das gesehen haben.

Donnerstagabends fanden die Musikschulorchesterproben statt, Barbara, drei Jahre älter, und ich spielten am selben Pult Klarinette. Sie erzählte, dass sie mit ihrem Kunst-Leistungskurs nach Kassel fahre, auf Exkursion zu einer Ausstellung, die nur alle fünf Jahre stattfinde. Wie, nur alle fünf Jahre? Noch seltener als eine Fußballweltmeisterschaft? Da wollte ich dann auch mal hin.

Bei den Geigen spielte Katja, damals vierzehn, ein paar Jahre später war ich ihr Freund und sie meine Freundin. Kurz vor dem Abitur schliefen wir miteinander, zuvor waren wir gemeinsam bei ihrer Frauenärztin gewesen, die ihr die Pille verschrieb. Meistens fuhren wir in dem gold-braun-metallicfarbenen Golf II ihrer Mutter durch die Gegend, fuhren am Rhein entlang und hörten dabei immer nur eine Kassette, immer wieder David Bowie, *Helden* war unser Lied: «Ich / Ich glaub' das zu träumen / Die Mauer / Im Rücken war kalt / Schüsse reißen die Luft / Doch wir küssen / Als ob nichts geschieht.»

In Berlin wäre alles ganz anders, dachten wir. Wir wollten nach Berlin.

Bei anderen

Störis hatten ein größeres Wohnzimmer und einen größeren Kamin. Johannknechts den größeren Garten. Se hatte mehr Playmobil, aber fast kein Lego. Mittlers hatten ein Schwimmbad im Garten, Nuppeneys ebenfalls. Bei Schaufelbergers, das wurde später wichtig, stand ein Billardtisch im Anbau. Elms hatten einen Fernseher in der Küche, das hatte ich bisher nur bei Grandma in England gesehen, dort aber war sowieso alles anders.

Bei manchen Freunden gab es seltsame Sachen zu essen. Margarine? Wer aß denn so etwas? Coca-Cola zum Abendessen? Wäre bei uns unmöglich gewesen. «Weißt du, wie viel Zucker da drin ist?» Hier und dort standen Milchtüten auf dem Tisch, meine Mutter hätte einen Anfall bekommen. In vielen Häusern wurde geraucht, in der Küche, im Wohnzimmer, im Schlafzimmer, bei uns nicht. Mein Vater rauchte mitunter Pfeife, das durfte er allerdings nur auf der Terrasse. Nachdem der Pfeifenraucher Helmut Kohl den Pfeifenraucher Helmut Schmidt als Bundeskanzler abgelöst hatte, rauchte mein Vater nur noch Zigarillos, meist im Urlaub oder während einer Familienfeier.

Bei Schaufelbergers wurde immer mit Silberbesteck

gegessen, «Sie haben eben so viel davon», sagte meine Mutter. Bei uns wurde das Silber nur sonntags benutzt. Es durfte nicht in die Spülmaschine, musste also mit der Hand gespült werden und war deshalb nicht beliebt bei uns Kindern, sonntagabends mussten ja wir den Abwasch erledigen. Es machte aber Spaß, das saubere Besteck in den großen, mit Samt ausgeschlagenen Kasten in der Besteckschublade zu räumen, jedes Messer, jede Gabel, jeder Löffel hatte seinen festen Platz. Was versteckte sich eigentlich unter dem Samt?

Das gute Geschirr stand in der Biedermeier-Anrichte, die mein Vater von einer seiner Tanten geerbt hatte. Für Tee gab es ein eigenes Service, «Warum eigentlich, Mama? Wieso nicht das Kaffeeservice für Tee? Braucht man für Tee wirklich dünnwandigere Tassen? Schmeckt er dann besser?» Vielleicht war es wirklich so.

Fast alle Freunde wohnten in Häusern. Manche hatten kleine Gärten, andere hatten riesige Gärten. Niemand, nur Birte, die im Hochhaus wohnte, hatte keinen Garten. Einer meiner Klassenkameraden wohnte in einem Fertighaus-Bungalow. «Die wohnen in einem Fertighaus!» Unsere Nachbarin konnte das so sagen, dass es sich wie «Die leben auf der Straße!» oder «Die hausen in einem Wohnwagen!» anhörte. Um diesen Fertighaus-Bungalow herum war nichts angelegt worden, es kam, anders als bei uns, kein Gärtner, um die Sträucher zurückzuschneiden, da war nur Rasen, Rasen bis an den Rand des Bürgersteigs. Keine Bäume, keine Blumen, keine Beete – nichts. Es gab noch nicht mal einen Zaun. In dieser Stadt, in unserer Gegend zumindest, versuchten doch alle, einander mit ihren Gärten zu übertreffen, es herrschte ein Garten-Wettbewerb – wer hat den größten und bestduftenden Flieder- oder Holunderstrauch, die früheste Kirschblüte, den hellsten Goldregen, was weiß ich. Erst Jahre später in Amerika habe ich das wieder gesehen, Häuser, um die herum nur Gras wächst, sonst nichts.

Der Junge, der in diesem traurigen Bungalow wohnte, hieß Peter. Wir nannten ihn aber Popel, weil er so gern in der Nase popelte und seine zu ebenmäßigen Kugeln geformten Popel, der Größe nach sortiert, auf seinem Schulpult auslegte, bevor er sie aufaß. Ich nehme an, er wollte damit beeindrucken.

Dabei bohrten ja auch andere nicht ungern in der Nase, ich zum Beispiel, meine Schwester schrie, wenn sie das sah, in der Schule aber hielt ich mich zurück, ich wollte nicht dabei beobachtet werden. Popel hingegen hatte keine Hemmungen, er bohrte überall und öffentlich in der Nase, deshalb hieß er, wie er hieß, was vielleicht auch mit seiner Ungepflegtheit zu tun hatte, meist kam er ungekämmt in die Schule, manchmal ohne Jacke. War seine Mutter nicht aufgestanden? Hatte sie ihn nicht geweckt, ihm nicht die Haare gekämmt? Meine Mutter, mir ging das auf die Nerven, achtete immer auf all diese Dinge.

Eines Tages hörte ich eine Erklärung: Popels Mutter habe Depressionen! Meine Mutter sagte, ich solle nett zu Popelpeter sein. Ihn mal einladen, ihn in unserer Bande mitmachen lassen. Wollten wir aber nicht.

Die Mutter eines Freundes war Lehrerin, meine Schwester hatte sie im Unterricht. Der Vater eines anderen Freundes war Braumeister in einer Brauerei, er bekam Haustrunk, zwei oder drei Kästen Bier im Monat. Die Mutter eines weiteren Freundes war Professorin. Ein anderer Freund durfte nicht verraten, was sein Vater machte, er durfte bloß sagen, sein Vater sei bei einer großen Behörde in Köln beschäftigt – also wusste jeder, dass er beim MAD arbeitete. Nein, nicht bei dem Satiremagazin, das ich mir jeden Monat kaufte, weil ich mich fast totlachte, wenn ich es las, nein, er arbeitete beim Militärischen Abwehrdienst.

Eine, die mit mir in eine Klasse ging, sagte, ihr Vater sei auf dem Elefantenfriedhof beschäftigt. Das verstand ich nicht, bis sie mir erklärte, das sei Bundeswehr-Jargon für eine Militärbehörde, in die hohe Offiziere abgeschoben würden.

Der Vater einer Freundin meiner mittleren Schwester war Hubschrauberpilot bei den Heeresfliegern, ich kannte ihn aus dem Segelclub. Er lief auch in seiner Freizeit immer im orangefarbenen Fliegeroverall herum, auf der Brusttasche war sein Name aufgestickt. Seine Flieguhr trug er über dem Ärmel.

Der Vater meines besten Freundes war am Bau des Atomkraftwerks beteiligt, in seiner Gegenwart durfte allerdings nur *Kernkraftwerk* oder *KKW* gesagt werden, das klang sicherer und sauberer. Es stand nur zwei Rheindörfer weiter, ungefähr da, wo Caesar mit seinen Legionen den Rhein überquert hatte, wie unser Lateinlehrer bald jede dritte Stunde wiederholte. Von unseren Dachfenstern aus war es gut zu sehen, sein Kühlturm war neben Schlossruine, Rundem Turm und Altem Krahn ein weiteres Wahrzeichen der Gegend.

Wieso ausgerechnet dort ein Atomkraftwerk errichtet

wurde? Konnte mir niemand sagen. Galt ja mal als Symbol des Fortschritts, ein Atomkraftwerk, Gemeinden bewarben sich darum, wollten eines haben. Der Rhein lieferte Kühlwasser, da konnte schon mal übersehen werden, dass es sich um seismisch prekäres Gebiet handelte.

Erst als es fertig war und schon im Probebetrieb gelaufen war, stellte sich heraus, dass es für dieses Kraftwerk keine gültige Betriebserlaubnis gab. Insgesamt produzierte es nur ein halbes Jahr Strom, dann begann der Rückbau der Atomruine, auch daran war der Vater meines besten Freundes beteiligt. Ein Lebenswerk.

Im Auto

Immer fuhren wir irgendwohin. Ausflüge, Verwandten-
besuche, zum Einkaufen, in andere Städte. An die Mosel,
in die Eifel, nach Belgien, Frankreich oder Luxemburg. Im
Sommer nach Italien, nach Österreich sowieso. Später öfter
nach England, das war abenteuerlich, weil wir in Rotter-
dam oder in Calais mit dem Auto in den Bauch der Fähre
hineinfuhren, es dort abstellten und dann überall auf dem
Schiff herumlaufen, aufs Wasser schauen und in den Ärmel-
kanal spucken konnten – gegen den Wind blieb die Spucke
im Gesicht kleben. Meistens hingen wir an den Automaten
herum und spielten Space Invaders. In die DDR fuhren wir
nie.

Papa raste gern, 180, 190, 200. Auf einer Fahrt bis zur
Schweizer Grenze überholte uns nur ein einziges Auto,
ein Porsche Carrera. «Und den», sagte mein Vater, «hätte
ich auch wieder erwischt, wäre er nicht abgefahren.» Der
neue Audi fuhr 220 ka-em-ha, die Tachometernadel stand
bei Überholmanövern bei fast 230, die Anzeige ging bis 240,
aber mein Vater sagte, der Tachometer zeige immer mehr
an, als das Auto tatsächlich fahre. «Warum, Papa?»

Beim Schnellfahren hatte ich manchmal Angst, etwas könnte kaputtgehen, ein Teil herabfallen oder etwas vor uns auf der Straße liegen, sodass der Wagen sich überschlüge und wir alle tot wären. Einmal hatten wir eine Reifenpanne, in Österreich auf einer Landstraße, es regnete fürchterlich. Mein Vater schaffte es nicht, das Rad zu wechseln, es fehlte der Schraubenschlüssel. Er ging zu Fuß ins nächste Dorf, wir warteten.

Deutsche Autos waren die besten. Der Welt. Deutschland hatte Porsche und Mercedes, BMW gehörte damals noch nicht uneingeschränkt zu den guten Marken. Es gab auch italienische Autos, die mir gefielen: Lancia und Alfa Romeo. Citroëns sahen aus wie von einem anderen Stern, sie kamen aus Frankreich und hatten eine besondere Federung. Dass eine Ente, ein 2CV, auch ein Citroën war, wunderte mich. Viele von ihnen hatten auf ihrer Heckscheibe diesen Aufkleber mit dem Spruch: «Ente ist schneller als Käfer.»

Beim Autoquartett gewannen meist die großen amerikanischen Straßenkreuzer, die Riesenschlitten mit ihren zwölf Zylindern. Deutsche Autos waren jedoch schneller, außerdem verloren die Cadillacs und Chevrolets in der Kategorie Verbrauch.

Waren wir im Auto unterwegs, lief das Radio. Oder es schaltete sich ein, wenn Verkehrsmeldungen kamen. Wie das funktionierte, fragte ich meinen Vater.

«Sie senden einen Ton in einer bestimmten Frequenz, und dieser Ton schaltet das Autoradio ein.»

«Ach so.»

Immer mal wieder, meist zur Ferienzeit, waren Reiserufe zu hören: Eine Familie, unterwegs in einem dunkelgrünen VW Golf mit dem amtlichen Kennzeichen xy, solle sich bitte zu Hause melden. Wenn ich so etwas hörte, fragte ich mich, was wohl passiert war. Hieß das, jemand war gestorben? Oma tot? Opa tot? Oder hatten sie bloß etwas zu Hause vergessen?

Wie schön es gewesen sein muss, so unerreichbar zu sein. Wegzufahren und derart aus der Welt zu sein, dass man nur noch per Radio-Reiseruf erreichbar war. Wie einfach es einmal war zu verschwinden.

Westdeutschland war Autoland, lebte von Autos, vom Autoexport. Die Automobilindustrie war der mit Abstand bedeutendste Industriezweig. Dem Auto wurden ungeheure Monumente errichtet: hohe Autobahnbrücken, die weite Täler überspannten, vielspurige Schneisen durch historisch bebaute Stadtgebiete, Parkhäuser in Innenstädten, Tiefgaragen, die sich wie riesige Grabkammern unter Marktplätzen und Fachwerkhäusern erstreckten. Das Auto war der Fetisch unserer Kultur, dabei waren es primitive Autos ohne Katalysatoren und Abgasfilter, ohne Seitenaufprallschutz und Antiblockiersystem, ohne Procon-ten, Spurhaltehilfe, Airbags, Rückfahrkamera und aktive Einparkhilfe. Um ein Fenster herunterzulassen, musste ich tatsächlich kurbeln! Manchmal wundere ich mich, dass wir die langen Fahrten in unseren unsicheren Autos überlebt haben. Dass wir überhaupt überlebt haben, in unserem Audi ohne Kindersitze und Gurte hinten – mein Vater hatte sie herausgeschnitten –, wir saßen immer einfach so auf der Rückbank, die Mädchen im Kombi-Kofferraum. Niemand hat sich daran gestört.

Mama hatte einen Käfer, dann einen weinroten Golf

Cabrio mit cremefarbenem Verdeck, dann den Pajero, den sie nicht besonders mochte, sie verkaufte ihn bald wieder. Papa fuhr zwischen den Audis einen Mercedes Kombi, des großen Kofferraums wegen, später einen Quattro, «Vorsprung durch Technik» hatte er verinnerlicht. Wozu brauchte er einen Vierradantrieb? Wollte er vielleicht eines Tages nach Russland rollen? Um nach seinen gefallenen oder in Gefangenschaft umgekommenen Onkeln zu suchen?

Obwohl er ein Auto hatte, fuhr er selten damit zur Arbeit, meist ging er zu Fuß zum Bahnhof, sagte: «Die Bewegung brauche ich», und nahm, es war nicht weit, die Bahn nach Bonn ins Büro. So konnte er Zeitung lesen, täglich die *Frankfurter Rundschau*, montags den *Spiegel*, sonst *Chip, Computer persönlich* oder ein Buch.

Eines Tages sollte ich das Auto meines Vaters saugen. Das machte ich nicht ungern, ich bekam die Schlüssel und konnte hinter dem Lenkrad sitzen und so tun, als ob ich fahren würde, ich betätigte sämtliche Hebel und Schalter und begann, mich für den Zigarettenanzünder zu interessieren. Wie funktionierte der? In Benutzung hatte ich ihn noch nicht gesehen, in diesem Auto rauchte niemand. Ich drückte ihn hinein, wartete, er sprang heraus, ich nahm ihn in die Hand und sah, dass die Metallringe rot leuchteten. Versucht, mit der Fingerkuppe zu prüfen, wie heiß das glühende Metall war, hielt ich mich jedoch zurück, presste es stattdessen auf die Mittelkonsole neben dem Armaturenbrett. Es zischte und roch verbrannt, ein schönes Muster konzentrischer Ringe entstand auf der Verkleidung. Ich setzte gleich noch ein Ringmuster daneben, stempelte ein Ornament. Gefiel mir ganz gut. Meinem Vater, er entdeckte es am nächsten

Tag, gefiel es leider nicht so gut. Er sagte, ich hätte sein Auto ruiniert, den Wiederverkaufswert herabgesetzt.

Meine älteste Schwester hatte ihren Führerschein gerade mal eine halbe Stunde, da überfuhr sie zwei Fasane, die glaubten, vor uns die Autobahn überqueren zu müssen. In ihrer Aufregung – mein Vater rief vom Beifahrersitz: «Nein, du kannst nicht ausweichen, nicht mit hundertzwanzig, halt drauf!» – schaltete sie versehentlich vom fünften in den zweiten Gang. Ein hässliches Kreischgeräusch ertönte, der zweite Gang war kaputt, sonst aber alles in Ordnung, das Auto rollte. Einige Stunden später, wir wollten gerade bei meinem Onkel vom Hof fahren, sagte der: «Wartet mal, unten hängt was!» Und siehe da, einer der beiden Fasane baumelte noch im Lenkgestänge. Gerupft war er schon, er war ja vierhundert Kilometer mitgeschleift worden. Als mein Onkel uns einige Wochen später besuchte, brachte er den zubereiteten, tiefgefrorenen Fasan in einer Tupperdose mit, schmeckte gut. Meine Schwester fuhr nicht mehr gerne Auto.

Ferien

In den Urlaub sind wir fast immer mit dem Auto gefahren. Nur nach Bulgarien sind wir einmal geflogen, meine Mutter, meine älteste Schwester und ich – daran kann ich mich allerdings nicht erinnern. Nie sind wir alle zusammen irgendwohin geflogen, es wäre zu teuer gewesen, es gab noch keine Billigflieger. Später sind wir mit zwei Autos gefahren, wir waren ja viele.

Wie mein Großvater mit der Wehrmacht durch Europa gerollt war, rollten wir in unserem Audimercedesgolf durch Belgien nach Frankreich, über Österreich nach Italien und in die Schweiz. Bis in die Schweiz waren deutsche Panzer allerdings nie gekommen.

Die Autosituation war die Familiensituation per se. Nie saßen wir dichter zusammen, nie waren wir auf engerem Raum beieinander – selbst am Esstisch im Esszimmer hielten wir mehr Abstand. Der Autoraum produzierte das Familiengefühl, wer im selben Auto saß, war eine Familie, auf dem Weg zu Verwandtenbesuchen, zu Kaffee und Kuchen, unterwegs zum Ausgangpunkt irgendeiner Wanderung.

Einmal, ich muss zehn oder elf gewesen sein, wollten wir von Grado an der Adria einen Tagesausflug nach

Venedig machen. Wir kamen bis Mestre, dann fing es an zu regnen. Bald schüttete es so sehr, dass meine Mutter anhalten musste. Wir blieben im Auto und warteten ab. Die Regentropfen trommelten aufs Dach und auf die Windschutzscheibe, wir konnten uns nur schreiend verständigen. Manchmal ließ der Regen für einen Moment nach – nur um dann wieder stärker zu werden. Wir aßen den vom Hotel eingepackten Proviant: Salami, sehr großzügig in Scheiben aufgeschnitten, ein wenig Brot. Wir aßen und tranken und unterhielten uns über Venedig, saßen eng beieinander, bis mein Vater die Geduld verlor. Da es nicht aufhörte zu regnen, fuhren wir nach Grado zurück. Venedig, meine Mutter sagte: «Die Stadt aller Städte», habe ich an diesem Tag nicht gesehen.

Andere Male fuhren wir mit dem Zug. Auf der Rheinstrecke hinauszuschauen und die Burgen zu zählen war ein beliebtes Spiel. Warten, bis die Loreley vor dem Fenster auftaucht. «Ich weiß nicht, was soll es bedeuten», sagte meine Schwester dann, sagte sie gerne. Schon kam die Pfalz bei Kaub im Rhein. Warum musste Blücher hier über den Rhein und Napoleon schlagen? Wäre er doch drüben geblieben, auf der anderen Seite. Alles hätte so schön werden können, dachte ich, wir wären vielleicht Franzosen geblieben.

Es gab auch die langen Bahnfahrten zur Großmutter nach Österreich. Oder die mit dem Nachtzug zum Skifahren, nach München und weiter nach Tirol. Im Schlafwagen durfte ich Limonade trinken, meist gab es Bluna, ich trank sie oben auf dem schmalen Bett. Und musste mir danach nicht mehr die Zähne putzen.

1982 oder 1983 im Winter, ich war mit meinem Vater im Schlafwagen über Innsbruck nach Samnaun gefahren, traf ich im Skilift, wir saßen nebeneinander im Doppelsessel, einen Jungen, ungefähr so alt wie ich, womöglich ein wenig jünger. Wir unterhielten uns, und weil ich seine Art zu sprechen nicht kannte, fragte ich ihn, ob er aus der Schweiz sei, vielleicht versuchte er ja, Hochdeutsch zu sprechen? Zu meinem Erstaunen antwortete er mir, er sei aus der DDR. Wie, aus der DDR? Aus der DDR und trotzdem zum Skifahren in der Schweiz? Wie ging das denn zusammen? Seine Skikleidung sah ein bisschen gestrig aus, die Ski von Völkl jedoch nicht. Ich fragte, ob er aus der DDR geflüchtet sei. Nein, nein, sagte er, er fahre nach Berlin zurück, nach Ost-Berlin, das sei die Hauptstadt der DDR.

«Ich war schon mal in Berlin», sagte ich. «In West-Berlin.»

Dass ich auch in Ost-Berlin gewesen war und viele Ruinen gesehen hatte, sagte ich nicht. Ich dachte: Es muss ein Bonzen- oder Diplomatenkind sein, wieso darf er sonst zum Skifahren in die Schweiz? Die Staatsbürger der DDR dürfen doch nicht heraus, sie sind doch alle eingesperrt – so lernten wir es in der Schule. Vielleicht aber war es für ihn gar nicht so schrecklich dort, denn sonst wäre er sicher hiergeblieben, oder? Wieso blieb er nicht einfach hier? Für immer in einem Skigebiet? Wir haben dann keine Adressen ausgetauscht, sind keine Brieffreunde geworden.

Bis zur Klassenfahrt in die DDR blieb das nicht das einzige Mal, dass mir jemand von drüben begegnete. In Italien, an der Adria, fand nicht weit von dem Ort, in dem wir die Sommerferien verbrachten, eine Europameisterschaft im Gewichtheben statt. Wahrscheinlich aus Langeweile ging mein Vater mit mir dorthin, es gab nicht viel Publikum in der kleinen Halle, es knallte, wenn die gestemmten Gewichte wieder auf den Boden fielen. Am Rande dieser Veranstaltung kam mein Vater mit einem Mann in einem hellblauen DDR-Trainingsanzug ins Gespräch, er stellte ihm Fragen zu seiner Sportart, Reißen, Stoßen, «Und wie viel trainieren Sie?» Der Mann in Hellblau antwortete höflich, ich aber bemerkte, dass diese Fragen für meinen Vater nur ein Vorwand waren – er wollte den Mann reden hören, wollte ihn zum Sprechen bringen.

In einem anderen Sommer durfte ich mit meiner Mutter nach Berlin fliegen. Im Jahr zuvor hatte meine älteste Schwester mitfliegen dürfen, diesmal war ich an der Reihe, Papa war schon dort. Vom Flughafen Köln/Bonn ging es nach Berlin-Tegel, vom einen neu erbauten Flughafen zum anderen. Während des Fluges durfte ich, damals noch erlaubt, die Piloten im Cockpit besuchen, ich staunte über all die Instrumente. Danach wollte ich wahrscheinlich Pilot werden.

Schon beim Landeanflug sah ich die Mauer mit den Sperranlagen und war beeindruckt. Da konnte ja wirklich keiner rüber! Bisher hatte ich mir immer ausgemalt, wie ich versuchen würde, über die Mauer zu klettern, wäre ich im Osten eingesperrt. Mit einer Leiter? Mit einem Seil? Mit einer Strickleiter? Mit Saugnapfschuhen? Mit Sprungfedern oder einem Ballon? Mit einem Düsenanzug oder durch einen langen Tunnel drunter durch? Ich hatte viele Donald-Duck-Ideen, jetzt aber sah ich: Vielleicht war es gar nicht so leicht.

Wir besuchten meinen Vater, der in Berlin zu tun hatte und in einer Wohnung in Wilmersdorf wohnte, gingen über den Ku'damm, gingen ins KaDeWe, fuhren nach Dahlem ins Museum für Völkerkunde und bewunderten im Europa-Center, damals, 1980 oder 1981, noch fast neu, die Wasseruhr. Auf dem Kurfürstendamm hielt ich Ausschau nach Christiane F. Ich wusste nicht, dass ich den Kurfürstendamm mit der Kurfürstenstraße verwechselte. Dort hätte ich nach Fixern (und Fickern) Ausschau halten müssen.

An einem der Tage brachen wir früh auf und fuhren nach Ost-Berlin, um an einer geführten Stadtrundfahrt teilzunehmen. Mir kam es wie eine Ruinenrundfahrt vor. Hatte es kurz nach dem Krieg so ausgesehen? War der Krieg hier vielleicht noch nicht zu Ende? «Dieses Gebäude wird bald rekonstruiert», hieß es immer, wenn wir an einer Ruine vorbeifuhren, aus der Bäume wuchsen. Die Reiseführerin, eine linientreue ältere Dame, Typ strenge Lehrerin, sagte *rekonstruieren* und meinte offenbar renovieren. Ihr Deutsch klang wie eine andere Sprache.

Meine Mutter fragte, wann denn mit den Renovierungen begonnen werde, sie wollte wohl ein wenig provozieren. Und als wir zum Mittagessen in ein Ausflugslokal gefahren wurden, weit draußen, an einem See, es war sehr grün, fragte sie, ob die Ost-Berliner hier mit der U-Bahn hinfahren könnten. Sie wusste selbstverständlich, dass es nur eine Straßenbahn gab, die zudem wie eine Vorkriegsstraßenbahn aussah, während in West-Berlin fast wöchentlich neue U-Bahnhöfe mit psychedelischen Kachelmustern an den Wänden eröffnet wurden.

In dem Ausflugslokal, das vielleicht am Müggelsee lag

und in dem es eigentümlich roch, trank ich eine Cola, die ein bisschen gruselig, fast wie Putzmittel schmeckte. War das Club-Cola? Ich war elf Jahre alt, in meiner Erinnerung blieb es das fieseste Getränk der Welt.

Jahre später habe ich den mir bis dahin unbekannten, süßlichen Duft, der in dem Ausflugslokal hing, dann wieder gerochen: Es war Braunkohleduft, Hauptbestandteil des Ost-Berlin- und DDR-Geruchs.

An einem der Abende blieb ich allein in der Wilmersdorfer Wohnung, meine Eltern gingen in die Oper. Ich aß die vorgeschmierten Brote, saß vor dem Glotzophon, schaltete hin und her und fand ein Programm, das ich nicht kannte. Es wurde zwar Deutsch gesprochen, aber was war da los, alles wirkte so anders, wie sahen die denn aus, und wie redeten die? Ein Paralleluniversum? Ich wunderte mich, bis ich endlich darauf kam: Das war das Fernsehen der DDR! Ich schlief vor dem Fernseher ein, mein Vater musste mich später, ich wachte kurz auf, ins Bett tragen.

Gegen Ende meiner Schulzeit war ich anlässlich eines Kirchentages dann wieder in Berlin. Ich hatte mich der Kirchentagsgruppe der Schule angeschlossen, weil die Kirchentagsgruppe während der Schulzeit für fünf Tage nach Berlin fahren durfte. Dafür nahm ich es in Kauf, ein- oder zweimal in die Kirche gehen zu müssen. Anfahrt mit dem Bus, diesmal über Helmstedt, Transitstrecke. Wir schliefen in einem Gymnasium in Neu-Westend, so tief im Westen der Stadt, dass es fast schon wieder Osten war. Die Schüler hatten Willkommensgrüße auf die Tafel geschrieben und gemalt, sie freuten sich – weil wir in ihrem Klassenzimmer schliefen, fiel auch für sie der Unterricht aus.

Auf dem Kirchentag freundete ich mich mit einer Kindergottesdiensthelferin aus Traben-Trarbach an, ihr blonder Pferdeschwanz wippte immerzu auf und ab, wenn sie sich bewegte. Wir knutschten auf dem Oberdeck des Busses, der die Heerstraße entlangfuhr, auf einer Sitzbank ganz vorne, und schliefen am Abend in ihrem Schlafsack miteinander, leise; ich kam, viel zu aufgeregt, sehr schnell. Es solle aber eine einmalige Sache sein, sagte sie, sie habe ja einen Freund. Ich hatte, nur um mich interessanter zu machen, behauptet, eine Freundin zu haben. Stimmte aber nicht.

Die DDR spielte für mich keine Rolle. Die DDR gab es für mich nicht, sie kam ja nicht im Fernsehen und nie in Filmen vor. Ich interessierte mich für England, für Frankreich, für Amerika sowieso und für Mexiko. Die DDR? Nein danke.

Auf einem Schüleraustausch in Frankreich blätterte ich durch das französische Deutsch-Lehrbuch, das die Schüler dort verwendeten, und war verwundert, als ich sah, dass es im landeskundlichen Teil auch einige Seiten über die DDR gab. Was hatte die denn da verloren? Frankreich grenzte doch gar nicht an die DDR, wieso sollten französische Schüler sich für dieses Land, das es eigentlich nicht gab, interessieren? *Wir* waren doch ihre Freunde, *wir* waren ihre Verbündeten, immer war von deutsch-französischer Freundschaft die Rede, Élysée-Vertrag, Adenauer und de Gaulle, Kohl und Mitterrand, Händchen haltend in Verdun. Ich war fast ein wenig beleidigt.

Aber es gab die DDR ja doch, bei Sportübertragungen zum Beispiel. Bei Fußballweltmeisterschaften, zumindest bei denen, die ich verfolgt hatte, trat sie zwar nicht in

Erscheinung, bei Olympischen Spielen und Leichtathletik-Weltmeisterschaften jedoch war sie sehr präsent. Immer gab es zwei Deutschlands bei den Olympischen Spielen, die Spiele in Moskau 1980 und die in Los Angeles 1984 ausgenommen. Nach Moskau fuhren nur die Athleten aus der DDR, der Westen boykottierte die Spiele, weil die Sowjetunion in Afghanistan einmarschiert war. Das reichte in diesen Zeiten des Kalten Krieges also aus, um die Olympischen Spiele zu boykottieren, ein Einmarsch in Afghanistan.

Und für wen war ich, wenn eine Übertragung der Olympischen Spiele im Fernsehen lief? Es war kompliziert, weil ich mir ja einbildete, auch Österreicher zu sein, und bei fast allen Wintersportarten war es so viel leichter, für Österreich zu sein. Meine Großmutter zählte westdeutsche und österreichische Medaillen zusammen und erstellte sich so ihren ganz eigenen Medaillenspiegel. Und die Ostdeutschen, hat sie auch die eingemeindet? Nein, keine Kommunisten, mit denen wollte sie nichts zu tun haben. Ich glaube, die rechnete sie zu den Sowjets.

Wer hat sich, solange es sie gab, überhaupt für die DDR interessiert? Irgendjemand außer den traurigen, freigekauften Figuren, die durch westdeutsche Schulen tingelten und Horrorgeschichten von drüben erzählten, von nicht so schönen Aufenthalten in Bautzen? Also doch, sie existierte, es gab das Reich des Bösen, die Unterwelt nebenan, das Schattenreich der Halbtoten, der Zombies der Geschichte. Dort lebten die, für die der Krieg nicht so gut ausgegangen war, die Eingesperrten, die ihre Zone nur als DDR-blau verpackte Leichtathletinnen und verdächtig männlich-muskulöse Schwimmerinnen verlassen durften. Die DDR schickte ihre gefürchteten Sportroboter der Armee- und Stasisportclubs, Gold-Terminatoren aus der Gegenwelt, einer Gegenwelt, die es wohl geben musste, damit wir unser Westdeutschland zum Paradies erklären konnten.

Ich glaube, die DDR entstand erst, als sie vorbei war. So richtig gibt es die DDR erst, seit es sie nicht mehr gibt. Solange sie existierte, hat sich kaum jemand für sie interessiert.

Wir fingen an zu trampen, mal O. und ich zusammen, mal jeder für sich. In die nächstgrößere Stadt, an den See. An der Straße stehen, Daumen raus, warten. So viele Autos fahren vorbei, dann aber hält doch immer wieder jemand an, der Kitzel, die Aufregung, sich von Fremden mitnehmen zu lassen. Im Prinzip hätten wir überall hinkommen können. Nach Berlin. Oder nach Frankreich. Für Frankreich interessierten wir uns sehr.

In den Sommerferien kauften O. und ich uns eine Fahrkarte nach Straßburg, wollten aber in Wirklichkeit viel weiter. Wir blieben einfach im Nachtzug sitzen, taten, als ob wir verschlafen hätten – der Schaffner warf uns irgendwann, schon tief im Süden, hinaus. Von da an trampten wir und gingen zu Fuß, unsere Rucksäcke drückten, sie waren zu schwer. Auf einer Landstraße packten wir sie in einen Einkaufswagen und schoben den einige Kilometer, er ratterte und fuhr nie geradeaus, ihn zu ziehen fiel leichter, dann aber war uns auch das zu anstrengend. Auf einem Parkplatz trafen wir zwei Männer, die an einem Peugeot 205 herumhantierten. Sie fragten uns, wo wir hinwollten. «Ans Meer», sagten wir, und sie boten an, uns mitzunehmen. Wir freuten uns und stiegen ein.

Was uns ein wenig verunsicherte, war, dass der eine, der Wagen war schon angefahren, zwei Nummernschilder aus dem Fenster warf. Wir palaverten ein bisschen, der eine sprach sogar ein paar Brocken Deutsch, dann machte O. mir auf der Rückbank beunruhigende Zeichen. Kehle durchschneiden? Meinte er, sie wollten uns abmurksen? Wir ließen uns absetzen, und O. sagte, ein riesiges Messer habe vorne auf der Ablage gelegen. Wir überlebten die Nacht im Vorgarten eines leer stehenden, aber fest verschlossenen Hauses, hinter einem niedrigen Mäuerchen. Einen Tag später erreichten wir das Meer und schliefen auf einer kleinen Halbinsel zwischen Felsen, bevor wir auf einen Campingplatz weiterzogen. Freunde kamen nach, wir hatten uns verabredet.

Am Strand von Le Lavandou fielen mir zwei schlanke Französinnen auf, die oben ohne auf einer Decke lagen, beide in unserem Alter. Die eine las eine französische Ausgabe des *Malte Laurids Brigge*, die andere Platon, *Das Gastmahl*. Ich war sofort in beide und in ihre Nippel verknallt. Am zweiten Tag fragten sie uns nach Feuer, obwohl sie, wie mir später auffiel, nicht rauchten. Die ältere, dunkel gelockte hieß Sophie, die jüngere, die Platonleserin, hatte glattes dunkelblondes Haar und hieß Marion. Sie waren Schwestern und kamen aus Paris, also von einem anderen Planeten, trotzdem freundeten wir uns an, und sie nahmen O. und mich auf ihren Mofas mit, wobei wir uns, was blieb uns anderes übrig, an ihnen festhalten mussten. Wir radebrechten miteinander, ihre Eltern hatten ein Haus in den

Hügeln gemietet, O. und ich schliefen auf dem Camping-platz im Zelt.

Für die Rückfahrt durch Frankreich kauften wir uns Sparfahrkarten, die wir allerdings nicht entwerteten, bevor wir den Zug bestiegen; wir wollten sie in Straßburg schein-bar unbenutzt zurückgeben und uns erstatten lassen. Dem französischen Schaffner, der uns kontrollierte, gefiel das nicht, wir stellten uns dumm, gaben vor, ihn nicht zu ver-stehen. Ein älterer deutscher Mann in unserem Abteil über-setzte und versuchte uns zu erklären, was wir ja eh wussten: Wir hätten die Fahrkarten entwerten müssen. Der Schaffner knöpfte uns als Strafe unsere letzten Münzen ab, vier Zehn-Franc-Stücke waren noch darunter, der ältere Herr ließ sich nicht davon abhalten, den Rest dazuzulegen, er sagte: «Wir Deutsche müssen doch zusammenhalten.» Ach ja? Er meinte es nett, er wollte uns helfen, trotzdem leuchtete mir sein Satz nicht ein, er bereitete mir Unbehagen. Wollte er uns nur helfen, weil wir Deutsche waren? Dann wäre es mir lieber gewesen, er hätte uns nicht geholfen. Was hatten wir denn gemeinsam? Und warum sollten wir zusammenhal-ten?

Niemandsland

Als ich neun oder zehn war, fuhren mein Vater und ich mit den Rädern am Rhein entlang, auf dem Weg oberhalb der Schienen. In der Betonstützwand auf der Bergseite fielen mir quadratische, mit aufgeschraubten Betonplatten verschlossene Aussparungen auf, die Muttern blinkten im Sonnenschein. Geheimgänge? Nur ein kleines Kind hätte da hineinkriechen können. «Was ist dahinter, Papa?», fragte ich, «wohin führen die Gänge? In Grabkammern rein? Liegen da Schätze?»

Mein Vater überraschte mich mit der Auskunft, es handele sich um Sprengschächte. Hier sei eine strategisch wichtige Stelle, an der sich das Rheintal leicht blockieren lasse, wichtig, um einen eventuellen Vormarsch der Roten Armee nach Norden aufzuhalten. Oder wenigstens zu verzögern. «Im Falle des Falles werden der Berg und die an seiner Flanke herumgeführte Bundesstraße gesprengt. Die Trümmer der Brücke und des nachrutschenden Berges sollen dann die Bahnstrecke, die Uferstraße und das halbe Flussbett versperren.» Ich verstand. Die Panzer des Warschauer Paktes hätten sich einen anderen Weg suchen müssen. Vielleicht die vier- bis sechsspurige Autobahn durch die Eifel?

Die Zerstörung war demnach schon eingebaut in die Umgehungsstraße, die auf gigantischen Betonpfeilern um den Berg herumführte – die äußeren waren, was mich faszinierte, viel länger als die inneren. Eine gewaltige Skulptur, diese B9, ein beeindruckendes Bauwerk auf Stelzen, ein großes Betonkunstwerk – aber das habe ich damals vermutlich noch nicht so gesehen.

Mama erzählte manchmal vom Krieg, sie erinnerte sich ja. Sie erzählte, wie kaputt der Kölner Hauptbahnhof gewesen war – das Glas aus der Hallendecke war zerbrochen, die Scherben lagen kniehoch auf den Bahnsteigen – und dass der Dom beinahe eingestürzt wäre. Überall Ruinen. Und natürlich habe sie als Kind, was streng verboten gewesen sei, in den Ruinen gespielt. Sie habe da viele interessante Sachen gefunden.

Ihre Mutter und sie waren nach Sachsen evakuiert worden, weil im Rheinland zu viele Bomben fielen. Evakuiert, «Wir wurden evakuiert», lautete die Wendung, so lernte ich das Wort. Und dann erzählte sie, wie sie aus Sachsen flüchten mussten, weil die Rote Armee anrückte, und dass ihre Mutter fast in die falsche Richtung gelaufen wäre, nach Osten, den Russen in die Arme, sie aber am Stand der Sonne bemerkt habe, dass sie in die entgegengesetzte Richtung laufen mussten. Nach Westen.

Eines Tages, wir hatten in der Schule über den Bombenkrieg gesprochen, fragte ich meine Mutter, ob auch sie im Krieg erlebt oder vielleicht gesehen habe, wie irgendwo eine Bombe gefallen sei.

«Eine?» Meine Mutter fing an zu lachen. Meine Mutter

fing an, fast hysterisch zu lachen. «Dummerchen, du. Tausende! Wir haben fast jede Nacht im Bunker verbracht, der Bunker stand nicht weit von unserem Haus entfernt, das war unser Glück. Einmal konnten wir nicht hin, weil ich hohes Fieber hatte, ausgerechnet in dieser Nacht bekam das Nachbarhaus einen Treffer, es war dann nicht mehr da.»

Je älter ich werde, desto näher rücke ich an den Krieg heran. Mittlerweile kommt es mir fast so vor, als sei ich, fünfundzwanzig Jahre nach Kriegsende, in der Nachkriegszeit geboren. Opa erzählte vom Krieg, Oma erzählte vom Krieg. Die Tanten, die keine Ehemänner mehr hatten, weil sie gefallen waren, erzählten vom Krieg. Die älteren Lehrer erzählten vom Krieg. Wir wussten, wie wir unseren Musiklehrer dazu bringen konnten, die Stunde mit Erzählungen von seinen Abenteuern mit dem Afrika-Korps zu füllen, gern erzählte er, dass sie eines Tages in der Wüste kein Wasser mehr gehabt und sich von da an mit Rotwein gewaschen hätten. Was wir ihm nicht glauben wollten. «Der Wein, Herr Däumer, wurde doch sicherlich lieber getrunken, oder?»

Mein Vater war einerseits studentenbewegt und links, andererseits Hauptmann der Reserve. Alle zwei Jahre wurde er für zwei Wochen freigestellt, weil er an einer Wehrübung teilnehmen musste. Er führte eine Reservekompanie, hatte sogar ein eigenes Auto, das zwischen den Wehrübungen in einer Kasernengarage auf ihn wartete, von Wehrübung zu Wehrübung ruhte es sich vom Herumkurven in deutschen Mittelgebirgen aus. Wäre der Ernstfall eingetreten – wäre die Rote Armee über die Fulda Gap einmarschiert, wären die fünf-, zehn- oder zwanzigtausend sowjetischen Panzer angerollt –, er hätte einrücken müssen. Vielleicht hätten sie ein paar Brücken gesprengt, aber viel ausgerichtet hätten er und seine Kompanie wohl nicht. Sie hätten die Rote Armee kaum aufhalten können auf deren Weg nach Paris.

Dass er bei der Bundeswehr war, daran erinnerte die Zeitschrift *Loyal*, die alle vierzehn Tage mit der Post kam und dann auf dem kleinen Tisch in der Küche oder oben auf dem Mikrowellenherd lag, *Loyal – das deutsche Wehrmagazin*, herausgegeben vom Verband der deutschen Reservisten. Mein Vater las es nicht. Es blieb liegen, bis es zum Altpapier in den Keller kam. War mir sehr langweilig oder fand ich in der Küche nichts zu essen, blätterte ich gelegentlich hinein: In jeder Ausgabe fanden sich Diagramme, die zeigten, wie viele Panzer die vereinigten Armeen des Warschauer Pakts besaßen. Sie besaßen anscheinend sehr viel mehr als die Nato.

Später sagte mir jemand, dass in dieser Zeitschrift mit Absicht falsche Zahlen abgedruckt worden seien. Sie hätten die DDR verwirren sollen, denn auch der Feind, die andere Seite, habe das ja gelesen. Aber wussten sie dann nicht auch, dass die Zahlen falsch waren? So eine Kinderei, dieser Kalte Krieg.

Trotz aller Zweifel an unserer Bundesrepublik war ich überzeugt davon, dass unsere Seite die richtige war. Die andere Seite nannte sich demokratisch, wir waren es. Wir durften tatsächlich wählen. Und konnten wir nicht ungestraft unsere Meinung sagen, meistens zumindest? Gut,

DKP-Mitglieder durften nicht Beamte werden, ihnen aber stand es wenigstens frei, nach drüben zu gehen, sie durften in den Osten ziehen. Umgekehrt galt das ja nicht.

Oder, frage ich mich jetzt, bin ich verblendet gewesen? Verblendet, beeinflusst, manipuliert? Waren wir vielleicht gar nicht die Guten? Waren die auf der anderen Seite nicht genauso überzeugt davon, die Guten zu sein? Aber dachten sie wirklich, sie hätten recht? Wie konnten sie nicht sehen, dass bei uns fast alles besser war, nicht perfekt, aber immerhin besser? Sahen sie das nicht jeden Abend im Fernsehen?

Umweltverschmutzung, Ausländerfeindlichkeit, Parteispendenskandal, Waldsterben, Nachrüstung und Atomkraft – reichte es aus, dass ich mit einem Aufkleber auf dem Klarinettenkoffer mein Nein zu Massenvernichtungswaffen kundtat? Ich dachte, ich müsste etwas unternehmen, mich engagieren – deshalb bastelte ich mir eine Schablone, schnitt den Umriss eines Atomkraftwerks mit Kühlturm, Meiler und Schornstein aus Karton, darüber Aussparungen für Großbuchstaben, die ein Nein in Versalien ergaben, und sprühte dieses Bild auf die Sichtbetonsäulen unseres Schulgebäudes und einiger Mauern in der näheren Umgebung. An einem anderen Abend, ich hatte wieder die Farbdose dabei, sprühte ich ohne Schablone «Deutschland verrecke!» an eine Wand unserer Schule. Vielleicht hatte ich zu viel Slime gehört.

Einige Wochen später stand ich neben meinem Deutschlehrer vor dieser Wand. Der Deutschlehrer war gleichzeitig der Schuldirektor, wir waren fast ein wenig befreundet, er ging mit uns Schülern oft ins Theater und auf Exkursionen. Er las mein «Deutschland verrecke» auf der Mauer und sagte, er verstehe nicht, wie jemand so etwas da hinschmieren könne.

Hhhhmm, machte etwas in mir, ich sagte nichts. Und hoffte, dass er meine Schrift nicht erkennen würde – dummerweise hatte ich meine typischen, leicht wiederzuerkennenden eckigen Großbuchstaben gesprüht, eine Schrift, die auch auf meiner Schulmappe zu sehen war. Wer Augen im Kopf hatte, hätte erkennen müssen, dass *ich* das geschrieben hatte, dass es *meine* Schrift war. Diskret versuchte ich, die Schultasche aus dem Sichtfeld meines Deutschlehrers zu schwenken. Drüben, in der DDR, wäre ich, wenn man mich bei so etwas erwischt hätte, sicherlich von der Schule geflogen, vielleicht sogar ins Gefängnis gewandert. Meine Zukunft wäre jedenfalls ruiniert gewesen – wenn ich denn eine gehabt hätte.

Nicht lange danach, mein politischer Aktivismus war schon wieder abgeebbt, sprühte ich eine Liebesbotschaft für die Eisdielentochter auf die Betonwand einer Unterführung, einen Satz über ihr Dolomitenhaar. Auf dem Weg zur Schule musste sie jeden Tag daran vorbei. Sie war sehr blond, die Eisdielentochter, sehr blond und hatte hellblaue Augen.

Viel früher, Franz Josef Strauß wollte Bundeskanzler werden, hatte ich mir einen Stoppt-Strauß-Button gebastelt, indem ich einen unpolitischen Spaß-Anstecker überklebte und mit dem oft gehörten Satz «Stoppt Strauß – solange es noch geht» beschriftete. War Strauß nicht ein neuer Hitler? War Hitler nicht auch an die Macht gewählt worden? Meine älteste Schwester, meine älteren Freunde von der Schülerzeitung und die aus dem Schulorchester redeten so, ich glaubte ihnen, ich war erst in der fünften Klasse. Außerdem hatte ich gehört, dass eine Schülerin in Bayern wegen eines solchen Buttons von ihrer Schule verwiesen worden war. Das hätte mir auch gefallen: Nie mehr in die Schule.

Als ich dann mit meinem neuen Button beim Abendessen saß, fragte mein Vater: «Kannst du mir drei Argumente nennen, warum Franz Josef Strauß gestoppt werden muss?»

Ich überlegte. «Also», stotterte ich los, «ich find ihn nicht gut. Er ist doch sehr konservativ. Und rechts.»

«Wir leben aber in einer Demokratie», sagte mein Vater, «sollte sich da nicht jeder zur Wahl stellen können?»

«Hat Strauß als Verteidigungsminister nicht ein paar komische Sachen gemacht?», sagte ich. Dunkel erinnerte ich mich daran, im *Spiegel* etwas über die *Spiegel*-Affäre gelesen zu haben. Ich hatte auch das *Spiegel*-Titelbild vor Augen: Strauß, Marsch auf Bonn, er als Hannibal auf einem Kriegselefanten. «Außerdem ist er ein Bayer», fügte ich hinzu.

«Das ist doch kein Argument», sagte mein Vater.

So ging es hin und her. Drei schlagende Argumente fielen mir nicht ein. Hätte es welche gegeben? Strauß musste dann gar nicht gestoppt werden. Hannibal kam zwar über die Alpen, aber nie bis Rom – und Strauß wurde nicht zum Bundeskanzler gewählt.

Im Ausland schämte ich mich dafür, Deutscher zu sein. Woher diese Scham? Warum war es mir so oft peinlich, dass ich Deutscher war? Meine Großeltern hatten ihren Teil dazu beigetragen, den Zweiten Weltkrieg anzufangen und sechs Millionen Juden umzubringen – war es da nicht verständlich, ja notwendig, sich dafür zu schämen, dass ich Deutscher war? War es vielleicht deutsch, immer ein schlechtes Gewissen zu haben? Gehörte das dazu?

Oft fürchtete ich mich davor, es zugeben zu müssen, aber es war mir ja leicht anzumerken: Ich redete wie ein Deutscher, meine österreichischen Cousinen hörten es sofort, für sie war ich der Deutschländer. Es stand in meinem Reisepass und in meinem ersten Personalausweis, einem kleinen grauen Büchlein, aber ich wusste eigentlich nicht, warum. Ich war zwar Westdeutscher, aber mein Vater war Österreicher, meine Mutter, wenn auch nicht meine leibliche, war Engländerin, ich selbst aber wäre, das war mein Sehnsuchtsland, lieber Franzose gewesen. Leider wohnte ich nicht in Paris und konnte kaum Französisch. Das hatte ich bemerkt, als ich Sophie und Marion in Paris besucht hatte.

Wir waren überhaupt eine sonderbare Familie: Da war der Vater meines Vaters, mein toter Großvater, der überzeugte Nazi, der nach dem Krieg in Nürnberg drei Jahre im Gefängnis saß – «tausend Tage», wie mein Vater immer sagte – und dann vorzeitig entlassen wurde. Ich habe ein Foto, das ihn auf dem Reichsparteitag zeigt, neben ihm der Führer, sie schreiten eine lange Reihe uniformierter Männer ab. Da war die österreichische Verwandtschaft mit den vielen Cousinen, da waren die Geschwister meiner Stiefmutter in Amerika. Da war mein sanfter Grandpa, ihr Vater, der ehemals Bordschütze in einem Bomber der Royal Air Force war, mehr als sechzig Einsätze über dem Reich, Woche für Woche Bomben auf Deutschland. Von ihm besitze ich ein

Foto, er steht auf irgendeinem Airfield in Südostengland, hinter ihm sein Bomber. Er schaut nicht sehr siegessicher, nein, er schaut, als wüsste er nicht, ob er dieses Mal zurückkommen wird, sicher war das ja nie. Und da war der Großvater meiner leiblichen Mutter, der erst Frankreich und dann halb Russland erobert hatte, Wehrmachtsreisen durch Europa. Zuletzt war er in Ungarn, dort geriet er in Gefangenschaft und hatte Glück, er musste nicht nach Sibirien. Zu Fuß kam er zurück nach Hause.

Dass noch irgendetwas mit Deutschland war, daran sollte der 17. Juni erinnern. Für mich war es bloß ein meist frühsommerlich-schöner, schulfreier Tag im Juni. Ich mochte diesen Feiertag, wir fuhren an den See, paddelten auf unserem Surfbrett herum oder segelten mit der Jolle, planschten, lagen auf dem Steg in der Sonne, übernachteten vielleicht sogar am See, wenn tags darauf ebenfalls keine Schule war, unter freiem Himmel auf dem Trampolin eines Katamarans. Heute vermisse ich den 17. Juni manchmal.

Aber Sedantag, Kaisers Geburtstag und Führergeburtstag feiern wir ja auch nicht mehr.

9. November 1989

Meine englische Stiefmutter, die Ausländerin, bekam im Sommer 1989 Wutanfälle, als sie die Ostdeutschen in den Gärten der westdeutschen Botschaften in Prag und Budapest mit ihren neu ausgestellten Pässen in die Kamera winken sah. Seit fünfundzwanzig Jahren musste sie immer wieder ihre Aufenthaltsgenehmigung verlängern lassen, und diese Menschen bekamen einen westdeutschen Pass einfach so geschenkt? Und wieso konnten alle in Deutschland geborenen Kinder nichtdeutscher Staatsangehöriger dann nicht auch deutsche Pässe bekommen? Die in meiner Schulklasse, hatten sie nicht viel mehr mit mir, mit uns und mit Westdeutschland gemeinsam als die von drüben?

Der 9. November 1989 war ein Donnerstag, und in der Diskothek, in die wir damals jeden Donnerstag fuhren, mein Bruder und ich, zwei Freunde, manchmal auch Freundinnen, war jeder Donnerstag Independent-Tag. Wir fuhren donnerstags, weil freitags Hippie-Musik lief und es samstags zu voll war, außerdem ließ sich durch das Ausgehen am Donnerstag zeigen, dass wir die Schule, ich war achtzehn Jahre alt und besuchte die dreizehnte Klasse, nicht mehr besonders wichtig nahmen. Ich weiß noch, dass wir am folgenden Tag, dem 10. November, eine Lateinarbeit schrieben, die dann, wie der ganze Schultag überhaupt, von extensiven Gesprächen überlagert wurde, in denen wir verhandelten, was da in dieser fernen sogenannten DDR geschah. Die Erinnerung an diesen 9. und 10. November ist eine an ein großes, außergewöhnliches Fernsehereignis, das mir zum ersten Mal das Gefühl vermittelte, im Hier und Jetzt passiere etwas, gleichzeitig aber auch eine an Slime, The Smiths, The Fall, Joy Division und die *Carmina Catull*, um die es in dieser halbverschlafenen Lateinklausur ging, eine der letzten, die ich schreiben musste. In der Vorbereitung war die Frage aufgekommen, ob wir die berühmte Masturbationsstelle, wie unser Lateinlehrer angeregt hatte, mit «jemandem einen schälen» oder doch einfach mit «einen runterholen» übersetzen sollten. Ich weiß nicht mehr, für welche Variante ich mich entschied.